倒位的恩怨

三朝内禅

主编 耿元骊

宋朝往事 系列

黄敏捷 著

辽宁人民出版社

© 黄敏捷 2022

图书在版编目（CIP）数据

传位的恩怨：三朝内禅 / 黄敏捷著 . —沈阳：辽宁人民出版社，2022.1
（宋朝往事系列 / 耿元骊主编）
ISBN 978-7-205-10285-2

Ⅰ.①传… Ⅱ.①黄… Ⅲ.①皇帝—政治制度—中国——宋代—通俗读物 Ⅳ.① D691.21-49

中国版本图书馆 CIP 数据核字（2021）第 189238 号

出版发行：辽宁人民出版社
　　　　　地址：沈阳市和平区十一纬路 25 号　邮编：110003
　　　　　电话：024-23284321（邮　购）024-23284324（发行部）
　　　　　传真：024-23284191（发行部）024-23284304（办公室）
　　　　　http：//www.lnpph.com.cn

印　　刷：北京长宁印刷有限公司天津分公司
幅面尺寸：165mm×235mm
印　　张：17
字　　数：259 千字
出版时间：2022 年 1 月第 1 版
印刷时间：2022 年 1 月第 1 次印刷
责任编辑：赵维宁
助理编辑：段　琼
封面设计：乐　翁
版式设计：一诺设计
责任校对：吴艳杰
书　　号：ISBN 978-7-205-10285-2
定　　价：58.00 元

总序：宋朝往事，如在眼前

后周显德七年，岁在庚申，公元纪年则曰960年。这一年的"春节"，就在公历1月31日。经过了数十年的各方势力混战，天下还在大乱，百姓生活仍在苦难之中（当然，传统王朝盛世，百姓也在苦难之中，乱世倍增而已）。不过，古今一例，百姓们大过年的，假装也要假装一下，麻醉也要麻醉一下，大户小家都欢天喜地，撤旧符，换新桃，祭祖悬影，张灯结彩，宴饮欢唱。无论内忧外患如何，生活总要继续下去。可是，就在中原大地一片祥和气氛之中，突然——可以说非常非常突然，大年初一，北境传报紧急军情！北汉勾搭辽军，攻打过来！开封城内，惊慌失措的百姓，惊慌失措的大臣，还有惊慌失措的小皇帝，焦急一迭声：怎么办？怎么办？

"大周"，说起来总是中原正朔，且蓬勃之际，岂能坐以待毙！必须抵抗，必须派最富军事指挥才能的大将率军抵抗！不过，谁是具有这样能力的大将呢？当然，朝廷知道，百姓知道，只有赵匡胤一人而已。赵匡胤成竹在胸，也不推辞，安排妥当，于初三日带兵北征。走了一天，来到陈桥驿，夜色降临，驻扎下来。接下来的故事，三尺孩童以上，便无人不知、无人不晓了。"黄袍加身"的"陈桥兵变"成为古今耳熟能详的"往事"。显德七年，飞速变成了建隆元年，开启了一个全新朝代：宋朝。由此，也就进入了我们这套丛书的主题："宋朝往事"。

在中国历史上,"宋"之魅力,独树一帜,让人不停地想起它。提起宋朝往事,很多人都感觉历历如在目。那么,以后见者之明,再观察宋代,到底该如何认识宋呢?陈寅恪先生讲"华夏民族之文化,历数千载之演进,而造极于赵宋之世",就已经为它定性定向,成为我们认知宋朝的一个基底性叙述了。不过晚清民国以来,学者与世人在外敌入侵的背景下,看待宋朝总是觉得它"积贫积弱",几乎只有陈先生独具慧眼,但是随着世界的变化,研究逐步深入,观念多轮更新,世人越发理解陈先生的先见之明,发现宋朝既不贫也不弱,乃至更多强调"宋朝"有趣又有生机的那一面了。在当代中国人看来,这是一个有意思、有故事的风雅时代。

宋朝文化,偏于"雅致"一路的气象,已经有无数学者指出过了。虽然"西园雅集"其事本身未必完全符合史实,但是"雅集"精神却是宋代真实的"文化心理"。他们吟诗词而唱和,他们抚琴听音,他们绘山水而问禅风,"宋型"的文人风貌就显现于其中。从"西园雅集"的千年反复阐释与模仿当中,足见其影响之深远。而"雅集"所体现出来的"极简"美学,是宋代高雅文化的全部核心所在。扬之水先生说:"抚琴、调香、赏花、观画、弈棋、烹茶、听风、饮酒、观瀑、采菊、诗歌和绘画,携手传播着宋人躬身实践和付诸想象的种种生活情趣。"当然,这种风雅文化,也深深影响到市井文化,推动了市井文化与风雅文化同步大放异彩。甚至可以说,在宋人那里,市井文化就是风雅文化的变身。

宋朝经济,由以工商流转增值为主的经济运行模式,初步迈向了现代经济的门槛。又因为总掌控区域大幅度缩小,外部军事压力过大,财政供给压力倍增,不得不开拓在传统农业经济之外的财政来源,竟有意外收获,也就是发现了一条新经济之路:由工商业繁荣,进而推动生产力的提高。手工业和商业贸易,对比前朝,都有了大幅度的进步。作为衡量经济发展的一个重要指标，宋朝常年铜钱铸造数量，比唐代鼎盛高峰还多出数倍，更不用提出现"交子"这样具有现代化性质的纯信用货币。当然，受限于诸多因素，并未能或者说完全没可能实现从传统经济向现代经济的惊险一跃。

宋朝政治，在传统时代的政治大势中，堪称特例。皇帝与"士大夫"共治天下，不因政治斗争因素随意诛杀大臣，都是宋朝的独有特殊之处，因而建立了一种相对开明的政治局面。虽然我们完全了解，宋代的政治也有诸多问题，党同伐异，文字狱，争执与整肃似乎也都没少过，但是在整体上观察帝制时代的政治，完全可以确认，宋朝相对偏于宽松。从整个王朝政治史上观察，两宋还都可以说是独特的存在。而科举取士，更是奠定了读书人在政治上的进取之心，社会流动开了一个虽不宽松但也绵绵不绝的上下交通渠道。有志者，可以通过考试进入统治阶层，自认对天下有责任，亦有担当，"先天下之忧而忧，后天下之乐而乐"。

无论从哪个角度看，宋朝都是奠定中华文化最终形成的重要一环，无宋则不足以言中华文化。不过，普通读者对宋朝的印象，在经历了长期的看低之后，则有近似180度的大转弯。最近数年，欣赏宋朝，研读宋朝，描绘宋朝的生活则成为影视、阅读、游戏等各类市场上的新宠。各类时新或传统媒体，时不时地就出整本的宋代专题，制作了各种各样的音频课、视频课，坊间也在学术著作大批出版的同时，出现了无数种关于宋朝的通俗著述。在关于宋朝的叙述大繁荣之时，在这无数种关于宋代的讲述中，为什么我们还要再增加新的一种呢？这大概就是因为，宋的魅力势不可当。虽然名家大作，珠玉在前，但是我们还是想试图提供更多的维度给读者进行参考和对读。

如何提供这更多的维度？孟浩然的诗句"人事有代谢，往来成古今"

最能代表我们的心情和缘起之思。就是想通过人和事的两方面，与读者诸君讨论宋朝的独特之处。宋之风雅、政事、富庶，都体现在人和事之中了。没有那些独特的人，风雅不可见；没有那些风雅之士的行动，政事不可知；没有那些百姓的努力创造，富庶无可求。想要全方位地观察宋、了解宋、欣赏大宋之美，就请和我们一起来回首宋朝往事吧。

当然，宋代人物纷繁，我们首先选择了赵匡胤、范仲淹、寇准、沈括、岳飞这五位代表性人物。相信以读者诸君的敏锐，已经明了了我们选择的用意。赵匡胤，开国之君，没有他的布局和冒险一搏，不会有大宋的建立；没有他所奠定的基础，宋朝也许就是那个"第六代"了。范仲淹，相信没有人不知道他的名言名句，几乎每个当代中国人都会反复学习那千古名篇，没有他，宋朝就缺失了一点什么。寇准，评书演义当中的最佳人物，一句"寇老西"牵动了多少我辈凡夫俗子的心！可以说，他就是那个有棱角有缺点的最佳演员。沈括，我们了解他的大书《梦溪笔谈》，更了解他记述下来的活字印刷术。他是那个时代的文人典范，虽然后人未必赞同他的为官为人之道，但是都欣赏他作为文人士大夫而能关注于下里巴人技术进步的开放心态。岳飞，更是无数传奇小说当中的最优榜样，千百年来，不知道影响了多少英雄豪杰！宋朝有没有比他们这五位更出色的"人物"？当然有，一定无穷无尽。司马光、苏轼、王安石……这个名单可以列出来一长串，也都是一代名臣名家，甚至有着更加巨大的影响力。不过他们得到的关注更多，已撰成的论述也更多。所以，我们设想，关于其他"人"的进一步阐发，就留待本丛书的第二辑乃至更多辑。

因人而成事，宋代历史上，几乎每天都有大事发生。这些大事如何走向，以后见之明来看，在历史上就更有关键节点的作用了。我们同样选择了五件大事，作为代表，算是尝一脔而知一鼎之味。东封西祀、熙丰新法、靖康之难、三朝内禅、开禧北伐是我们选定的第一批"大事"。读者诸君，聪明如你，当然也更明了这五件事情在宋代历史上的关键性作用。宋真宗不甘平淡，又缺雄才大略，导演了一场天书降临的闹剧，东封西祀，营造太平盛世，将宋朝引到了一条歧路上，带坏了政治风气，无谓地消耗财富积累，导致社会出现重大的方向调整。宋神宗继位之后，梦想成为一个大有为君主，有着强烈的改变现状的想法。与王安石一遇即合，君臣相得，开启了一条"改革之路"。不过这改革既艰难，又复杂，在宋人眼里更如乱来。千载之下，评说仍未有完结之期。靖康之难，更是一个朝代的伤心之史。在繁华富足当中，突然崩溃，亦是千年少见之事。再建南宋，久居钱江之畔，临安临安，已再无临意。不过相对长期稳定的政治局面之下，皇位继承这个中国传统政治的大难题，在南宋前半期又成为难上加难的超级难题。南宋前四帝，总共见过了四次内禅（高宗为皇子时，见徽钦之禅）。王朝体系下，就没有真正的家事与国事的分别，这一国事家事大难题，搅得政局翻覆，影响极大。再到开禧北伐，只好说它是虚假的反攻。韩侂胄的大冒险，最终把屠刀留给了自己。而由此导致的政局动荡，让后人感觉平添了几分萧瑟。更不幸的是，蒙古崛起，应对失当，为最终没落埋下了失败的种子。以此五事，可见宋朝历史脉络的大关节之处。除此之外，大事当然更多，不过丛书容量有限，只能留待今后继续讲述。

以上五人五事，共同构成了我们设想中的"宋朝往事"。知人论世，读人读事，把"人"和"事"立体组合起来，这是我们设想的一种新尝试，成功与否，还需要留待时间来验证。但是希望读者诸君，能看到我们11个人的共同努力，期待您与我们携手，一起走进宋朝，欣赏大宋往事，感慨世事变迁，回到大宋场景中，感受历史长河的孤独前行。

本人供职于坐落在千年古都的河南大学，日常所居之处，每日教学相长之所，就在开封的东北角，宋代遗存"铁塔"之下。这个位置，大概也是王诜的"西园"附近。无论雅集是不是真的存在，作为宋文化的象征，早已经名垂千古。在西园与宝绘堂旁，走在千年铁塔之下，不由得就会生发出思宋之情，悬想宋人生活之景之情，与二三同志研读宋史，更体悟得"雅集"之趣。也就是在这个宋文化与文明萌生的一处所在，在辽宁人民出版社蔡伟先生的盛情邀请下，本人虽不敏，但勇于任事，担下了组织撰写"宋朝往事"的工作，希望我们11个人的努力，以"轻学术"的方式，既有学术上的严谨厚重，又去掉严格脚注带来的束缚与阅读限制，能带给大家一点不一样的阅读体会。感谢陈俊达（吉林大学）、黄敏捷（广州南方学院）、蒋金玲（吉林大学）、刘广丰（湖北大学）、刘云军（河北大学）、刘芝庆（湖北经济学院）、王淳航（凤凰出版社）、王浩禹（云南师范大学）、张吉寅（山西大学）、赵龙（上海师范大学）等一众优秀青年学者（以上按姓名拼音排序）的鼎力支持，加盟此系列的撰述。

我们也知道，坊间已经有很多种宋史普及读物，我们新增这一丛小草，希望它也有同样的生命力。我们贡献全力，虽然通俗，但不媚俗，文字尽量有趣，但是绝不流于戏说，希望能为您的读书生活增添一点真正的趣味。当然，高人雅士，亦望教导指出书中不当之处。您开卷展读之时，希望我们11人没有辜负您，也没有浪费您的宝贵时间，更愿读者诸君与我们一起走进宋朝，知宋，谈宋，理解宋。

耿元骊

2021年5月20日于河南大学铁塔湖畔

目　录

总　序 / 001
引　子 / 001

第一章
赵构的幸运与烦恼 / 021

一、"泥马渡康王"的背后 / 021

二、做了一个月的"太上皇" / 036

三、那些失去了的孩子 / 046

第二章
何人可继大统 / 052

一、谁可关心立储 / 052

二、养子如何养成 / 064

三、东府与西府 / 081

四、南内与北内 / 096

第三章
最终还是看走了眼 / 110

　　一、东宫之争 / 110

　　二、"英武类己"的恭王 / 119

　　三、等了十八年 / 134

第四章
皇帝梦圆后 / 165

　　一、绍熙初政，宜若可取？ / 165

　　二、"任贤"和"纳谏" / 184

　　三、父子情仇 / 193

　　四、立子还是立侄？ / 204

第五章
悍后、疯皇与又一次内禅 / 213

　　一、皇帝疯了 / 213

　　二、过宫风波 / 219

　　三、又一次内禅 / 235

尾　声 / 252

后　记 / 258

引　子

　　大宋宣和七年（1125），太平日久，人繁物阜的东京城，市面上"雕车竞驻于天街，宝马争驰于御路"，道路两旁举目皆是青楼画阁，似可听见"新声巧笑于柳陌花衢，按管调弦于茶坊酒肆"；在朝堂之上则是文恬武嬉，具有极高书画造诣的宋徽宗关心的是他新建的艮岳园林中要添置的名花美木、珍石异兽；文武百官歌功颂德的是"收复燕云"的"壮举"。谁也不敢提宋朝损兵折将后又付出一百万贯燕京"代税钱"、二十万两的犒军费、每年需交付五十万岁币给金朝的代价，才获得残破不堪的燕京及附近几个州县的尴尬事实，更不敢揭露金朝已经分兵南下，徽宗宠信的宦官童贯以赴京汇报为名丢下了军队、防区和百姓逃回东京的真相，因为徽宗下过"不准妄言边事"的御笔，更兼郊礼在即，为边事预警只会妨碍自己拿到因郊礼"推恩"而获得的诸多利益。

　　于是，当金军势如破竹，直下保州（今河北保定）、中山府（今河北定县）的时候，宋徽宗才似梦初觉。他一边下"罪己诏"，表示不再征集"花石纲"来修饰他的园林，一边丢下他的充塞奇珍异宝的艮岳与危如累卵的京城，也丢下他借以挥霍二十多年的皇帝之位，带着皇后与部分子女，由蔡攸扈从，逃往江南。接手这个烂摊子的，是他的长子赵桓；被他丢弃在东京的子女中，还有他的第九子赵构。

赵桓，史称他"稍急则恐惧而无谋，稍缓则迟迟而又变其谋"，其实并非为人君之最佳人选——他也不是徽宗最欣赏的儿子。徽宗最喜爱的是三子赵楷。赵楷琴棋书画皆通，有乃父之风，还是出名的学霸，曾悄悄参加科举，居然"廷策进士，唱名第一"。加上其母王贵妃又有盛宠，因此深知徽宗心意的宦官童贯与大臣王黼、蔡攸也曾勾结着想要上演夺嫡之谋。虽然阴谋终于没有成功，但这位三皇子赵楷却还是创纪录地被超拜太傅，并被特许自由出入省禁，可见徽宗对他的喜爱。

除了这两名史书上浓墨重彩描绘过的皇子，徽宗实际上还有29个儿子，多得恐怕连他自己都未必能全认出来。其中一位九皇子，日后的宋高宗赵构，更有可能完全不在他爸爸的眼里。这位赵构的母亲韦氏，本是一名普通的宫女，可能也样貌普通。韦氏曾与她的好姐妹乔氏约定，谁先得宠，就在皇帝面前引荐对方，于是在乔氏受宠后，韦氏才因此获得了被徽宗"御幸"的机会。本来，这种偶然被皇帝"光临"一下的宫女，一般很快会被忘记，一切又归沉寂，她们又过着"宫花寂寞红"的生活。只是韦氏却在这样偶然的缱绻中，怀上身孕，生下徽宗的第九位皇子。她得以母以子贵，获得了婕妤的名位。

在皇宫之中，皇子与其母亲的关系是微妙的。母固然要以子贵，而子也要因其母受宠方有可能被父皇重视。正由于韦婕妤根本不被徽宗喜欢，所以赵构这名排行第九的皇子与徽宗的关系就相对疏离，他成为储君的可能性就更低了。

不过，赵构的母亲韦氏也并非柔弱无主见之妇人。史书说她"聪明有智虑"，这个下文还将慢慢道来。这里略要提及的是，从赵构的母亲韦氏日后的表现来看，虽然对于徽宗而言她也许算不上有吸引力，但对于一名身处深宫的母亲来说，她的权谋之术却足以自保，也能保护她的孩子平安无虞地度过这一段未成年的岁月。从赵构日后对权术操弄的娴熟技巧来看，他早年与母亲共同度过的时光，也许已给他的个性打下了深深的烙印。

在生命的前十几年，九皇子赵构虽然不太有存在感，却还是凭借他的皇子身份，在宫里不宠不辱、无忧无虑地度过了早年的时光。他的爱好也与其父兄不太一样。虽然官修史书对他在读书、书法、儒学上的造诣也有与其父兄类似的"日诵千言"之类的描绘，但也着重提到了他特别的爱好，那就是"喜亲骑射"。而且，他的孔武有力似乎超出了"票友"的水平。史载他能"挽弓至一石五斗"，按当时的标准，已经算是武艺超群，足以被选为皇帝近卫"班直"了。此外，他还能平举着两个各重55公斤的米袋"行数百步"，可谓臂力惊人。

如果在平时，这样的爱好与特长，对于一位皇子来说，不过就是多了一种娱乐项目而已，并无实用。但命运有时就是那么神奇。就在赵构虚岁二十那年，金军打到了开封。父亲赵佶南逃，大哥赵桓仓促登基，金军以战促和，要求宋帝尊金太宗为伯父，割太原、中山、河间三镇归金，纳犒军费金五百万两、银五千万两、锦缎一百万匹，并提出要以亲王、宰相作人质等要求。

宋钦宗赵桓早就进退失据。他一方面任用李纲擘划防务，另一方面又趁李纲离朝部署城防时，决意与金人媾和，答应其一切条件，同时在京城搜刮金银准备按和约交付给金人。

因为金人要求以亲王为人质，于是钦宗召见诸弟，问"谁肯为朕行"。这时，因为自己的年少英武而可能受过不少奉承的康王赵构，无论是出于初生牛犊的无畏，还是基于对金军残暴的无知，慨然而出，自愿"请行"。临行前，赵构还颇顾大义，密奏钦宗"朝廷若有便宜，无以一亲王为念"，做好了为此赴死的准备。就这样，一个平时毫不起眼的皇子，开始脱颖而出。

靖康元年（1126）正月，康王赵构和任副使的少宰张邦昌出开封，乘坐一个小筏子渡过宽约77米、深约5米的开封府护城河，上岸后从中午走到夜分，方才到达金人修筑的营寨。见到赵构等人之后，金军东路统帅斡离不（完颜宗望）修书一封，派人送给钦宗赵桓，说一见康王，就像见到兄弟那样相处无间。但按随同康王出使的人员回忆，斡离不实际上却是"言语不逊，礼节倨傲"，赵构一行人在金营开始了被软禁的日子。

与此同时，在东京城内，赵桓谋而无断、朝令夕改的个性暴露无遗。就在赵构与另一拨先期抵达的使臣郑望之等人已经出质在金营之时，皇帝赵桓又听信了勤王将士之一的姚平仲的建议，决定夜劫金营。对于钦宗而言，随着种师道及其他勤王部队的到来，敌我力量的对比产生了有利于宋朝的变化，他自然不甘心就此割地、纳币。但对于赵构个人而言，这样的决定明显不把正质于金营的九弟的生命放在心上。而且最荒唐的是，钦宗并未采纳种师道等老将关于劫营时机的建议，而是由道士占卜决定突袭时间，而且军机早早泄露，直接导致劫营失败，宋军反被金军伏击，有数百将士被金军俘虏。

本来，李纲已经扣下割让三镇三关之地的诏书，他本想拖延至勤王部队到达，到时就可以拒绝割地。而实际上开封也真的是在李纲的主持下坚持到了各路勤王军士的到来，宋金战守形势正发生重大变化。但正因为这次不成功的夜袭，致使各方面变故又生。

在金军一方，金将斡离不表示震怒，紧急召见康王等人质。康王等人骤闻这样的变故，自然也颇为惊骇，副使张邦昌甚至"恐惧涕泣"。而赵构在这时则表现出了较强的心理素质，在敌人面前至少能保持表面的镇定，这也使斡离不十分惊奇。

其实，康王在入质金营期间，曾参与斡离不等金将举行的射箭活动，而且连射三箭，全部射中靶心，当时金人已经疑心他是宋廷从宗室中找的擅长骑射的人冒名顶替的"假康王"。如今在明知康王与张邦昌等人在金营的情况下，宋朝还居然敢发动夜劫行动，显然这样的人质起不到威慑宋朝的作用，因此金军更加怀疑赵构的身份，要求退回赵构，"换真太子来"。

在宋朝一方，则是听到劫营失败的消息后，惊慌失措的钦宗听信了主和派大臣的话，立即罢免了李纲等主战派大臣的官职，"以谢金人"，同时撤销了亲征行营司，遣使谢罪，交割三镇。

朝廷在抗金形势大好的情况下居然出此下策，这引起了群情激愤，军民不期而集者十余万人，主和大臣李邦彦差点被愤怒的东京民众打死。钦宗为平息众怒，又改变主意，恢复李纲等人的官职。与此同时，金兵孤军深入的劣势渐显，屯兵开封城下日久，容易被守城将兵与外面赶来的勤王部队形成夹攻之势。于是，斡离不也开始考虑要尽早撤离了。

那边厢金军力求尽快获得金银等战利品北撤，这边宋朝主和派官员则希望通过尽快满足金军条件好让金军退走，以免主战派大臣组织了有效的反攻甚至取得压倒性胜利之后，军民回过头来会对自己的议和追责。双方一拍即合，宋朝正式割让太原、中山和河间三镇，并送犒军银1000万两，改以皇弟、宋徽宗五子肃王赵枢和驸马都尉曹晟"质于金国军前"，替回康王赵构，而与赵构一同出使的张邦昌则被朝廷升为太宰，继续作为人质留在金营。

对于大宋来说，姚平仲这次不成功的劫营固然使宋朝在对金的议和中处于更不利的局面，但对于赵构来说，却是重要的转折点，因为他成为金军这次犯境的受益方——他不但不需要像肃王那样，在金军北撤时被掳北去，最后老死北方，而且在返回京城后成为宋室的英雄，被超拜太傅，在朝廷上开始有了初步的威望。

只是，入质金军的经历也明显地影响了这位年轻人对金军、对大哥赵桓的看法。他的英武之气似乎在金营消耗殆尽，从此再不见康王有当日面对金军时的慷慨激昂，反而表现出越来越多的恐惧与畏缩。而且，当他大哥第二次派遣他出使金军时，他也不复当时的义无反顾。当靖康元年（1126）金军再度南下，赵构又一次从开封出发，行向金营时，他所表现出来的，已完全是另一种状态。

靖康元年（1126）二月初九，东路金军带着勒索和掠夺所得，陆续北返。金军撤走后，钦宗并没有抓住难得的和平时机巩固边防，而是耗费大量的时间、精力与自己的父亲进行权力斗争。在对外政策上，他一方面对战守之道举棋不定，主战大臣与干将时罢时复，无法组织起有效的防线，勤王之师纷纷被遣散，名将多被调出朝廷；另一方面又在战、和之间不停摇摆，对金朝一再出尔反尔，最终导致金军在靖康元年（1126）八月再次南侵。

这次金军还吸取了上一次的教训，不但先攻占能对东京形成拱卫作用的太原，还分兵把守潼关，以防宋朝的边防军像上次那样南下救援。十一月，金军会师于开封城下，对东京形成合围之势。这时，钦宗再想起复李纲，让他力挽狂澜，其诏令也已经传不出去了。

就在大军合围的前夕，靖康元年（1126）十一月十六日，已经十八年未获升迁的龙德宫婉容韦氏忽然被晋封为贤妃，因为她的儿子康王赵构又再次被他的皇兄、钦宗赵桓指派出使金营充当"告和使"。谁都知道，此去凶多吉少，这一次的"母以子贵"对于韦贤妃来说，已经相当于对她的最后补偿。我们现在已经无法知晓这名深居宫中的妇人对于这次加封有什么感受。她的儿子早已搬离皇宫，出阁就第多年，因此也不知道她能否在儿子出发前再见他最后一面。当时处在已经危在旦夕的皇宫之中，整天听到的是四起流言的她，也许更盼望儿子能抓住这次出使的机会逃出生天吧。

韦氏的儿子康王赵构一行从开封府出发，经过滑州（今属河南省安阳市）向斡离不的金营进发。临出开封时，陪同他的副使王云指着东京高耸的城墙对康王说："京城的瞭望台，号称天下所无。然而真定城的比这高了几乎一倍，上次我使金的时候，金人叫我坐在那里观看他们的进攻，没过多久真定城就被攻破了。可见这些城楼，就算看起来威严万状堪比图画，也不足以依赖啊！"

不知当时康王听了，会作何感想。

他们出城时，金军已经分道渡过黄河向着开封步步进逼，随着北方城砦一一失守，赵构虽然没有碰见或追上金军的主力，但也确是步步惊心。刚出开封不久，金将粘罕就派四百铁骑从开封西偏北的怀州（今属河南）过来，准备截击赵构的出使人马，到黄河边的时候，抓了河渡边的人，追问出赵构的确早已过黄河好几天了，才放弃追击。赵构当时是否了解这一可能的危险不得而知，他只知道从滑州往北进入相州（今河南北部安阳市与河北省临漳县一带）之前，还要留神西边不足百里的浚州，那里驻有金人的兵马。幸亏当时知相州的是汪伯彦，他还兼任真定府路安抚司公事、马步军都总管，手上还有一些兵马。他听闻康王过境，远远地就领兵出迎，不但护送赵构入境，还对这名平日在亲王堆里无足轻重的康王尤其热情恭敬，让出州衙作为康王的驻地。这一举动给康王留下非常好的印象。

汪伯彦对赵构说，相州百姓都希望康王留下，而且，斡离不几天前已经由大名府过河，您追也追不上了，何必再去呢？不如留下来，共商国计。但康王却说："我受命前去金营，不敢在中途停止啊！"加上他身边的王云、耿延禧、高世则等人也纷纷点头，表示只要日夜兼程，渡过河曲就能追上。于是，康王的队伍又再起程，次日到达由宗泽任知州的磁州（今属河北省邯郸市）。

磁州知州宗泽迎接赵构入城后，历史记载了几件特别的事情。首先是作为知州的宗泽陪同康王赵构一同拜谒了崔府君庙（当地称之为"应王祠"）。后来，赵构在建立南宋前后曾数次历险，均在千钧一发之际化险为夷，随着赵构政权的巩固，庙堂内外逐渐生成多种版本的"泥马渡康王"故事，而磁州参拜崔府君庙一事，则成为了其中最早的一个版本。

这位被称为"应王"的崔府君，按今人考证，既有可能是唐代一位姓崔的滏阳县令，也有可能是完全虚构的人物，但无论如何，这位"崔府君"在唐宋时期我国北方的影响相当大，宋廷曾多次对其庙宇进行封赐。滏阳县唐属相州，宋属磁州，因此磁州可算是崔府君崇拜的起源地，当地的崔府君庙即是其祖庙。此庙在磁州的北部，如果赵构要继续北行，就必经此庙旁的驿道。当康王到庙前，只见庙前有百余人，"执兵文身，青纱为衣"，牵着一匹马，马鞍上有华丽的刺绣。旁边又有庙吏装束的人向着康王赵构大喊："应王请康王！"赵构感觉这排场颇像市井人家迎接鬼神的样子，正惊疑间，宗泽向他解释道："这里的人都信奉应王，把他当作父母敬拜"，请康王一定回应一下。这时，得知康王行踪的民众也已经纷纷前来，"民如山拥"，赵构不得不若有其事地与"应王"进行了一番"互动"。史称进入祠庙后，康王卜得"吉"签，庙吏抬应王轿舆、拥庙中神马，请康王乘归馆舍，而非继续前行向北离开磁州进入邢州。正在混乱之中，与赵构一起执行出使任务的副使、刑部尚书王云，居然被民众作为金国奸细围了起来。

在靖康初年，宋金之间使节不断，王云曾奉命出使金国，并奉命悄悄"以蜡书结辽降将耶律余覩"，从事某些间谍工作。虽然蜡书被金军缴获，联结辽将的任务失败，但他仍留在金国数月进行外交活动，并不断派随从往还于宋金，传递前线消息，直到靖康元年（1126）十月才刚回朝。在陪同赵构使金的人中，王云应该是对金军最熟悉的一人。他在上次出使回京途中，还曾向磁、相两州的守臣建议说，金人劳师远袭，如果沿途找不到粮食，就可以困住他们。于是作为金兵南下要冲的磁、相两州都动员城外民众坚壁清野。后来，金兵果然绕开两州，转而经邢、洺两州南下过黄河。本来，磁、相两州因金军绕道而免受蹂躏，应该感激献策的王云，但磁、相两州民众却似乎不知道这其中的道理，反而埋怨王云说："金人根本就不来我们这里，这王云副使却骗我们去毁坏墙屋，运粮草入城，他肯定是金人的奸细了！"于是在看见赵构一行人的车马时，就有人围住了王云，当赵构从庙中出来，听到磁州百姓大声呼喊，说："大王千万不能往北行进，肃王听信金人的话，出使至今没了音信，现在出城五六十里就有番兵，王云是奸细，想要劫持您去献给金兵，现在已经被我们殴杀了！"陪同赵构使金的副使竟然就这样死于非命。

这件突如其来、因果诡谲的事件显然对康王触动极大。多年以后，已经成为皇帝的赵构对此还无法释怀，曾说："王云之死，乃邦人疑其为奸细而杀之，（宗）泽不为无过。"由此也引出赵构从出发到达磁州，到折返相州之间的诸多疑云。

首先是在相州时，汪伯彦已经挽留赵构，而王云却似乎在一意促成赵构离开相州，王云的倾向似乎又得到赵构的首肯，因为赵构也以奉旨为由而不作逗留；但出城的方向却并非他们出使的目标——金军东路军主帅斡离不的驻地大名府（大名府在相州东北），而是相州正北的磁州。到达磁州后，他们想要继续行进的方向也不是在磁州东南方的大名府，反而继续向北，已经明显背离出使路线。因此，赵构与王云是否有与出使不符的另一目的？可惜赵构一行即使有什么计划，也随着王云身亡而胎死腹中，而这一问题的答案，后人就再难知晓。

其次是磁州居民的举动。王云毕竟是刑部尚书，奉旨使金的副使，而磁州又非金朝兵锋所指，社会秩序未至失控，但为何却会出现民众在混乱中把王云这样的高官围殴至死的事件，而且还是在州官在场的情况下，其背后很难说没有某些政治势力的影响。至于磁州知州宗泽在这一系列事件中的角色，也值得考究。

宗泽当时已经年近七十，为人刚正，当年他在考进士时就因论时事太率真而被考官放于下等，但他却并不在意。在大名府馆陶尉任上，就因公忘私，放下刚刚痛失长子的痛楚，急赴朝廷的巡视河堤之命，引起当时王安石的左右手吕惠卿的注意，但当权势方炽的吕氏想辟其为僚属时，他又拒绝了。此后其仕途一直坎坷，有一次官方记载他遭贬逐的原因竟是知登州时"建神霄宫不虔"。实际上可能是因为他反对宋廷背弃与辽的和好之约而与金相约攻辽，认为这样会令"天下自是多事矣"，最后被除名编管。但当朝廷起用他时，他又满怀热情地投入抗金的备战之中，出计献策；赵构成为皇帝后，宗泽被命东京留守，他又能团结两河出身不一、立场不同的义军，共襄抗金大计，不但多次粉碎金军进攻开封的计划，还建立起以东京为中心、两河为屏翼的抗金防线。因此有史书记载他在磁州时是因私怨而煽动州民杀王云，颇不类其为人。

赵构的磁州之行，对他日后的入继大统影响极大，而这其中宗泽确也起了不小的作用。首先，当时赵构行居第九，此前毫无声望，本来几乎没有做皇帝的可能，故此登基后亟须构建一种"受命之符"来提高自己皇位的合法性。康王与崔府君的"偶遇"，日后就被不断敷衍为神迹，最后成为预示赵构受天命的证据之一。而这一被构建的神谕事件的源头——参谒应王庙一事，本就是宗泽促成。其次，在赵构参谒崔府君庙前后，宗泽曾对他说："肃王去不返，金军已迫，复去何益？请留磁。"宗泽作为主战派的名臣，他也劝告康王不要再出使，这使赵构的逡巡不前有了更合理的理由。

按理说，赵构作为宗亲，既然奉旨，就要不辱使命，即使是此去有可能从此不能再返，对于君主专制下的臣下来说，也是尽忠之举，只能万死不辞的。但自出开封后，赵构所遇到的两名重要的知州都挽留他，不欲他继续出使，这又是为什么？后代史家有解释说，因为汪伯彦看出北宋要亡，赵构奇货可居。但这只是事后之推测。因为当时宋金间使节不绝，东京仍未陷落，谁也不敢保证如果康王无法如约到达金营，皇帝赵桓会不会另派宗亲为使节；也不敢保证这一次宋金之战就不会出现与去年不同的结果。假如和议成功，或者假如金军如往年一样退去，甚至只要徽宗、钦宗或赵构兄长中任何一人不至亡失，赵构都不一定具有皇位的竞争力，按宋代王室的规矩，甚至不能掌实权。因此如果说汪伯彦是为讨好赵构而留有后着，那么作为日后的抗金名将，被北方军民称为"宗爷爷"的宗泽又是出于什么目的劝止赵构继续北行？从南宋朝廷日后的话语来说，宗泽所阻止的，是赵构的继续出使，但若从赵构的行进方向来说，北方却并非出使的方向。因此劝赵构留下，其实并不一定是在劝阻出使，却极有可能是劝阻其北上。从出使以来一直扈从赵构，"昼预兵戈之谋，夜陪樽俎之末"的耿延禧在回忆起这段经历时，对于宗泽与磁州百姓搬出"应王"崔氏强阻赵构北行一直耿耿于怀，可见当时康王要北上的动机是强烈的，反而对向东南追赶已经过黄河的斡离不的军队却是消极的。而宗泽出手力阻，是否正是因为意识到康王的某些不可言说的目的？而王云死后，康王最终在崔府君庙前被众人留下，簇拥着回到了馆舍，这背后的某种博弈暂告结束，康王与宗泽当时的意图从此无法探寻。

回到馆舍的赵构应该是仓皇无措的。一方面，金将粘罕、斡离不已率军渡过黄河,相继围京师,赵构的随从认为磁州也不可久留了;另一方面,赵构一行人对宗泽的戒心显而易见。正在此时,知相州汪伯彦悄悄派人送来密封于蜡丸中的书信,希望赵构能返回相州。这对于赵构而言简直是久旱逢甘霖。他甚至不敢与宗泽告别,而是匆忙收拾行李,连夜"间道潜师",赶到磁州与相州交界的地方。这时天色微明,赵构远远地就看到了在城北河边恭候的汪伯彦。见到汪氏部队的那一刻,赵构想必会长舒一口气,这也成为他日后引汪伯彦为心腹的重要原因。

在相州一安顿下来,赵构即命耿延禧起草奏状,以副使被杀、金军转移为由,表面上是说自己已回相州,等待朝廷的进一步指示,实际上,他已经不准备出使了。

这一次在磁、相之间的经历,使赵构完成了几个转变。其一是实际上摆脱了出使的任务,自己已经不需要再去金营送死;其二是借口待命而得以游离于京城之外,远离金军之锋镝;其三是与地方的拥兵之臣有了一些密切的互动。这为他日后培育自己的军事实力奠定了基础。

但他的出使之举也埋下了一些隐忧。其中影响最大的,就是赵构这次出使并未带家眷,包括他那些怀孕的妻妾,都被留在了东京。

到靖康二年(1127)四月时,一度也想角逐皇位,后转而拥戴赵构的太祖后裔、知淮宁府赵子崧在给赵构的信中说:"国家之制,从来没有让亲王在外领兵的,而皇上特意以元帅之权托付给您,简直就是天意!"

的确,按照宋代《宗室座右铭》《宗室善恶宝戒》《宗室六箴》等文书的规定,近亲宗室虽然可以坐享厚禄,但严禁干政、结交大臣,甚至不得出任掌实权的官职,更何况可以"尽起河北官兵"的兵马大元帅?只是当时金军已经合围于城下，钦宗已经坐失撤退、迁都，另行组织抵抗的时机，他除了命人突围到相州传授对康王的任命外，也只能用恳切哀婉的"亲笔细字"，向这位九弟倾诉自己的恳切请求："京城围闭日久，康王真朕心腹手足之托，已除兵马大元帅，更无疑惑，可星夜前来入援。"但康王看到钦宗派来的阁门祗候秦仔从发髻中取出的蜡封诏书后，在呜咽流涕之余，却并无入援的举动，反而有意无意地将皇兄情急无奈的决策宣传成钦宗对自己继统合法性的默认。

赵构一边在相州开大元帅府，一边传檄各地，鼓动兵马在自己身边集结，扬言准备"救君父"。但他檄文中约定的集结地点并不在开封外围，而是东南方的大名府。在大名府，他接见了带着兵马赶来的宗泽，依照钦宗诏书中的指示，任命他与汪伯彦同为副元帅。此时，他这个大元帅府的班底还只是一些随他出使的王府僚属及河北驻地的一些守臣，如副元帅黄潜善，参议官耿延禧、高世则、董耘、赵子崧、颜岐等人，加上主管机宜文字的康王府都监蓝理、康履、黎粲、杨公恕，内知客韩公裔等。这些人，大部分日后都在赵构的政府中起着重要作用。

与此同时，金军已经登城，正胁迫宋廷在城内搜刮金银来献给金人。宗泽恳请赵构马上驰军到澶渊救援，但这时宋高宗只想远离金军。汪伯彦在这方面是赵构的知己。他提出，当前的紧要之事，是要"先安泊得大王去处稳当"，至于解京师之围，则"事须量力"。于是，汪伯彦与赵构借宗泽请战之机，让他分兵去勤王，还要求他的部队一路宣称康王就在军中，以吸引金军注意力，而赵构自己则往东逃到济州（今属山东菏泽），对朝廷"催督入援"的急令置之不理，坐观时局变化。金人听闻赵构在澶渊，果然派兵来呼召他前往金营，被宗泽派弓箭手射退。

人言常道，对手往往比朋友更了解自己。对赵构的出使、勤王，金人有一段总结，说他"衔命出和，已作潜身之计；提兵入卫，反为护己之资"，可谓一语中的。

时至靖康二年（1127）三四月间，徽、钦二宗连同他的所有近亲终于都被掳北去，中原再无赵氏亲皇，这时，赵构麾下已经聚集了张俊、苗傅、杨沂中、田师中等将领以及知信德府梁扬祖的兵万人、马千匹，高阳关路安抚使黄潜善、副总管杨惟忠各数千人，还有宣抚司统制官韩世忠、侍卫马军都虞候刘光世等人及其兵马，"时帅府官军及群盗来归者，号百万人，分屯济、濮诸州府"。于是，在"靖康之变"的特殊环境下，赵构这个平日不得掌实权的皇子，却因为是赵宋皇族中的唯一漏网之鱼，而先成为兵马大元帅，再成为重建宋政权的不二人选。这一年，他才二十出头，却似乎成为了这个生灵涂炭时期的幸运儿。

只是，拥兵自固的赵构，不知可曾有在某些瞬间想过那些被他遗留在东京的家眷？在这个万物复苏、百鸟乳雏的春天，他的妻妾们，有的正与其他宋室成员一起开始了屈辱苦难的俘虏生涯，有的则带着身孕忍死流离，踏上辗转寻夫之路。在赵构只为身谋的背后，是这些女子及其未曾出生的孩子们的悲歌，当然也就为他日后的无嗣之困初启端兆。

其实在徽、钦二宗陷于金营后不久，金人就开始准备退回北方。原因之一是他们的兵确实不多，如果继续南下侵占更多的地方，就要考虑到"兵力不能周"的问题。最近南下攻打应天府的金军刚刚被韩世忠打败，这增加了他们的顾虑。金军退兵的原因之二是金人很不适应江南炎热"卑湿"

的环境，因此也不想深入、久留南方。但这片刚打下来的江山如何处置呢？金人绝不希望它重新又落入赵氏手里，否则就不会在进入开封后，拿着玉牒逐一搜查，一定要保证赵氏宗室、妻女全部被金军控制。几经斟酌，他们决定在中原地区立一异姓之国作为傀儡，代替金人管理中原。这一陷人于不义的任务落到了此前曾陪同赵构出使金朝的张邦昌头上。

张邦昌，进士出身，在钦宗即位后拜右相，随赵构出使时，就表现出了妥协怕事的个性，金人觉得他柔弱易制，因此属意于他。但在宋朝这种政治体制与社会风气之下，张邦昌根本不具备取代赵宋的条件与胆量，面对金军逼迫自己成为篡逆之人的意图，他吓得"昏瞆欲仆"，号哭不止，此后卧病不起，饭都吃不下。金人告诉他，如果张邦昌不答应成为傀儡皇帝，他们就要在东京汴梁放火、屠城，吓得当时尚在东京城内的官员纷纷向张邦昌哀求，逼得他又试图自杀。虽然到最后他迫于形势只好就范，却一直不敢真正僭越。他一直不立年号，不用天子礼仪，还锁上宫中诸门，题以"臣张邦昌谨封"，以示不敢觊觎宋室财宝。当看到金人来，张邦昌就换上皇帝的服装应付，金人一走，就又穿上宋臣的服装；他还以建立新朝廷为由，把一些被拘禁于金营的宋朝大臣营救了回来，还请求金人减少搜刮掠夺京城的财物。经过张邦昌对金人的虚与委蛇，到靖康二年（1127）四月初一，金人终于北返。

金兵退尽的第二天，张邦昌就开始派人寻找康王的下落。这个大宋硕果仅存的皇子，成为张邦昌这个被迫即位的"大楚皇帝"自我救赎的希望。

这时，赵构已经东逃到济州（今山东菏泽）。知信德军黄潜善派"探事人"到东京探得二帝"北狩"、张邦昌称帝的消息，并带回了"邦昌僭号文、金人伪诏、邦昌伪赦、迎立太后书"等材料作为物证。康王的反应是"挥泪大恸，期身先士卒，追二圣至河北"。众将官力劝他，说追还"二圣"的事情，是将臣的职责，而不应该由大王来做，因为"大王乃宗庙社稷所系，不可轻举"，这已经明显将赵构置于皇帝的地位上了。

过了不久，不但聚集在赵构身边的文武官员集体"劝进"，希望他继位为宋朝皇帝，连散落在开封附近的宋朝官员探寻得知赵构的踪迹后，也驰书来劝。如身为宰执之一陷于东京的门下侍郎吕好问就派人拿密封的蜡书前来，极言如果赵构不自立，就怕有不当立为皇帝的人被立为皇帝了。前线的宗泽也写信来说，张邦昌等人协从金军的篡乱踪迹已经显露，力劝赵构"宜早正天位，兴复社稷"。赵构核心圈子以外的大臣的这一担心，反映了赵构之所以最后能得到大部分宋朝官、兵的拥立，其关键在于宋朝立国以来优待士大夫、政治环境比较宽松的传统，加上王安石变法以来朝廷稍显重视武备的姿态使宋朝统治较得人心，即使是宋徽宗以来多年挥霍"赵官家"的信用，仍未大规模改变人心向背。因此，与其说朝廷上下拥立赵构，不如说一方面是对谁能竖起抗金大旗的担心，另一方面也是对赵宋倒台以后新的统治者能否延续赵宋的"祖宗家法"、维护他们既得利益的担心。

但面对这些劝进，赵构却"涕泣不受"，每天"与二三幕属共图北征"。赵构在他不知道张邦昌的真正意图、以为宋室江山就此完结的情况下，他的悲愤与慷慨赴难都不一定是虚情假意，但到了群臣劝进之后，他还天天与幕僚"共图北征"，则未免有些惺惺作态。因为当他再三表示"径欲北征"的过程中，脚下行迹却是一路南下，与自己父兄被掳去的路线刚好南辕北辙。

　　张邦昌探明康王处所后，派遣曾与赵构一同出使的自己的外甥吴何，和赵构的亲舅舅韦渊，拿着张邦昌的文书去到大元帅府以表明心迹，在文书中说到自己已经封府库以待赵构的到来，又说"臣所以不死者，以君王之在外也"，直呼赵构为君王。赵构看到此信，当会稍感宽慰。接着，张邦昌又请出流落民间的哲宗废后孟氏，尊她为宋太后。与此同时，各种"瑞应"、各类人物的劝进上表不绝，包括拆解"靖康"二字为"十二月立康王"为帝的兆头等。这时，从口头上看，赵构仍以"要慢慢考虑"为由半推半就，但若从他的行动上看，却显然已经加速为自己的继位作铺垫，而且这些铺垫，每一样都体现了这名年轻的王子在把控权力方面的天分。首先，他任命另一位有争立潜力的宗室，知淮宁府赵子崧为元帅府参议官、东南道总管，统东南勤王兵，相当于将其纳于麾下，昭告了赵构自己在宗室中更高一等的地位；然后，致书各路统帅，要求他们不要再去京师，如果已经到达的，不要入城，以免他们为张邦昌所用；同时，探访得知当时最有威望的宰执人选李纲在湖北一带出没，马上派人拿着自己的亲笔信去迎接他前来；最后，劝谕宗泽等力主诛杀张邦昌的大臣，说以张邦昌为首的大臣虽然可恶，但考虑到他们成立伪朝也是被人胁迫，事出权宜，不可以轻易就处置他们，以此稳定以张邦昌为首的留京官员的人心。不久，张邦昌派大臣谢克家带着名为"大宋受命之宝"的传国玉玺献给赵构。到了这个时候，赵构才确定自己就是徽宗唯一没有被俘的儿子，继统的资格从未如此清晰，赵构一边"恸哭跪受"，一边急令谢克家回京取办皇家仪仗，为继位做最后准备。这时，济州百姓宣称州城红光冲天，希望赵构就在济州即皇帝位。但这恐怕反映的是当地官员为确立自己在朝廷中的地位而想出来的"瑞应"。毕竟，假如赵构成功在济州登基，那么济州就为龙兴之地。但这也从另一方面体现了登基地点选择的重要性。如果只是随便在一个流落之地宣称自己成为皇帝，无疑会削弱继统的庄严，继而会影响到日后全国对自己继统合法性的认同。

这时，恰逢前线的宗泽再次送信来，从战略角度分析说，南京应天府（今河南商丘）位置居中，四方物资漕运到达也比较容易，是驻跸的好地方，最后还加了一句，说这里是宋太祖兴王之地。可能正是后面这句话，促成了赵构"决意趋应天"。

在开封，为赵构登基进行的工作也加紧了。首先是张邦昌，尊称哲宗废后孟氏为元祐皇后，请她入居皇宫之中，垂帘听政，以示不敢僭越赵宋之位；然后张邦昌作为权尚书左仆射，率在京百官上表给赵构，劝他登基；最后，这位被临时扶上元祐皇后之位的孟氏，完成了历史赋予她的第一个重要使命——以太后名义手书，向海内宣告要求赵构嗣统继位的懿旨。元祐太后还特意请钦宗朝的内侍邵成章运送皇帝所用的乘舆、服御到南京，以备赵构即位之用，张邦昌亲到应天府，"伏地恸哭请死"。在演足了"谦辞不受"的戏份后，靖康二年（1127）五月一日，移师南京应天府的赵构登基成为皇帝，改元建炎。

这时，人望极高的李纲尚在赶往应天府的途中。

从这一天开始，赵构被期望、被形塑为受命于天的中兴之主，他要身兼皇帝、战时统领和被不断追杀的流亡宗室等多重身份，带领残破的朝廷、附叛不定的将领与地方官员百姓，站稳脚跟、抵御残暴贪婪的金军。这一天，距离宣和七年底以前那些养尊处优、以骑射为乐的皇亲的日子才仅仅过去了一年多。赵构的生日就在登基的同一个月，也就是说，在他登基的时候，他的实际年龄仅有 20 岁。

第一章

◎

赵构的幸运与烦恼

一、"泥马渡康王"的背后

战时自立的皇帝,其面临的挑战自然会比太平年景下自然继位的皇帝要多得多。南宋兴起于国家风雨飘摇之际,外有金人威逼,内有此起彼伏的内乱,新政权存在的每一天都面临着凶险。从赵构登基后颁布的一系列举措,即可以看出他要面对的种种问题。

首先,虽然徽宗的直系亲属全部被掳,但太祖、太宗二人留下的理论上有资格继位的宗室却不少,赵构的继统并非必然。而且,虽然前朝也有据太后懿旨而废立的情况,但那毕竟是在位的太后,而非这种从民间找回来的前朝废后。因此,赵构继位后首先要面临的,就是如何证明自己继统合法性的问题。赵构针对皇帝的宗室、血统的象征出台系列措施,如修复被金军破坏过的在河南的祖宗陵寝、尊元祐皇后孟氏为元祐太后,遥尊赵构自己的亲生母亲韦贤妃为宣和皇后,这都是赵构孝心的体现;还要遥尊钦宗为孝慈渊圣皇帝，这样，这位兄长就正式退出了在位皇帝的位置。但这仍不足以完全保证赵构在大宋臣民心目中能形成不二的天子的印象，赵构在这方面需要做的还有很多。

其次，若站在赵构的位置上看，他其实只是一个孤家寡人，他的所有权威都来自拥护他的臣民。虽然赵宋的统治遗产、民众与臣僚的思维惯性可以带来一定保障，但如何取得尽可能多的官僚的支持，让他们替自己维持从中央到地方的国家机器的运转，仍然是关系到政权生死存亡的问题。因此，激励支持者、安抚犹疑者、打击对立者，就是当务之急。

为安抚那些对徽宗朝的统治不满的官员，赵构摆出拨乱反正的姿态，禁罢徽宗在各地设的神霄宫；不再散放王安石变法时期设立、至徽宗时早已成为搜刮百姓的工具的"青苗钱"；宣布贬斥靖康时期的主和派大臣等。为表示新政权准备革新政局的决心，赵构还下诏令中外臣民均可上书，对民间疾苦畅所欲言，即使有得罪朝廷的地方也不怪罪。

建炎初年，中央号令不通，地方势力、军事集团逗挠自营：有的借口"讨逆"，窃踞州县；有的拥立（甚至伪称）宗室，独占地方。南逃襄阳的郭京，率所部"六甲神兵"，"欲立宗室为帝"。而且，由于当时兵凶战危，"士大夫避事求退者众"，新建立的朝廷极度缺乏能独当一面的官员。因此朝廷出台政策招抚因战乱离任的官员，限他们一个月内回到任所；对溃逃的官兵及曾经沦为群盗的民众，只要改过自新，均不追究；安抚、吸引现任官员，给他们升官。为增强凝聚力，赵构还下令奖励为国牺牲、受苦的忠义之士及其家属；而对于赵构的大元帅府与新朝廷曾驻屯超过一个月的地区，百姓豁免其夏税，部分士人赐出身、免省试；为体现对百姓的抚爱，尽管经费困难，仍诏令免除百姓历年的欠税。但即使这样，还是不时出现官员面对危重的任命辞而不受的现象。

此外，为保障政权的安全，赵构对内任命李纲为尚书右仆射兼中书侍郎，进入执政的核心；对外以名将杨惟忠作为拱卫自己的殿前司的主管官、以保静军节度使姚古知河南府、以宗泽知襄阳府，作为外围拱卫的力量。为表明自己带领臣民抗金的决心，又命中军统制马忠、后军统制张换率兵万人，赶往河间府"追袭金人"，派统制官薛广、张琼率兵六千人会合河北山水砦的义兵，共同商议恢复他的"龙兴之地"磁州与相州，还赐诸路勤王兵每人三千钱的犒赏。

同时，为了加强对朝政的掌控，赵构还把自己的心腹安插在朝廷内外的重要部门。如赵构初登基时最获信任的主要是带兵来附的前高阳关路安抚使黄潜善，以及从相州时就追随他的汪伯彦。前者被封为中书侍郎兼御营使，后者被任命为同知枢密院事兼御营副使，作为牵制李纲的力量；派遣资政殿学士路允迪为京城抚谕使的同时，又以与他一同出使、处处护持他的耿延禧做副使。

最后，也是对新政权能否立足影响极大的一项，就是经费问题。大军与官员们驻屯一天，就要消耗大量的粮食、薪柴及其他战略物资。而因为战乱，农业生产被破坏，百姓流离，安抚都很困难，遑论向他们收税了。而且由于农业生产的周期比较长，所以即使能以最快的速度稳定农业、恢复生产，也是远水解不了近渴。再加上金军行经地区，府衙被劫，账籍散失，很多税收的依据都没有了。面对这样的乱局，赵构采取的办法是依靠专卖制度。就在他即位当月，就马上派出江、淮发运使梁扬祖，提领东南地区的茶叶与食盐的专卖，暂时筹措经费；同时为节省经费，赵构生日那天，也诏令免除百官贺寿的仪式。

此外，作为声称要追还二帝的赵构，还有一些措施的目的却不能高调宣扬。例如他下诏要求成都、京兆、襄阳、荆南、江宁府、邓州、扬州都要储备物资以备"巡幸"，在这些远离金兵的地区作狡兔三窟之想，那分明就是为自己的逃跑留着多条后路。

以上种种措施，均在赵构登基后不到一个月的时间内发出。虽然赵构身边不乏谋事之人，但这样全面的人事、军事、礼仪与经济布局，已经初步展现了他在危机中梳理出解决问题方向的技巧，说明他至少不会是一个庸主。从他即位开始，持续三四年间，不但颠沛流离者多，晏然安居者少，而且接踵而来的各种挑战几乎无月无之，各种决策只要稍有疏忽、路线选择稍有偏差，其后果大则有朝廷覆灭之险，小的也会危及人身安全，而赵构却能在多重危机中带领小朝廷逐渐站稳脚跟，恐怕与他的这种能力与手腕不无关系。

不过，话说回来，上述安排毕竟只体现了赵构在权术上的手段，而权谋之术往往仅是战术性的，面对南宋的最大战略威胁——外部的金军、内部的叛乱与盗贼，这些措施都太过小打小闹，不足以抗衡。这时，就需要一位威望极高，充满政治智慧的战略家来运筹帷幄，而在南宋初立的关头，能当此任的，只有李纲。

六月一日，李纲到达应天府。他是被公认的南宋初期最好的宰相人选，后人在总结南宋初年的那段历史时，称他格局宏大而思维缜密周到，"照管得始终本末"，而且极有才华。的确，在李纲入相以前，被迫从抗金前线退下来的他就已经深刻反思从宣和以来的种种朝政得失,并在拜相之后不久,即向高宗上"十议",即"议国是""议巡幸""议赦令""议僭逆""议伪命""议战""议守""议政本""议责成""议修德",对治国、立国的大政方针提出了自己的思考。他意识到金人坚决排斥赵氏政权,所以和议是不可能成功的,但经过靖康之难,国势更衰,战亦无可战,所以只有先专心思考如何防守,在慢慢积累了一定的实力后,才可以谈论"战"的问题。从他所提的这个策略来看,李纲并非冒进之人,他是充分权衡了内外形势与实力而定的"守"计,目标是使金人进无所掠,退不得归。为达到这个目标,他进一步提出应该着眼于修城池、备器械、屯兵聚粮、坚壁清野,并充分利用各地自发形成的自卫力量,教车战以御其奔冲,习水战以击其济渡。这些计策在当时虽然未能得到充分贯彻,但其实后来在各地自行组织抗金的过程中,也在不同的时间、范围内被采用过。当然,他因应立国未稳的状态,主张一改祖宗削兵权之法,转而在贴近边境的地方建立世袭的帅府作为内地的屏障,允许戍边将领自行通过经济措施解决军费问题等建议,对于刚建立的南宋朝廷来说更是惊世骇俗、难以接受,但日后随着战争局面持续,多方权衡之下,南宋政权在四川较长时间采取的举措,早已和李纲当日的建议如出一辙。

赵构在登基前后对李纲是非常倚重的。南宋史学家吕中后来分析赵构在选相时面临的困境时说,在立国之初,徽宗时期的"误国之臣不可用",投靠过金人的"伪命之臣不可用",后来的大臣张浚、赵鼎在当时无论是资历还是品格,仍未孚众望。在那个时候,赵构没有选择从出使、开元帅府以来就跟随他的汪伯彦、黄潜善等人为相,而从朝廷之外急召李纲入朝秉政,也可见当时他内心对众臣的评价与权衡。只是,这一决定也预示了妥协派大臣与李纲等人之间矛盾早晚会激化。黄潜善、汪伯彦,自认为从龙最久,是拥立赵构的得力马弁,最有资格获得宰相之位。当愿望落空,他们对李纲的嫉妒与怨望自然就扑面而来。在李纲尚未到任之前,他们就已经发起了对李纲的攻击。

除黄、汪二人外,御史中丞颜岐走得更远。他竟以金人的好恶来作为选官的标准,认为张邦昌是金人喜欢的人,"虽已为三公,宜加同平章事,增重其礼",而李纲是金人讨厌的人,虽已经任命他为宰相,也应该趁着他未到任而罢免他。这番议论反复对高宗讲了五遍,搞得高宗实在没忍住,问他:"那我被立为皇帝,恐怕金人也会不高兴,怎么办呢?"这才把他吓退了。如此种种,都预示着这个新生朝廷内部的不平静。

此外,虽然徽宗朝的掌政者多数已经被贬逐,但对当初投降过金人,成立了"大楚"政权的以张邦昌为首的那些重臣的处置也颇为敏感。因为这些官员实际上就是那些在金军占领时期留在东京的大部分官员,若要追究,恐怕就要触动南宋赖以运转的很多高层官僚,对新政府极其危险。但若对他们的"投敌"行为完全不加追究,无疑等于鼓励后来者。所以虽然在立国之初,为团结更多的统治力量,赵构对这些"有瑕疵"的官员表明了宽大的态度,甚至给张邦昌加官晋爵。但当李纲后来坚持要惩治张邦昌等人时,高宗就顺势把他们赐死的赐死,贬逐的贬逐了。

如果细心比较当可发现,每当遇到棘手的高层人事调整,这种由有影响力的大臣坚定提出、皇帝"无奈"允许的处理方式,在后来秦桧当权后又一再上演。可见让宰相权臣充当激烈冲突的风暴眼,而皇帝则旁观于一定距离之外的权力调整方式,是赵构的拿手好戏。

按《宋史》的记载,在靖康二年,也就是建炎元年的六七月间,南宋朝廷密集颁布了一系列措施,这些措施可以明显看出当时朝廷面临的两大要务:面向北方的布防、战略物资与钱财的调集。其中派遣张所招抚河北,王躞经制河东,宗泽留守京城,西顾关、陕,南葺樊、邓;又诏令陕西、山东各路的安抚司团结军民以便互相应援;设置沿河、沿淮、沿江的帅府、水军将领,在江、淮诸路造船等积极推进守备等措施,很明显是李纲的手笔。此外,专门派大臣任四川抚谕、监督当地的财赋输送到应天府;大量削减中央与地方官员,包括中央的台、省、寺、监的职能部门和各州的辅助性官员、通判、学官,削减宰执的俸禄赏赐和官办学校的经费;在两浙与福建设立专管招徕外贸、抽解关税与专卖物品的提举市舶司;把此前禁罢的遍布全国的神霄宫名下财产充作经费;把本来作为地方官福利存在的职田全部收归路级的提刑司管理;又劝诱官民卖马、捐助钱物给国家;等等,则都是希望通过开源节流,为守备提供经费,这也是李纲"取财于东南,募兵于西北"的积极防御思想的体现。这些举措均在高宗的支持下逐渐推行,南宋小朝廷出现短暂的国是渐明、人心渐安的迹象。与此同时,东京留守宗泽也整顿好东京周围的防务,联结两河义师,建立了一道抵御金军的屏障,于是开始修葺京城,数次上章请求赵构还都东京开封。

只是,到了七月份,赵构下达了两通相互矛盾的诏令,为南宋朝廷的守备计划蒙上了阴影。七月十四日,赵构下诏,说他要送太后、六宫妃嫔、卫士及他们的家属去东南,而自己则"当独留中原,与金人决战"。但这番豪言壮语仅仅抛出去三天,到了七月十七日,竟又下一诏令说"京师未可往"，宣布他要"巡幸东南"，估计负责皇室后勤工作的人都要被他逼疯。在南宋当时的背景之下，皇帝车驾的去向，实际上反映的是朝廷究竟是采取和、战还是守的重大决策问题。而三天之内，高宗从决意回京留守黄河流域转向退走东南，这其实反映了整个朝廷风向的反转，也预示着以李纲为首的主战派大臣守备方略的消解。但这样的事情又是怎么发生的呢？这就不得不提到黄潜善、汪伯彦等人的理想。

黄潜善和汪伯彦是拥立高宗的重要成员，极受高宗信任，而他俩是主张和金人议和的。他们向高宗建议沿用靖康议和时所答应的条件，也就是割让三镇，划黄河为界。而且，他们为达到议和的目的，竟命令刑部不得将宋高宗即位的赦文发布到河北、河东路等地，宋军"且令屯大河以南"。这种出格行为连拥立皇帝有功的皇叔赵士㒟也忍无可忍，上章揭发他们，结果赵士㒟反而被宋高宗贬往外任。

所以，这次高宗前后反复的两通诏书，恰恰就反映了朝中两派大臣的激烈博弈。在这个过程中，对金军极度恐惧、对还京极不情愿的高宗，在感情上越来越倾向于黄、汪二人，由此也激化了他与李纲之间的矛盾。最后，黄、汪二人终于利用高宗对他们的信任以及畏惧金人的心理，通过劝说高宗移驻江南的方法，使朝廷事实上放弃了对黄河以北广大地区的防务支援，消解了李纲"守"的计划，而倾向于使用他们"和"的计划。

但正如李纲所分析的，金军的目标是要灭亡赵宋。当时赵构出使而未到金营时，金军已经多方寻找，除上文提及的那四百铁骑外，在赵构成立大元帅府后，粘罕还曾派遣三千军马带着诏书寻找赵构下落，命他立刻返回开封，意思就是要等他回到开封后就可以将他与其父兄一样，解送往北方。此后赵构从相州前往大名府的途中还遭遇过金军千余人在滑州的截击，差一点落入金军手中。之后金人并没有放弃追杀赵构，回到开封后，还对当时滞留在张邦昌伪楚政府中的吕好问说，"康王我眼中物，当以五千骑取之"，这才有后来吕好问疾速派人持蜡书请赵构远避金人的同时尽快登基的劝进之举。及后，一听说赵构自立为皇帝，金人即斥之为"妄称兴复"，认为一定要追击擒获他。为了分化赵构的统治，还传书各地，声称如果南宋子民献出赵构、接受张邦昌的伪楚政权，就"秋毫无犯"，如果不把赵构献给金人，就必定"累年征讨，定无苏息"。

以献出赵构为停止进攻的条件，这个又是南宋无法接受的底线。因此只要战场上不能获胜以吓阻金军，那么和议就不具备现实性。只是身为重臣的黄、汪等人，毕竟与李纲所站的立场不同。李纲所站的立场是赵宋立场，从赵宋江山、从四方百姓与义军利益的角度出发通盘考虑，而黄、汪等人只是从人臣的角度出发。因此，他们所关心的，是在朝廷中的位置与自身的安全，这也与历史上曹操大军压境时孙权部下那些官员的心态类似。当面临大敌，妥协派大臣首先想到的是奔走躲避；如果直接逃跑会背上弃守的骂名，那就带上皇帝去躲避，这样自己就可以以护驾之名回避金军的兵锋。正是在这样的思想下，他们主导了一出赶走李纲、独掌大权的戏码，在权力倾轧中获得胜利的同时，亲手断送了南宋初期唯一的一次稍可收拾旧河山的机会。对于赵构来说，他的阅历与品格也令他不足以意识到李纲离朝对南宋国运的深远影响，当然也不会觉察到他已经失去了唯一可以对他进行规劝、让他对外忧内患时刻保持清醒的人。没有了李纲的唠叨可能使他感到轻松，不用时刻考虑如何拒绝还都开封，可以使他不用天天活在负罪感之中，但即使是对于他个人来说，失去砥砺之臣也会导致他盲目地乐观与放松，从而对迫近的危险后知后觉。仅仅在一年多后的那次扬州遇险就印证了这一点。

八月，李纲罢相。八月底开始，招抚、经制司、帅府逐渐废罢，京官此前所减的俸禄重新增加，不再允许招募流散的士兵与民勇勤王，也就是说，朝廷逐步全面否定此前李纲所做的战守安排。于是北方民兵失去了来自朝廷的支持，仅靠宗泽等官员勉力协调。至于其余各地，军校、溃卒、民兵作乱、执杀地方官的消息不绝于途，不复有此前数月的官民团结抗金之势。九月，金人再次兴师南犯，河北成为宋金反复拉锯的战场，南宋官军陷入前有金军，后有各地乱兵的多线作战的境地，稍有能力的战将，不是被派往抗金前线就是被派去平叛。这时，没有了李纲的规劝，赵构决意南迁，同时还放话说，有敢妄议或阻碍"巡幸"的，或是知道有人"妄议"而不告发的，都要处斩。

十月，宋高宗逃到了扬州，并把这个繁华的淮东名城定为"行在"，即朝廷的临时驻地，立足稍定之后，即开始享受他的帝皇生活。

与此同时，北方军民则陷入了金军的凌厉攻势中，北方七路千百万生灵，"如粪壤草芥"。从建炎元年九月始，到建炎二年七月间，前线军官战死、败降、弃守，城池失而复得、得而复失的消息不断传来，但毕竟还是有得有失，尤其是宗泽以七十岁高龄、一介文臣，却通过联结包括马扩的五马山寨、王彦等领导的八字军等两河义师，组成了军民联盟，建立以东京为枢纽、以两河为侧翼的抗金防线，使官军在败绩之余有所收复，极大地阻滞了金军前进的步伐。但可惜的是，宗泽每有奏报传来，希望朝廷有所配合，都被黄潜善、汪伯彦等人笑为癫狂，抗金军民粮草不继、衣不蔽体却无人支援。最后，当朝廷之中仅有的支持宗泽的同知枢密院事张悫病死、御史中丞许景衡被贬之后，宗泽终于心力交瘁，忧愤成疾，病逝于抗金前线。宗泽辞世后，金军很快攻占河北河东最后抵抗的州县，兵锋直指黄河以南。这时，立足于扬州的赵构反而暗自欢喜，因为他终于有了充分的理由拒绝回师开封了。他所不知道的是，他之所以得以在扬州安逸一年多，恰恰是这些反复恳请他回开封主持抗金大局的臣僚独撑危局的结果，当朝廷失去他们，安逸的生活也就将要结束了。

浴血抗金，同时战乱破坏生产，而士兵又需要粮草供应，因此前线军民一直处于"公私罄匮"的状态，而这些情况，高宗却一直装作不知。

正史对于高宗成为皇帝后的私人爱好记载甚少，只知道他时时向朝臣标榜自己清心寡欲，还对大臣们说自己"性不喜与妇人久处"，但从他罢免李纲后激起的太学生与士人上书对他的批评中，我们能看到的却与此截然不同。当时上书的士人欧阳澈直指赵构"宫禁宠乐"，也就是沉湎于女色。最终赵构不顾徽宗通过"衣带诏"传送给他的祖宗"不杀士大夫及上书言事人"之誓言，对这些上书之人大开杀戒，由此或可推知，欧阳澈的确是触到了赵构的痛处。

此外，他登基后还有一个急务未载于正史，就是下圣旨要求开封府购买拆洗女童，而又要求官员们必选"姝丽"，而且"搜求之甚，过于攘夺，愁怨之声，比屋相闻"。由于这是臣僚写在奏章上的文字，为给皇帝留几分面子，不免说得委婉，但字里行间也分明可看出，这其实就是以选送洗衣女为名，强抢民间美女充实后宫。后来他在应天府声称要留在中原与金军决战时，也心心念念要先将后宫送至东南，也可见他对后宫妇人的贪恋与珍惜。

金人王成棣在《青宫译语》中记录，他为金人做翻译，询问那些跟宋朝宫室一起被俘北上的人员时，宋俘说起徽钦二宗及皇子们的事情。这些长年伺候宋朝宫室的人说"康王目光如炬，好色如父，侍婢多死者"。虽然金人所说未必能全信，但也从另一角度提供了一点猜测的佐证。

用侮慢与刁难自毁抗金长城、用惺惺作态掩饰自己沉迷女色的事实，只不过是一些小聪明；而处死上书言事之人，禁止臣民"妄议"巡幸，这都是对北宋以来政治原则的违背，体现了赵构性格里的独断专行，也反映其政治上的不成熟。但在当时的环境下，国人又不得不把政权赋予这样的年轻人，让他去把握整个南宋的航向，这正是君主体制的可悲之处。

赵构把自己送入无亲生儿子可继位的狼狈境地的最后一着，就是将黄潜善和汪伯彦二人升为左、右相。这两个人对朝政的破坏，甚至连正直的宦官都看不下去，但赵构却对他们有着迷之宠信，居然宣称："潜善做左相，伯彦做右相，朕何患国事不济？"好吧，"国事"之变局将给他一个狠狠的教训。

随着金军步伐的迫近，朝中大臣开始建言要对金军进攻扬州有所准备。毕竟经过近一年的经营，扬州已经初具首都的规模，北方逃难的官民也日渐会聚于此。大量战略物资、宫室储藏、典章文物开始积聚，这些都是通过从东南地方"公私罄匮"地搜刮才好不容易储备的抗金的重要保障，若有不测损失重大。而黄、汪二人听说后，"笑且不信"，还不允许官民百姓讨论边防问题，禁止扬州官民把财赋搬运出城，也就是说，扬州的官民就算明知扬州危殆,想要搬家躲避都不行,因为怕惊扰高宗的兴致。此外,黄、汪二人还天天钻研佛法,显示宰相的闲雅风度。只有御营使司参赞军事张浚找到机会亲自向高宗示警,但高宗居然说要等元宵节观灯后才动身。对于高宗来说稍显侥幸的是,他不知出于什么目的安排了刚出生不久的皇子与六宫先期跟从孟太后到杭州,这避免了日后被金人一窝端的命运。

建炎三年年初,也就是在宗泽去世半年左右,金军前锋杀到扬州附近。当时扬州百姓已经有人不顾禁令往南奔逃,官府出动人手也无法阻止。到了晚上,城内开始起火,兵荒马乱的痕迹已经非常明显了,朝中大臣居然无人通知宋高宗。次日,高宗当时正在宫中享受无边春色,处在紧要关头,内侍邝询急匆匆撞入,报告金人近在咫尺的消息,高宗骇然失色,茫然无措间,唯有跟随都统王渊、内侍康履等数人,骑马奔窜出城。途中赵构被老百姓认出,百姓发现在他身后,内侍、宫女纷纷慌张出逃,知道大事不妙——连皇帝都逃跑了。于是城内大乱,军民争相出城,宰相黄潜善、汪伯彦也从宰相办公的都堂鞭马猛奔,此时早已顾不上什么闲雅风度了。一路上,城门被人潮堵塞,踩踏而死者无数,人流拥至江边,发现正好退潮,水浅,一些船舶搁浅在河中,而之前尚泊在河心的能开动的舟船,早被御营都统制王渊及一些内侍征调来运送自己的家财,现在已经毫无踪迹了。于是,最早出城的高宗五六人,加上后来追上他们的吕颐浩、张浚等人一起逃到瓜洲镇,找到了一只小船渡江,而十多万扬州百姓,却只能在前有大江、后有金兵的命运中挣扎,到金兵来时,投水、被杀的近半,剩下的被俘为奴,江边充塞官民遗落的公私财物、官府案牍,"金银珠玉,积江岸如山"。

此一役，进攻扬州的金军只有几千人，而扬州外围负责保卫的御营兵士却有好几万，但他们的主帅王渊却并没有用他们来守土，只想着先运送自己的家财，因此除了招信县尉孙荣率百余名弓手拒敌牺牲外，金军根本没遇到什么像样的抵抗，就得以在扬州大肆杀戮劫掠。太常少卿季陵奉太庙神主逃跑，被金兵追上，连太祖神主都失落了；而宋军大将刘光世的几万军队也被他们的主帅抛弃在江北，六神无主的他们或沉河自尽，或听任宰杀，刘光世唯有在高宗面前崩溃大哭。只是，这样狼狈的局面，才刚刚开始。

史载赵构出逃时，百官无一跟从，护卫禁兵也无人出现，在路上，一名亲事官对高宗有所怨言，赵构上前亲手杀了他，等到他们坐小船过江后，赵构倒头坐在江边一座水帝庙内，看到剑上血迹仍在，于是慢慢地在靴子上擦去了这名随从的血。不知在这时，赵构是否已经知道自己已因这次受惊而失去生育能力，刚才手刃亲事官，不知道是不是为了宣泄内心的什么感受。他数日后在杭州"降诏罪己"，并且把无职掌，也就是未曾被御幸的宫女180人放回民间，也不知他那时会是什么样的心情。

不久，镇江府的官吏得知赵构抵达镇江，于是派兵迎接他，到夜幕降临时，终于陆续有官员、士兵渡江而来，与赵构等人会合。

此事后来被称为维扬事变，扬州被金军蹂躏多日，最后付之一炬；城内百姓，幸存的只有几千人。皇帝以九五之尊，什么威仪都无法顾及，策马在市面上奔逃，在江边抢夺渡江的小船，这种极失体统之事，严重影响了本就为证明自己即位的合法性而苦恼的赵构的君王形象。于是，为了掩饰赵宋官家仓皇逃窜时的狼狈，在后来的漫长日子里，这个事件逐渐被神化为"崔府君磁州显圣""泥马渡康王"的另一版本。在这一版本的神话里，宋高宗并没有在行乐之时遇警仓促出逃，而是在梦里受到他曾在磁州遇到过的那位"崔府君"的提醒而逃避；也没有与百姓争抢渡船，而是由崔府君借自己的坐骑给他渡河；过河后休息的庙，也成为崔府君的庙；康王从容休整完，才发现庙中供奉的泥塑崔府君所骑的马全身湿透。

只是，在神话传播以前的那个真实的遇险之日，赵构却几乎是只身逃难，抛弃了整个朝廷与他曾赖以安逸一年多的扬州百姓，连朝中百官也因为黄潜善等人的欺骗延误了撤退的时机，导致妻离子散。这一切其实都是由赵构的失察与用人失策造成。虽然当时谁也不敢论及皇帝，但赵构也深知这些官员、卫兵的怨恨，开始有些敏感起来。他当晚在镇江府治就寝，连被子都没有，只有仓促间裹在身上的貂袍一领。二月又是最冷的时节，他只得用袍子的一半做垫子，另一半盖在身上，过了惴惴不安的一个晚上。

第二天，赵构正与赶来的大臣商议下一步的去留，却一下听到外面大叫"火起"，一下又听到"禁卫涕泣，语言不逊"。草木皆兵的他不禁大惊，令刚刚跟从过来的尚书右丞朱胜非等人去了解情况，才知道原来士兵们为家眷尚在江北，不知生死，因而哭泣。高宗连忙抚慰他们说，一定会派船去接，又许诺说"定当录扈从功劳，优赐赏给"，士兵们这才安静下来。禁卫兵员的这次骚动虽然暂时被安抚下去，但赵构却没有意识到，这已经是人心涣散的标志，是又一次更大危机的前兆。

二、做了一个月的"太上皇"

李纲在未离任前曾向赵构解释为何不能巡幸东南、弃守两河。他说:"乘船顺流而下,去往东南,固然很舒服很安逸,但这样一去,中原就势必难以恢复,想再回来就不可能了。问题是,中原安,东南才可安,如果失去中原,东南就失去屏障,怎么能保证一定安然无事呢?而且,现在(指建炎元年)抗金形势较好,如果皇上退走,形势一失,将士之心离散,一旦有什么不测,可能您连想要保住东南一隅也不容易呢。"

事后形势的发展,桩桩件件,都给他说中了。

维扬之变后,金人对高宗穷追不舍。赵构从镇江逃到运河边的吕城镇(在镇江以南),留杨沂中领军在镇江阻截金军,约定如果观察到金人准备渡江,则烧甘露寺作为信号。但到晚上,杨沂中派出的探马听到瓜洲渡喧嚣,以为金人想渡江,于是杨沂中不管三七二十一,连忙烧掉甘露寺。赵构见到火起,知道这是杨沂中在示警,完全不敢再睡,等天色微明就策马狂奔到了常州(今江苏无锡市附近)。金军主力追到江宁与镇江之间的真州,真州官吏全部逃散,赵构则逃到无锡县,金军又沿江散布,并开始攻击泰州、破沧州。赵构不敢停留,继续直逃到平江府(今江苏苏州),才终于舒了一口气,解下甲胄,穿回黄袍,命人回江北召集被他甩在身后的卫兵。回想当初李纲所说的,失去中原后,想要保住东南一角,"恐亦未易",念之唏嘘不已。

但到了这个时候,一直听信黄潜善、汪伯彦议和主张的赵构还天真地以为金人只是因为他杀张邦昌、重用李纲而兴师,因此后来在颁布赦令时,故意不赦李纲,还下诏录用张邦昌的亲属,派人拿着当初张邦昌所签和约的文本去找金人求和。可见李纲当年所说依然是白费力气。

当然,赵构也不是没有反思。只是这次他针对维扬事变所做的反思,却恰恰使他陷入更大的危机。

二月底,赵构终于落脚杭州,虽然下诏罪己,又把黄潜善、汪伯彦二人罢相,但那个专管江上海船,信誓旦旦说万一有紧急之事一定确保无虞,到头来却导致扬州大败的都统制王渊居然被赵构升官为同签书枢密院事,仍然兼任都统制。王渊在维扬事变发生前就已经遇敌即溃,到事变时,王渊又征发了大船十只,宦官康履、蓝珪等也征用舟船数十只来运自己的家财,充塞江面。到事变后,王渊却只因为与宦官关系极好而不降反升。

这一"反思"的结果,直接引爆扈从诸将的情绪。尤其是护卫皇室的两支部队首领苗傅、刘正彦。

刘正彦因父亲战死,本可特许改换文资,这对武官来说是极难得的待遇,但当南宋初建的时候,他就受到高宗手诏求募"可使绝域,能将万众者"的感召,认为在国难当头的时候,不可只顾自己的升迁,因此主动要求恢复武阶,领兵抗金,而且曾击败剧盗丁进等,累建战功。后来,建炎三年二月时,高宗派他率兵护送皇子与六宫先期到达杭州。把继承人与六宫都委托给他保存,也足见其颇得赵构的信任。

扈从统制苗傅是从高宗在相州开大元帅府时就归入麾下,置御营司五军时,苗傅与韩世忠、张俊等人都是统制官,王渊只比他们高一级,为都统制。从建炎二年底太后到达杭州后,他被派去驻军奉国寺以守护太后可见,他也算是赵构比较亲近的禁卫之一。

赵构自己在扬州待了十五个月，作为最被信任的御营卫兵首领，苗傅目睹赵构的"藩邸旧人"宦官康履、蓝珪等人是如何依仗自己的主子当了皇帝而交结大将，接受奉承的。当北方的抗金义士困难到"以车载干尸充粮"，岳家军"以扶伤饥羸之卒"与金军泰州作战，"粮饷乏绝，刲敌尸以继廪"，也就是迫于无奈把敌人尸体上的肉割下来作为军粮的时候，宋高宗及其宠臣，却搜刮无数财货。苗、刘手下军队的构成，既有兵痞，又有从北方一直跟来的抗金义军，他们从一腔热血追随、护佑高宗，到看着高宗一路南逃，不但自己的家乡恢复无望、家仇难以得报，而且即使在四面受敌的情况下，那些宦官随从每到一处居然还不忘寻欢作乐，不断搜刮，到达杭州后又抢占民宅，跑去观钱塘潮，强迫百姓供奉器具，"供帐赫然塞道"，当时苗傅就咬牙切齿说道："你们已经使天下颠沛至此，来到这里居然还敢这样！"因此，当他们听说王渊因为有宦官在高宗面前为他开脱，不但没有遭到责罚，反而被授予高官时，其愤懑之情可想而知。

建炎三年三月五日，苗、刘二人伏兵城北桥下，等到王渊退朝，立刻上前把他摔下马，宣称王渊勾结宦官谋反，上前把他斩杀。然后一边去包围宦官康履的家，一边到处追捕内侍，凡看到没有胡须的都杀死。

赵构正在杭州府治改造而成的临时驻地内与宰相们议事，听到巨变，大为惊愕，不觉站了起来。因苗、刘迫近，宫门已关，朱胜非自告奋勇上楼去找来到府外的苗、刘二人理论，只见两人已经把王渊的首级挑在竹竿上递上来给他验视。苗傅说，我没有辜负国家，只是为国除害而已。

这时，赵构定了定神，也走上楼去。苗、刘二人见皇帝出见，还是山呼万岁而拜，苗傅大声道："陛下信任中官，赏罚不公，军士有功不赏，内侍所支持的人就得到美官。黄潜善、汪伯彦误国至此，却没有被远贬，王渊遇敌不战，反而被升为签书枢密。臣自陛下即位以来，立功不少，也只被授予遥郡团练使。现在臣已经将王渊斩首，把在宫外的宦官清理了，恳请陛下把康履、蓝珪、曾择也斩了，以谢三军。"赵构只好以高官安抚他，他却说："如果我想要高官，早就贿赂宦官了，不用等到现在！"赵构无奈，问左右怎么办。其实朝中官员早就已经对宦官专权非常反感。尤其是徽宗以来，宦官误国，朝廷上下无人不愤恨，现在苗、刘二人只是说出大家的心声而已。所以站在赵构身旁的主管浙西安抚司机宜文字的时希孟趁机说："宦官的祸患已经到了极致，如果不把他们除掉，恐怕天下之患不会结束。"军器监叶宗谔也帮腔说："陛下您何必爱惜一个康履呢？姑且杀了他以安抚三军吧！"赵构只好忍痛牺牲了康履，以为此事就能结束了。谁知苗、刘二人的目标不止如此。因为他们早就看透了赵构的投降倾向，所以决心把事情做彻底。他们提出三点要求，一是赵构退位，可被尊为"太上皇"，二是立赵构那小皇子为帝，三是太后垂帘听政。

这段时间，恰巧因为在维扬之变后，长江一带已经成为新的最重要的防线。吕颐浩统领二千人屯京口（今属镇江），后改为知江宁府（今江苏南京），杨惟忠与他一起；张俊在吴江，张浚督兵于平江；吏部员外郎郑资之负责沿江防托，监察御史林之平负责沿海防托；后来刘光世接替吕颐浩守京口，韩世忠在海道还没回来，而范琼则在淮西，跟随高宗护驾的其实就只剩下苗傅、刘正彦的军队。因此赵构在面对这支军队时，暂时就毫无应援。朝中只有一些文臣，大家都拿不定主意。赵构只好说，这事得问问太后。

就这样，赵构在正值二十三岁的英年之时，被迫面临一次"内禅"的预演。而在南宋立足未稳的这几年，往往出现这样的紧要关头，使得处于赵构后宫的几位重要女性被迫走到前台。当我们要理解这一次事变对于赵构日后的正式"内禅"意味着什么时，就不得不先了解这次事件所涉及的两位女性的情况。

前文也说过，由于靖康年间赵构出使时只带了约一千人的扈从队伍，并没有带家眷，因此赵构称帝后最初的那段日子里，他原先的后宫人员是没有在他身边的。当时金军按名单掳掠在东京的赵宋宗室与妃嫔，只要有名位的都在被掳之列，但由此也出现了两位"漏网之鱼"。

其中一位是宋哲宗废后孟氏。

孟氏作为后宫可谓命运多舛。她十六岁时，实际掌握朝政的哲宗祖母高太后下令选世家女百余人入宫，作为哲宗首次婚姻的候选人。孟后的父亲是阁门祗候，是宋朝武臣清要之职，因此她也被选入宫。入宫后，在这一百多人里，哲宗的祖母高太后与嫡母向太后都看中她，觉得她能执妇礼，是母仪天下的最佳人选，因此选定她为哲宗的皇后。可是，哲宗对高太后的独断一直敢怒不敢言，因此把对自己祖母的怨气发泄到祖母为自己选的妻子身上。孟后一直不得宠，以致一个位分比她低很多的刘婕妤都敢凭借皇帝的宠爱而当众欺侮她。只是她一向谨小慎微，哲宗并未能找到借口废掉她。直到哲宗亲政后，由于一次不慎，孟后所生公主病重，她的姐姐为替公主祈福，把宫外时兴的治病符水带进了宫。深谙皇室礼仪的孟后敏感地意识到这是宫中禁忌之物，马上收了起来，到晚上时主动向哲宗报告，并当着他的面销毁了这些东西，哲宗也对此表示了谅解。但是，那些觊觎后位的人以及想借此攀附刘婕妤的朝臣怎肯放过这样的大好机会？于是抓住孟后家人为公主祈福的种种举动来诬陷孟后，对孟后的宫女太监严刑拷问，要他们加入诬陷的行列，最后终将孟后废黜，出居瑶华宫。虽然后来徽宗刚上台时，曾短暂恢复过她的后位，但当新党得势之后，又再次把她废黜。因祸得福的是，孟氏所住的瑶华宫在靖康初年起火，于是宋室将她移居延宁宫，谁知靖康二年金军入城后，延宁宫又起火，孟氏只得徒步逃出，跑到相国寺前她的哥哥孟忠厚家寄居。孟氏从绍圣三年（1096）九月退居瑶华宫，至靖康二年（1127）二月到其兄家，深居冷宫三十年，没想到不但熬到了她的宿敌刘氏因生活不谨而被迫自尽，还熬到了整个宋室北迁时，只有她因为没有了位号而被留下来，此后还被当上"大楚"皇帝的张邦昌作为赵宋的象征迎回后宫，成为垂帘听政、辅助赵构登基的不二人选。史载孟氏在赵构初登基时，曾送给他一顶小冠，并告诉他，这是祖宗休闲的时候戴的，相当于是给他一个关于留在北方的父兄的念想。一个小小的物件，既向赵构提示了她当初与赵宋先皇帝关系的密切、地位的尊崇，也向赵构表示自己对他的认可，由此可见她的心思缜密与对皇室权力符号运用的熟习。正是孟氏的这种智慧，使她在张邦昌找到她时，她能当仁不让地开始垂帘听政，在获悉赵构所在时，又能多次派出宫使联络，最后手书天下，扶助他继位，也正是她的这种智慧，使她在建炎三年赵宋王朝又一次陷入统治危机时，能与外朝的大臣、武将一起，成为扭转乾坤的一支力量。

另一位则是高宗的未有名位的配偶潘氏。

赵构行冠礼搬离皇宫后，娶开封府人邢秉懿为妻，封嘉国夫人，后又以田春罗和姜醉媚为妾,被封郡君。之后,赵构的生母韦婉容又为他纳翰林医局官员潘永寿的女儿为妾。虽然潘氏"有宠",却尚未有名位。到开封城破,赵构的妻妾全部被掳北上,只有潘氏因为未有名位,因此得以留在东京。此时的她已有了身孕。也正由于她的整个孕期都处于金军攻破开封前后,兵荒马乱、颠沛流离之余还担心自己身份暴露,被俘北上,因此建炎元年六月间她的孩子赵旉在东京出生时,身体就已经很孱弱。而这偏偏是失去生育能力的赵构唯一幸存的儿子。

赵构登基后,孟氏在名分上是他的伯娘,而潘氏则是他的妾,于是这两个人就成为他新成立的"后宫"仅有的主人了。就在登基那天,孟氏宣布撤帘还政给赵构,过了几天,赵构即尊孟氏为元祐太后,后来因为避太后的祖父的名讳,改为隆祐太后;又遥尊自己的生母韦氏为宣和皇后。接着,他本想立还在东京的潘氏为皇后的,但吕好问提醒他这样不妥,于是遥立正室邢秉懿为皇后,而只以潘氏为贤妃。

现在,苗、刘的诉求使孟氏再次被推上风口浪尖,也足见她本人在臣僚之间,并非没有号召力。

当她坐着黑竹舆由后宫中被四名老太监缓缓抬出时,表现出一个久经风浪的妇人的镇定与勇敢。

她拒绝登上门楼与苗、刘隔空相对,而是要求开宫门,由她自己去劝谕苗、刘。这一决定吓坏了一众执政大臣,对她说:"万万不可!万一被叛军劫持那怎么办呢?"只有朱胜非昂然道:"他们一定不敢的!"并自告奋勇下楼陪太后出宫,一来方便传话,二来也可近距离观察"群凶"的表情,猜测他们的用意。其他执政见状也不敢表现得太退缩,只好都硬着头皮跟着太后与朱胜非从门楼内走出,去见苗、刘二人。

苗、刘二人见太后出宫,连忙到肩舆前跪拜说:"百姓无辜,现在他们肝脑涂地,希望太后为天下做主!"孟氏说:"那是因为道君皇帝(也就是徽宗)太过信任蔡京等人,变更祖宗法度,加上童贯擅自挑起边疆的战事,引来了金人,酿成今日之祸,不关当今皇帝的事啊!而且今上并没有失德,只是为黄潜善、汪伯彦所误,现在他已经知道错误,把他们窜逐了,统制你是知道的呀!"一番说辞,把赵构的责任推得干干净净。但苗傅还是坚持他们的要求。于是太后退一步说:"那,我就听从你们所愿,暂且与皇帝一同听政吧。"但苗、刘二人属意的是高宗那不满三岁的儿子,因为他们已经不愿再相信赵构。太后却也非常坚持。她说:"皇子才三岁,我以妇人之身,帘前抱着个三岁的孩子,这怎么号令天下呢?让敌国知道了,只会更加轻侮。"坚决不同意让皇子取代赵构为皇帝。苗傅有点不耐烦了,他转向了朱胜非,威胁道:"三军之士,从今天早上至今还没吃饭,如果这里拖久了,说不定会有其他变故。相公您为什么就不说一句话?今天这件是大事,正要你们这些大臣表现一下你们的果决。"朱胜非当时一定心里骂娘了。这种事关社稷与皇位废立的大事,他哪能做主呢?因此只是嗫嚅着拖时间。这时,那个曾经说赵构重用李纲会导致金人不喜欢的颜岐,从皇帝那边传话过来,对太后说,皇帝命令,决意什么都听苗傅的,请太后直接宣谕,准许苗傅提出的一切要求。太后听了,却非常决然地拒绝了,直接转头回宫。进门后看到赵构,朱胜非哭道:"反贼大胆到这种程度,我身为宰臣,义当为国而死!"赵构说:"正是他们气焰嚣张,才不可以贸然前往去送死!他们已经杀了王渊了,如果把你也谋害了,叫我这个做皇帝的如何自处？"说着屏退了左右大臣，对朱胜非神神秘秘地说："我们要想到长远的利益，先容忍他们，再慢慢谋求翻盘，如果那时失败了，再死不迟。"于是，二人计议已定，告诉苗、刘二人，如果能满足厚待太上皇，顺从太后及嗣君，约束将士不可劫掠、杀人、纵火等条件的话，就可以立即降诏逊位。

兵变危机暂时缓解。当晚，朱胜非叫典班高琳附奏说，今天晚上由宰执宿卫宫殿，于是得以在晚上独自入后殿见到了赵构。后殿里没有苗、刘的耳目，在赵构与朱胜非面前，太后这才放声痛哭。

三人连夜商议好来日宣布"内禅"的赦文，以及在苗、刘二人的监视下，皇帝与大臣间如何通传消息而不至于引起苗、刘生疑的办法。于是，从第二天开始，发布"内禅"诏令，说高宗逊位于皇子魏国公，变成太上皇；改元"明受"，由隆祐太后垂帘听政。同时贬窜内侍蓝珪、高邈、张去为、张旦、曾择、陈永锡等人于岭南诸州；黄潜善、汪伯彦二人则由东南大郡的郡守贬至衡州、永州"居住"，也就是要在指定的谪居地居住，不能随意离开；后再贬黄潜善英州安置，也就是连人身自由都被限制了。此后苗、刘二人认为宦官曾择罪大恶极，不可原谅，因此当他起程去贬所后，又派人把他抓回来杀了。历史上把这次兵变称为"明受之变"。

此后一个月之间，孟太后就带着她那身体孱弱的侄孙儿，在前朝听政，一边尽力与苗、刘周旋，一边等待时机。

"行在"发生兵变大事，临安军民的舆论风向如何呢？当时与苗、刘正面交锋，为小朝廷争取缓冲时间的朱胜非后来也不得不承认，其时杭州城内数百名幕官将佐与使臣军校都认为，他们发动兵变其实是"忠义为国"，不得已而为之的事，并非真的反叛朝廷。当时苗、刘曾发诏书调遣、布置一些军务与政书，那些拒绝接受诏书的官员如湖州通判张焘等人，虽然表明与"叛逆"势不两立的立场，但也同时认为之所以有这样的"明受之变"，赵构本人"号令之发未足以感人心，政事之施未足以慰人望"是根本原因。这样的评价，可算是中肯。当时的另一位同签书枢密院事郑毅甚至将这件事与靖康初年太学生上书反对朝廷罢免李纲相提并论，认为这是"以公灭私"之举。而杭州的老百姓，则在兵变的第二天看到了这样的榜文，上面写道："大金侵扰淮甸，都是因为奸臣误国，内侍弄权，以致数路生灵虽然没犯过错却要被杀；数以百万的金帛财富都被金人抢走；社稷存亡系于金人之手，百姓已经流离失所，惶惶不可终日，而朝廷却坐视不理，毫无抗敌措施，由此导致了前些天的维扬之祸。所以统制官苗傅只是为民伸张正义，诛杀有罪的大臣和内侍，并不是为了抢劫杀人。"据载，百姓"安堵"，既无惊慌失措，也没有跃跃欲试地要自发勤王。由此可见此前扬州被屠城的影响，也说明杭州百姓在被流亡来的小朝廷各种征调应奉所摧残后，对赵构是多么"怨愤不能平"。

真正起兵勤王的，另有其人。高宗"内禅"的敕文传到了同签书枢密院事、江东制置使吕颐浩的帐前。他马上意识到，"是必有兵变。"他的属官李承迈也说："诏词里有'畏天顺人'这样的话，恐怕就是出于不得已的意思了。"吕颐浩马上派人回杭州打探消息，同时修书联络张浚、刘光世等人，一等到消息坐实，他们就马上起兵勤王。

勤王大军压境之下，朱胜非借机说服苗、刘二人同意太上皇复辟，随后韩世忠击破苗、刘二人军队的反抗，二人逃出杭州。吕颐浩、张浚和韩世忠亲至行宫，宋高宗出宫门，抓着韩世忠之手，忍不住大哭了一场。这时，离他做上"太上皇"，仅仅一个月多一点。

这一次事变，终于还是使赵构有所触动，不但自己的为政有所检点，而且宦官跋扈的趋势也有所扭转。但另一方面，这次兵变也严重削弱了赵构对武将的信任，使他防范武将兵权过重，也间接为他日后削夺韩、张、岳三大将兵权埋下了伏笔。

事件平息之后，后宫又恢复了往日的宁静。潘贤妃又得以时时陪伴在她的孩子身边。但经过这一次让朝廷内外都惶惶不可终日的几十天之后，再加上赵构紧接着又为了表现抗战决心而携眷奔赴江宁，不知道是大人的惴惴心态影响了孩子，还是环境的变化不利于本而羸弱的赵旉的健康，到建炎三年七月，赵构又一次面临危机，而这一次危机，则影响到他的宗嗣问题。

三、那些失去了的孩子

皇帝的家事，从来都不是纯粹的家事。虽然赵构家与两宋间的其他千百万家庭一样，在乱世中颠沛流离、妻离子散，但以赵构为家长的这个小家，由于赵构从亲王到皇帝的身份，其所负的责任与遭遇就自然与普通官民不同。

如果是普通人，在战乱中，他的第一反应当然是把家眷送往后方，离战场越远越好。但由于皇帝是国家抗金的核心与旗帜，他的家人就不能随便处置。赵构即位之初，金军是孤军深入，仅占领了河北河东十多个州级政区，大部分州县仍能固守待援，官兵们都期待赵构能回到东京主持大局，因此，当赵构安排把后宫送往南方的诏书刚下，就遭到宗泽的反对。他一针见血地指出，皇帝营缮金陵（今江苏南京），派人迎接元祐太后和本来安放在太庙的祖宗神位，显然是为退奔做准备，这会极大动摇中原人民的抗敌信心，因此他表示"臣之朴愚，必不敢奉诏"。赵构只好抚慰宗泽一番，暂时放下送家眷到东南的想法。最后是在李纲罢相后，感到不必在抗金问题上再看谁的脸色了，赵构才连忙安排人员护送后宫向扬州进发。

也正因为如此，赵构在南宋建立的头几年，往往与后宫处于分离的状态之中。

建炎元年四月，金军退出东京，五月一日，赵构登基成为皇帝，同月打听到了潘氏在东京的消息，封其为贤妃，刚好一个月后，她就已经产下了赵旉。可见她的几乎整个孕期都是在东京城将陷的慌乱、焦虑和东京城陷后大搜宗室的惶恐之中度过的，如果考虑到当时开封城内粮食和柴火殆尽，天气异常寒冷，瘟疫流行，而一些官员还进入后宫加入蹂躏宫人的队伍之中的话，便可以想见这名父母皆亡、丈夫下落不明、无名无分、身怀六甲的女子所过的会是什么样的生活了。在这样的情况下所孕育的皇子，先天之不足不难想象。

然而出生后的生活也并非安定。赵旉是六月十三日在残破之余的东京出生，其生父赵构还在应天府。刚满月不久，八月初，史载隆祐太后从京师出发去应天府。估计就是这时，潘氏就带着赵旉跟随太后一起，到应天府与赵构团聚。从东京到应天府，还是在金兵劫余、溃卒遍布的情况下，行进数日才能到达。但在应天府他们也只待了不足两个月。到十月初一，皇室开始出发去扬州。如果按先期出发的孟太后的行程算，那么赵构、潘氏及赵旉一行，要在旅途上颠簸一月余，到十一月下旬才能到扬州。

据记载，皇子赵旉体弱多病，那么从他一出生就开始的不断迁移的经历，对他的身体应该是十分不利的。只是在那个时候，赵构尚未丧失生育能力，他可能想着还能通过多生皇子的办法来确保自己宗嗣的传承。只是，在扬州安逸地生活了一年多之后，维扬事变打乱了这一切，高宗失去生育能力，赵旉成为了他事实上的独生子。不难想象皇宫之中对小皇子的呵护，但百般呵护却可能使他更娇弱了。

接下来的巨变令这一切雪上加霜。苗、刘之乱中，体弱的赵旉被推上了"皇帝"的宝座，与孟太后一起"同听政"，不但每天要坐在帘前不得休息，而且其间大人的惶恐与慌乱也极可能会加剧孩子心理的敏感。这时他才不足三岁。一个月后高宗复辟，紧接着，赵构就携潘妃和已经被立为皇太子的赵旉奔赴江宁府（今江苏南京，皇帝驻跸后改称建康府），这又是近二十天的舟车劳顿。似乎就在此前后，赵旉就开始染病不起。

到七月份，赵旉似乎有些好转。一天，他正在床上熟睡，一名宫女不小心踢到了殿中放在地上的一个鼎，鼎发出的声音惊醒了赵旉，他开始抽搐不止。赵构怒急攻心，下令把这名可怜的宫女处死。但这也挽回不了他的独生子的命运，赵旉过了一会儿就夭折了。

独生子的病亡对年轻的赵构来说打击非常大。但是，他已经来不及伤心，因为时已七月，按照前两年的经验，金人的下一轮进攻已经快要到来。赵构只能打起精神布置"防秋"，也就是防止秋天时金兵南犯的防守策略。和前两年的失措相比，今年的南宋朝廷终于有了统筹布置从川陕到东南防线的想法。只是，和当年朝中有李纲等格局大、思维周密的大臣主持大局，前线有宗泽等有勇有谋的主帅联络布防不同,今年辅助赵构的,只剩下用人与才能都很平庸的张浚、遇敌即溃的刘光世、专事杀伐而毫无章法的杜充等人。至于有初步面对金兵的勇气与谋略的韩世忠等人,朝廷却因为怕他们专权而不敢放手让其主持大局。因此,建炎三年的"防秋",还未开始就已经蒙上了阴影。

"防秋"时要做的重要事项之一,就是要安排祖宗神主、宗亲近属与文职百官的事先撤离。毕竟靖康时整个朝廷被包抄的惨痛教训并不遥远。于是,七月底,刚刚承受丧子之痛的潘妃,就被安排与孟太后一起向南迁徙,目的地是江西。当然,当时可能谁也想不到,赵构、孟太后与潘妃各自所开启的竟会是一个九死一生的旅程。

正如当年宗泽所说,安排后宫撤走,则相当于暗示皇帝也要逃跑,这肯定会引起人心动摇。因此赵构为安定人心,一方面屡下诏书信誓旦旦,表达誓与河山共存亡的决心,另一方面也的确硬着头皮比后宫与文官们在建康多撑了两个月。然后,他也加入了逃亡的队伍。

在他留守建康的日子里,有一天,宋徽宗的内臣与宫女各一人,混入高丽入贡的使节中来到建康,向赵构通报那些被掳北上的亲人的消息。他听了之后忍不住对宰辅们说:"听到这个消息,我是既欢喜又哀伤。一方面,我阔别父兄已三年了,现在忽然得到他们安好的消息,如何不高兴呢?但另一方面,想到太上皇当年太平日久,以天下财赋奉养他一个人,真是食不厌精脍不厌细,而现在所居住的地方,所吃的东西,一定是粗陋难当。现在我却深居堂皇的宫殿之中,真是惶恐不安!而且,我的父母、兄弟、妻子都在远方异域,唯一的儿子又已经去世,只有孑然一身,面临如此的艰难，又怎么能不悲伤呢？"一念及此，不禁落泪。

只是，他所不知道的是，儿子赵旉虽然艰难，但毕竟曾经被养育在双亲的怀抱里，集万千宠爱在一身。而赵构历数的亲人之中所没有提及的他的另一个孩子，却要面临更悲惨的命运，而这一切赵构却浑然不知。

那是他的正妻、嘉国夫人，现已被封为邢皇后的孩子。

金人在1127年要把赵宋皇朝连根拔除时，曾把皇室成员登记在册。据这些册籍的记载，被开封府遣送入金的徽宗直系的孙辈中，有太子1人，皇孙15人，皇孙女50人。这些孩子中，年龄最大的是钦宗的第一个儿子、徽宗的第一个孙儿，也就是"太子"。他在政和七年（1117）出生，现年10岁。其余皇孙与孙女都在十岁以内，尚在幼年。此外，徽宗自己被掳的子女中，低于15岁的也有皇子11名，帝姬6名。这些孩子，与当时大宋境内的众多家庭中的孩子一样，面临的是无法预知的危险与艰辛，以致最后6岁以下的皇子全部在北迁的途中夭折，皇孙中只有两个男孩活着抵达了五国城。而造成这一切的，恰恰是他们所依赖信任的君父及他的宠臣们。

北行的条件非常艰辛。被押往北方的宋俘有接近一万五千人，分七批北上。根据陶宣干的《汴都记》，这些宋俘被分为五百人一组，由几十名女真骑兵像赶牛一样往前撵，落后的会遭到毒打或被杀掉，如果这些孩子赶不上队伍，也会被金人扔到路边。而有一些尚未出生的孩子，也随着他们的母亲一起，踏上了荆途，其中就包括了康王妃邢氏腹中的胎儿。

康王的亲属在第二批，人数较少，都是妇女儿童，由粘罕的儿子设也马和几名金将押运。队伍从三月二十八日出发，到四月二十七日，将要抵达燕京的时候，第三批出发的徽宗悄悄拆开自己一件衣服的衣领，在内层写上"可便即真,来救父母"八个字,然后把领子缝回去。那时他已决心想办法与自己的儿子赵构通一次信。曾中过进士,却又以武职伴随徽宗左右的曹勋,正是理想的送信人选。把衣领诏与口信交代停当后,徽宗找到一个机会见到在他前一批出发的赵构的母亲韦氏和妻子邢氏。他向婆媳二人各要一样可以送给康王的东西。韦氏写了一个短笺。当时邢氏还是一个怀孕的准母亲,之前已经有一些妇人在旅途中生产,而孩子都夭折了。这一定让她非常忐忑而惊惧。她把赵构送给她的一只金环退下来,交给随行的一名内侍转交给曹勋,对他说:"请帮我传话给大王,愿我和他像这个金环一样,早日得以相见。"然后,曹勋果然不负所托,逃回宋朝,把这三件物件交到了赵构手上。徽宗的衣领诏正式给了赵构即位的合法性,只是,徽宗所希望的,赵构能"来救父母"以及他通过口信传递的,誓不杀士大夫与上书提建议的人的祖宗家法,赵构却并没有执行。于是,赵构的父母、妻儿,仍然一边目睹身边人的逐渐死去,一边向北国前进。

五月二十九日,也就是离开开封刚两个月的时候,深入胡疆的艰辛使当时已经被遥立为皇后的邢氏实在撑不住了,从马背上掉了下来,这次受伤导致她流产,赵构和她的孩子就此失去了出生的机会。

第二章

何人可继大统

一、谁可关心立储

如果站在北宋已经灭亡而南宋尚未建立的那个时间节点来看大宋统治区,我们就会发现,北宋两代皇帝连同宗亲近属被掳北上之后,宋朝可以说已经被连根拔起,域内政权已经处于真空状态。大宋域内完全可以说是处于"宋失其鹿",天下可共逐之的状态。尽管北宋统治中原已经一百多年,在老百姓与士大夫们的惯性思维里,赵官家就是理所当然的皇帝;尽管在当时的社会与文化环境下,赵家的后裔还拥有相当强大的民心优势,但这样的优势并不能天然转化为赵构政权稳固的保证,不然历史上也不会有那么多打着亡国君主后人名号起兵的竞争者,虽然最后还是失败了。而且在徽宗一行北去后,留在中原的赵氏宗室并不只有赵构。后来转而拥戴赵构的太祖系宗室赵子崧就曾十分相信"太祖之后,当再有天下"的传言,想过竞逐皇位;太宗系宗室赵叔向甚至曾聚兵七千,即使形势不利也不想把兵权交给赵构,而是要交给宗泽;辈分是赵构叔祖的仲琮也援引东晋时宗室司马遵的先例,认为赵构应该效仿司马遵,只称制,不称帝,不改元,直至迎回钦宗。可见,赵构的登基在当时,尤其是赵氏宗室看来,并非自然就能接受的。作为从未得到上一任皇帝指定而自立为帝的皇子,其是否"天命所归"的继统合法性问题一直困扰着赵构。

此外,赵构对金人的屈辱妥协,不顾南宋百姓生灵涂炭,甚至拿着搜刮百姓而来的金银财货来曲事金人,这也激起士民愤怨,而这些怨气又大多通过质疑他当政合法性的形式来宣泄,从而起到耸动朝廷、搅动舆论的作用。远的如太学生陈东与士人欧阳澈,就一度认为高宗不应即皇帝位,"否则钦宗回来,何以相处?"到苗、刘之变时,相同的话又被说了一遍。之后到建炎三年(1129)闰八月,刚处理完苗、刘之变的高宗,正失去独子,又被金人一直追到海里。就在那样的窘迫之下,起居郎胡寅还曾直接上书公开批评他说:"当年陛下以亲王介弟的身份出师河北,既然看到二圣(指宋徽宗、宋钦宗)已经'北迁',就应该聚集义师,向北攻打金人,以便迎请二圣回朝。但现在陛下一方面凭借大家对您的拥戴,轻易就登基成为皇帝,还立了太子,另一方面又不想着归谒父母,也不去收复河南以免省视祖宗陵寝,只会在淮海之间苟且偷安。"要求他承认错误,让出帝位。其实这些人未必对钦宗有什么深厚感情,也没有什么深仇大恨,之所以这样说,只不过是表达对高宗逃跑路线的不满与失望而已。但这些言论都反复刺激着高宗。为了证明自己继统的合法性,他做了很多工作。

首先,他通过所谓的回忆,从多方面暗示其父兄"有预见性地"安排他的继统之事。如他在初开大元帅府的时候,故意佩戴排方玉带,对汪伯彦等近臣说："当我陛辞皇帝的那天，皇帝专门赐给我，以作为宠信我的信物。我推辞了很久，后来皇帝说：'朕在东宫为太子的时候，太上皇曾以这条玉带赐给朕，现在卿最好收下它。'我不得已，只有再拜收下。"这类温情脉脉的回忆，无不在提醒听者，他从父兄那里得来的，不是"东宫"时曾用的东西，就是超越人臣的异常恩宠，以此表明自己父兄对他继统的肯定。但问题是，他手中唯一靠谱的代表父兄之命的信物，就是曹勋从金营脱身回来后带给赵构的那件"太上皇帝亲书绢背心八字"。但"可便即真，来救父母"这八个字也颇让赵构尴尬。因为它分明告诉赵构，让他即位的目的是希望他"来救父母"。因此如果把这个信物到处宣扬，反而会有一个适得其反的后果，就是臣民们会揪着"来救父母"这四个字，质疑他为什么没有按太上皇的吩咐去做。因此赵构拿到这份"衬领诏"后，只在当时向辅臣们展示了一下，就马上收起。即使到建炎三年，苗、刘之变发生，在苗刘质疑赵构不应做皇帝的关键时刻，出面劝谕的隆祐太后和宰相朱胜非等人也未能拿出这封"衬领诏"作为高宗继统合法性最直接有力的证明，以平息事态。

曹勋带回的另一信物也好不到哪里去。太祖刻石放在太庙的誓词，是大宋的国家机密，绝不会给继位皇帝之外的人知道的。因此曹勋把誓词带回南宋，口传给赵构，本来这可以算是一个父皇支持赵构成为皇帝的极有力的证据了。只可惜这样的秘密也因为金人攻占开封后发现了这个石碑而流传出外，这些誓言就不再显得"独家"与神秘。更何况，誓言中分明要求继位皇帝不得杀大臣及上书提意见的人，而赵构在领受这个誓言不久，就发生了杀太学生陈东与士人欧阳澈之事，因此若强调自己的领誓过程，似乎又是在显露自己的违誓之行。还有一点让人难堪的情况，传回衣带诏与太庙誓言的曹勋，肯定也知道赵构母亲韦氏在北方的改嫁之事，并且极力强调衣领诏的后半句"来救父母"，建议赵构招募"死士"从海路进入金国东京，进行一次相当于现代的特种救援那样的行动，把徽宗等人解救出来，再由海道回南宋。这样一来，赵构若想通过重用曹勋这个信使来强调父亲对自己的支持，那就必然会反复被曹勋提醒救父母的使命，还有可能暴露自己生母韦太后在北方的情况。于是曹勋这个信使对赵构自己地位的巩固反而弊大于利，以致赵构不惜将其贬斥外任，整整九年不得升迁。

既然从父兄方面来的继位支持有所削弱，赵构就不得不另行寻求"天意"的支撑。这从他一开始对宗泽邀请他拜祭"崔府君"抱有反感，到后来却主动默认"泥马渡康王"的故事，即可想见他是多么需要"神迹"的加持。

此外，对于另一个继位合法性的来源，他也就只能好好利用。这体现在他对隆祐孟太后的倚重上。毕竟当赵构还是大元帅的时候，孟太后算是当时唯一能勉强以太后身份干预继立之事的"长辈"。正是她在张邦昌被迫僭越为帝，导致天下骚动的权力真空之时，承担了垂帘的重任，还亲自手书布告中外，支持赵构继位。苗、刘之变时，苗、刘不敢自立为皇帝，却提出由孟氏听政，这也反映出当时舆论环境对孟太后的认可。而孟氏也充分利用了这一点，与苗、刘周旋，配合朱胜非，对刘、苗不利于赵构的各种举措采取拖延的手法，直至等来了勤王的救兵。也正因此，赵构出于对孟氏为自己继位合法性多次背书的感激，也为了表现自己的孝行，自然也十分关心与信任孟太后。建炎三年四月份他动身去建康布置"防秋"的时候，就曾毕恭毕敬地率群臣到郊外迎候稍晚到达的孟太后。后来战事渐近，赵构又安排太后率领后宫连同所有与军事无关的官员，奉祖先神主撤向后方。出发之前，他还密谕扈从的滕康、刘珏，叫他们凡遇到什么缓急之事，都可以征求太后的意见后直接施行。后来孟太后到了江西，高宗又再下旨，要求江浙、湖南抚谕使要去虔州（今江西赣州）朝觐隆祐皇太后，而且遇到紧急的事情也可以和权知三省枢密院滕康等人一起到皇太后帘前讨论定夺，相当于赋予孟太后比较大的决定权。这些都看出了赵构对孟太后的信任。此外，在太后到达江西南昌后，赵构发现南昌离长江的蕲州、黄州（两者今属湖北省黄冈市）段很近，如果金人在那里渡江，只要二百多里就能追到，因此他又十分担心，连忙命令大将刘光世从姑孰移军到那里，以作为南昌的屏蔽。而金军得知太后的去向后，也分兵全力追杀她，这说明连金人也充分明白孟太后对赵构政权的意义。

还有一种方法也能为政权加分。按宋代惯例，皇帝登基后不久就会立太子，因此皇太子的确立也能在一定程度上起到安定民心的作用。但偏偏赵构唯一的儿子在被立为太子后不久就夭折了。过了不久，关于他再也无法生育的传闻也逐渐传扬开来。

就像前文说的那样，皇帝的家事，弄不好也就成了国之大事。皇嗣问题缠绕南宋朝廷数十年，竟然对朝廷政局产生了许多深远的影响。

其中一个影响就是间接导致绍兴中后期的黑暗压抑的政局。

太子赵旉去世的时候赵构才22岁，他盼望着自己终有一天能治好不育之症而拥有自己的后代，于是潜心求医问药，遍访民间名医。当时一名叫王继先的医人，原是开封人，祖祖辈辈以行医为生，家里有一种秘药名为黑虎丹，非常有名，于是就有人向赵构推荐他。王继先被召入宫中以后，任高宗、孟太后侍医三十余年。王继先不但出入宫禁，宠遇冠绝人臣，儿子全部高官厚禄，妻子也成郡国夫人，占了几百家居民的宅地，还塞运河、占官街，造了一区"快乐仙宫"，强抢几百民女放在里面，巧夺豪取各方珍宝，连李清照的丈夫赵明诚家的古玩字画都被他强买搜抢一空。但他还不满足，不是问高宗要节度使头衔，就是对不愿攀附自己的大臣进行打击报复，曾经嚣张地建议高宗杀掉主战派名将刘锜来讨好金人。但这些所造成的恶劣影响都还不及他与秦桧的勾结对南宋朝政与士人风气所造成的破坏。

王继先因为长期接近高宗，成为秦桧攀附的对象。高宗并非庸弱昏君，他的警惕与猜疑心极强，而且勤于学习，因此宰相要欺上瞒下，长期把持政权并不容易。而秦桧之所以能做到这一点，与他长期交结宦官、外戚和像王继先这样的御医有关。为巴结王继先，秦桧不惜让自己本家姓王的妻子与王继先结为义兄妹，由此得以窥探高宗的好恶与动向。每当秦桧想升迁自己的亲信时，就会先向高宗陈请升迁王继先的亲戚，于是王继先为了投桃报李，就也提议升迁秦桧的人马。如此一来，两人沆瀣一气，与宦官、外戚等这些最了解高宗的人一起，打击正直的士大夫，扶植靠阿谀奉承上位的官员，左右政局达数十年。

当然，面对外界的质疑，高宗的解释是，自己在渡海之役中，被"海气"侵冒了身体，只有"继先诊视有奇效"。但实际上谁都知道，他是希望借王继先之力来帮自己治好隐疾。王继先给高宗吃的药名为仙灵脾，人们以它的组方推测，这种药可能只能增加一时的乐趣，却无法恢复生育能力，故此高宗吃了他的药后，虽然仍然不育，却还是不能离开他。

有一次，当王继先与秦桧面对别人的激烈批评的时候，高宗竟对大臣们说，秦桧是"国之司命"，而王继先则是"朕之司命"。掌管国家和皇帝的命脉的人你们还敢弹劾？群臣只好默然。于是高宗对王继先的宠信就成为绍兴年间政治腐败的祸端之一。

直到高宗晚年，他终于对自己生育一事放弃希望，决定了皇子的人选，甚至已经开始在考虑内禅了，这才顺应谏官的要求，把王继先外贬到福州居住。

耐人寻味的是，伴随高宗三十多年，被声称一刻也无法离开的王继先，正是在高宗确定继位人选之后被放出外的，而且此后二十多年间，对朝廷仍有重大影响力的高宗再也没有找过他。这其实也从另一角度反映了王继先与皇嗣之间的某些联系。

皇嗣问题的另一个影响，就是导致了赵构不惜代价地要与金议和，以及钦宗及其他宗室的最终老死他乡。

赵构继统的偶然性以及皇嗣未定问题，也被金人看穿并加以利用。

绍兴七年（1137），时任湖北、京西宣抚副使的岳飞在经过建康（今江苏南京）"行在"，也就是皇帝临时驻跸的地方时，向高宗上过一通密奏，里面提到，据谍报，敌人想立钦宗的儿子，让他坐镇金朝的南京（指开封），希望用这种方法来混淆视听，收买中原和南宋的人心，于是他请皇上一方面不要固定地驻在一个城市，以便展示出要恢复中原的姿态，另一方面也要尽快让自己的养子出阁以定民心。按宋朝的惯例，皇子一般在十六岁行了冠礼后才会出阁，也就是搬出皇宫，住到朝廷为他们修建的府邸里。那一年，高宗最大的养子才十岁，而且他们都还没有获得"皇子"的名分，根本还不具备"出阁"的资格。姑且按下皇子出阁的问题不表,我们还是能从岳飞的这份密奏里看出,至少在绍兴七年以前,金人就谋划过以钦宗儿子做傀儡皇帝,以瓦解南宋民心并威胁高宗,并且这个计谋还被传到了南宋。

到绍兴八年,宋金达成一个和议的意向。高宗顶住满朝文武反对的压力,授权秦桧以极屈辱的礼仪接受了金朝的"诏书",当时他就向臣民解释,说自己完全是因为时时感念"祖宗陵寝在远方而未能按时洒扫,母、兄未能还朝",因此才不得不屈就。然而吊诡的是,不但声称念在"母、兄未能还朝"而不得不与金和议的赵构在和议时只字未提他的兄长,连金人也丝毫没有提及可以归还赵构母亲韦氏以外的宗亲。

到金皇统八年(1148,宋绍兴十八年),这时距离宋金绍兴和议已经七年,金将兀术(完颜宗弼)病危。他亲笔写下"临终遗行府四帅书"。他此前在淮西之战中被岳飞他们打怕了,高估了宋朝的实力,因此认为南宋近年实力正处上升阶段,"军势雄锐,有心争战",因此不一定会谨守1141年签下的绍兴和议。他预计,万一他死了之后宋人毁约败盟,大举兴师北伐,趁势拉拢中原百姓的人心,那么宋朝恢复故土就会易如反掌。所以他吩咐,大金一定不可放松警惕,如果宋兵势力强大,就用骑兵打败他们,如果实在无法取胜,就要用有智谋的臣僚来辅助天水郡公赵桓(也就是宋钦宗,他被俘后,金人一开始封他为重昏侯作为侮辱,后为改封为天水郡公),去汴京(今河南开封)成立一个傀儡政权与南宋抗衡。他认为,南宋的赵构是做弟弟的,于礼于节也不可能与他亲哥哥争斗,即使他敢打过来,大金则可利用钦宗收拢中原人心,合力破敌。由此揭开了金人故意不遣返钦宗原因。原来他们是想要继续利用他来牵制高宗。可见连金人也认为，在宋人的心目中，钦宗才是更正统的那个皇帝。

高宗得悉这种情况，自然十分忧虑。这也成为他更加急切要向金议和的原因之一。他可以对金人称，自己愿意代替刘豫（刘氏本是宋朝大臣，投降金人后，曾在金人帮助下建立伪齐政权，反复南下进攻南宋）来向金人称臣纳贡，却坚决要杜绝金人把钦宗变为第二个刘豫的可能性。

至于赵构不敢让钦宗回朝的另外两个原因则更为隐晦。其实赵构并不是像后来一些史家猜测的那样，害怕钦宗回来与他争夺帝位。因为钦宗即使回来，也只能做现任皇帝的哥哥，也就是作为宗王而存在。正如之前所讲，宋代的祖宗之法对宗王限制极大，钦宗很难有复辟的机会。此外，钦宗在位只有一年多，根基未稳就被掳，而赵构至绍兴和议期间，正如他自己所说，"受祖宗二百年基业，为臣民推戴，已逾十年"，而且这十余年又是赵构这个本来养于深宫妇人之手的皇子，与将领、臣僚们一起经历多少次千钧一发的绝境，慢慢得以立足，逐渐巩固政权的十余年。因此，到绍兴十一年时，赵构在南宋的威望与根基已经是其兄赵桓完全无法企及的了。所以，赵构所担心的，其实不是钦宗赵桓，而是极有可能跟随赵桓还朝的赵桓的儿子们。赵构自己不能生育，而宋室传统有以近属之子作为皇嗣的先例。因此，如果钦宗真的带了儿子回朝，那么赵构很难防止朝廷中以钦宗之子作为储君的建议。单从个人感情来说，这种局面对于曾被钦宗两次逼迫派去使金的赵构来说已经十分难以接受。更何况以徽宗近属为皇储还可能带来一个更可怕的后果，就是他与韦太后的被清算。这个下文还将会提到。

宋朝往事 系列

主编　耿元骊

内忧外患：东封西祀一场空

宋朝大变法：熙丰新政

汴梁悲歌：靖康大变局

传位的恩怨：三朝内禅

虚弱的反攻：开禧北伐

出版发行：盛元文澜
投稿信箱：shengyuanwensu@163.com

第二章 何人可继大统

高宗无子的问题还带来的一个影响,就是皇嗣的问题还成为南宋朝廷的敏感话题,率直的岳飞也因此得罪了高宗。

上文提到,岳飞有一次觐见高宗时,向他提到了储贰之事,这其实犯了宋朝的大忌。本来,立储之事就并非人人都能在皇帝面前说,之前在宋仁宗和英宗时代,朝臣们已经因为议论立储问题,在朝廷之上掀起过惊涛骇浪。再加上宋代以文臣立国,对武人一向忌惮,武将议论朝政,这就是违反祖宗家法,完全可以处以重罪,更何况所议论的还是立储的问题。但一来岳飞是农民出身,又久在疆场,很少在朝廷内与文臣共处,对泥潭一样的官场、对交错的朝廷规矩有些不在意,低估了这样做对自己所带来的后果。二来岳飞也是出于对朝廷的忠诚。估计是他在前线听到了金人的风声,十分为高宗忧虑,觉得不能只顾自己的安危,而应以社稷为重,这才冒死进谏。他其实也感觉到了兹事体大。为免连累他人,他甚至在入朝觐见的途中,在自己坐的船上猛练了好几天小楷,练纯熟了,就亲自起草密奏,不假手军中薛弼等参谋。到了上殿入对的那天,岳飞被排在第一班进去见皇帝,他的参谋薛弼是下一班。薛弼在殿外远远地等着。只见在高宗面前,岳飞刚一提到立储问题,忽然就有大风吹过殿内,翻动纸张。久经沙场的岳飞因为紧张与激动而声音发抖,拿着预先写好的奏章,差点句子都读不完整。高宗听完岳飞的话,往殿外瞥了薛弼一眼,然后说:"你所说的话虽然是忠言,但要知道,你在外手握重兵,却居然在朝廷上对国君说这样的话。这种事情还真不是你应当干预的呀。"言下之意就是,你掌着重兵之权,来与我商议谁来继任皇帝的问题,这是想造反吗?岳飞肯定已经意识到这件事被自己搞砸了,任是他这样的盖世英雄,登时也吓得面如死灰。就连非常同情岳飞的张戒,后来在《默记》中记录这件事时,也忍不住大叹:"天啊,岳飞作为大将,而越职言事到这种地步,这不是找死吗?"高宗估计也被岳飞的举动所震,轮到薛弼入对的时候,对薛弼讲了刚才岳飞说的话,观察薛弼的表情。薛弼连忙先为自己和岳飞的部下撇清:"啊呀皇上,我们跟随太尉来行在的时候,就奇怪他为什么天天练习写细字书法,原来就是为了写这个奏章啊!这完全是太尉自己一个人写的,就连他的子弟部下都不知道这件事呢!"他怕高宗生气,于是也为岳飞打圆场:"臣经常规劝他,说大将不应当参与国家大事,他却说,臣子是与朝廷一体的,不应当拘泥于规矩。"暗示岳飞这样做,只是出于率真、忠直。高宗听了,定了定神,对薛弼正色道:"我还以为岳飞叫你和他一起入对,就是为了让你一起劝我呢,要不是你说,我还错怪你了。刚才岳飞神色不对,等下你去开导开导他吧。"话虽然这么说,但应该就是从这个时候开始,高宗就已经对岳飞动了下毒手的念头了。只是当时金人的威胁太大,需要岳飞的地方还多,他才没敢动手。

从这件风波也可以看出,赵构皇储若不早定,恐怕日后风波会更多。但问题是,既然武将不能妄议立储之事,那么谁有资格参与议论此事呢?

原来宋朝还有一个惯例,就是在子嗣缺乏的情况下,会从宗室中挑选宗子放在宫中养育,一方面可以从小给他们最好的培养与教育,使他们作为后备的储君人选;另一方面还可以作为"引子",促成自己的皇嗣降生。因为当时的人迷信如果有抱养的孩子,自己的孩子就会被"引"出来。而一旦亲子降生,收养的宗子便会被送回"藩邸",也就是孩子自己的父母身边。因此,将宗子接入宫中抚养并不意味着就是立储,在宫中养大的孩子并不一定就能拥有皇嗣的名分，所以促请皇帝收养宗子与干预皇帝立储之事并不相同。岳飞的密奏是请高宗尽快让当时还是孩子的养子赵瑗出阁，这相当于是赐给他皇子的名分，这样的促请，是只有在皇帝失去执政能力的紧急情况下，位居执政的文臣才能做的事情，如当年仁宗年老无子，在一次病重之后，就曾被一帮执政轮番促请立储。至于恳请皇帝选育宗子，则是一般文臣都可以参与。只是一来皇太子的去世给高宗很大打击，二来高宗的隐疾使他对此事更敏感，因此上章议论此事的大臣就需要更为小心，不但要选择好时机，还要注意用词。例如建炎三年七月，就在元懿太子赵旉刚病亡三天，便有乡贡进士李时雨上章说："听说皇太子药石无效去世了，陛下您刚准备要卧薪尝胆，又遭遇失子之痛，上天对您也太不够意思了！只是，人死不能复生，再讲也没用，而挑选皇嗣的问题却不能拖拉。"建议在宗室里挑选有贤名的人，当作皇太子那样养育，到高宗自己有了皇太子，长大成人了，再封他一个亲王之类的。他的话也不是没道理，只是因为上章的时机不对，说的话又太直白，高宗难以接受，结果就叫人把他"押出国门"，遣回原籍。

过了一段时间，等高宗心情稍稍平复，上文提到的岳飞的参议官薛弼的哥哥薛徽言上书，也提出了抱养宗子的建议。只是他的话就说得比较委婉。他向高宗提到，"太子，天下本，本不立则干易摇"，这其实是宋太宗也曾说过的言论。然后，他又隐晦地通过赞扬仁宗的"以公心立子"，来敦请高宗正视自己的身体情况，早定"宗社大计"。这样的奏章，赵构则不能拒绝，也不能责备，只有"虚纳"而已。但若观察李时雨和薛徽言上章时的身份则可发现，李时雨只是一介书生，而薛徽言当时所任的南剑州司法参军,也是一个远在福建的州级属僚,并不是处在权力中心的近臣。如果连一个远离朝廷的地方僚佐都能知道高宗不育的困境,那么不管高宗对此事有何看法,及时选择宗子到宫中作为养子,已经是刻不容缓的稳定人心的方法了。

二、养子如何养成

历代帝皇对立储之事都非常慎重,原因之一就是万一所托非人,且不说对江山社稷有害,就是太子羽翼丰满后想要抢班夺权之类的,对皇帝本人来说也很棘手。太子直接威胁到老皇帝的皇位甚至是性命的例子,在历史上实在太多。苗、刘之变时,尚在襁褓之中的亲儿子赵旉居然都能被苗、刘拥立为帝,这件事肯定也给了赵构不少的思考。及至亲生儿子去世,对于无子的赵构来说,对养子的防范就更加必要了。而这个防范的根本,就是要从选育做起。

就在高宗"虚纳"薛徽言的意见之后数月,又有一名上虞县(今属浙江绍兴)的县丞娄寅亮上书,首次提出把选育对象扩大到太祖一系。他一方面赞扬太祖舍其子而立弟,认为这是天下之大公;另一方面又谴责英宗之后的那些阿谀奉承的大臣,劝皇帝只以太宗的孙子濮王一系的子孙为近属,其他的支脉则只作为一般的同姓之人来看待,导致太祖一系"寂寥无闻",太祖的裔孙与庶民一样"奔迸蓝缕"。他还说,本朝传国十世,太祖得的天命,却让太宗的后代来享有,天意人心未必赞同这种情况,所以太宗一系的皇室不但反复遇到子嗣不繁的问题,而且还出现过"大统三绝"的局面,那其实是体现了"前星不耀,孤立无助"的问题。现在徽宗、钦宗两位皇帝回銮无望，金人反复南犯毫无悔意，还有中原人民不见安定之期，都应该归因于太祖的裔孙们没有得到公平对待，所以太祖在天之灵"莫肯顾歆"。因此他建议高宗在"伯"字辈中遴选太祖裔孙中有贤德的人，当作亲王养育。如果日后有皇嗣出生，那就让这位亲王退居到藩服之位，那也不过是多颁赐了一个"节度使"而已。这样却可以让天下都知道陛下的无私，顺应天意民心，告慰太祖在天之灵，得到祖宗的护佑。

这位小臣的话一定让高宗十分震动。同样是上书涉及立嗣之事，而且娄寅亮的言辞还如此切直，高宗非但没有怪罪他，而且还在同年升迁他为监察御史，《宋史》对这件事评价道：娄寅亮能说人臣难以开口说的话，而高宗亦慨然听从，这要不是君仁而臣直还能是什么？但其实娄寅亮之所以不但没有忤犯高宗，反而受到重视，正与他上书的时机有关。

就在娄寅亮上书之前几个月，也就是建炎三四年（1128—1129）之间，高宗被金人追得满世界跑，差点被杀于海边。那个时候他或许会感到困惑和沮丧，也许也怀疑过这样的生活和灾祸何时才是个头。现在，娄寅亮说不定正点出了他心中的大疑问。如果传位给太祖后人真能获得祖宗护佑，那对于赵构来说，这就是一个结束困苦的新方向。

其实早在建炎四年夏天，金兵退去，七月份的时候隆祐皇太后回到平江，就向赵构讲了她所发的一个"异梦"，那个时候赵构与她就已经开始了选育宗子尝试。

隆祐皇太后既有保佑赵构之功，又是赵构留在中原的唯一近亲尊长，而且她视赵构如己出，甚至达到"衣服饮食必亲调制"的程度，赵构不止一次表达了对她的感激与敬佩之情，因此她是最有资格与赵构一起商定立储事宜的。虽然史书上没有记载这个"异梦"的内容到底是什么,但从她通过"异梦"促进赵构立嗣的行动来看,她应该也有以太祖后人为立储人选的想法。据说赵构听了皇太后的这个梦,忽然"大彻大悟",找到同样是宗室的赵令懬,吩咐他在临安附近寻找太祖后裔,选出宗子数人,要将他们放在后宫养育。

也就是说,要选育太祖后人的想法,其实并不是娄寅亮首倡。赵构在娄寅亮上书前已经紧锣密鼓地在进行了。

赵构一开始决定要寻找太祖后人的时候,不知道是不是与孟太后的意愿有关,当时赵令懬所找的宗子却都是与赵构同辈的"子"字辈。很快,高宗就有旨要召子清、子英、子唐入宫,等待被召见。但随着孟太后在绍兴元年四月去世,这些入宫备选的宗子中,子清、子英只见过高宗一面就被遣返,而子唐则完全没有被召见。朝廷上下不知道立嗣的活动因为什么停止了,于是惶惑无措,纷纷上章促请高宗在立嗣问题上继续推进。娄寅亮的上书正是在这样的背景下出现的。

只是赵构一开始要找太祖后人的目的却并不是娄寅亮所说的这些。

赵构得以上台,并不是靠嫡长继承制,而是因与徽宗、钦宗的血缘最近而被推戴。当时与他竞争的人当中,也是徽宗、钦宗的近属最易受人拥戴,如有一个自称是徽宗的另外一个儿子信王赵榛的人,就曾统兵过万,声称要过黄河入开封,吓得赵构连忙说自己也要"还京"。此外,自从英宗一心要把自己的亲生父亲追封为太上皇以来,英宗的父亲濮王一脉的后裔就一直受到优待,在封官授爵上都极有优势。到靖康以后,有势力、能威胁自己地位的,大都是这帮人。因此如果选育自己的近属为养子,那么他们身后的那些盘根错节的势力就一定会利用这个小孩子来影响政局,说不定到赵构百年之后,养子的生父还有可能借机取得"太上皇"的地位而把自己在宗社中的地位排挤下去。而反观太祖之后,由于长期被边缘化,早与庶人没有什么区别了,因此选育这些人的孩子,反而比较容易控制局面。

但赵构的这一目的是根本不能向外人透露的。这就存在如何向臣民尤其是太宗系的后裔们解释自己为什么在选育皇子的事情上偏向太祖的问题。娄寅亮的上书正好给了赵构一个非常冠冕堂皇的理由。因此娄寅亮所说的话正合赵构的心意,于是他不但没有受到贬斥,反而在不久后就被升迁为监察御史。

娄寅亮作为一个县丞,职位虽低,其上书却是得到御史中丞、签书枢密院事富直柔的推荐,这反映他的观点至少代表了朝廷中相当一部分高官的意见,甚至有可能就是受到朝中有闻此事的大臣如富直柔等人的提示。他们或是想借娄寅亮之口来表达当时在大宋境内很多臣民的共同心声。

太祖建国,功在宋代,一直被人所怀念,而"烛影斧声"之谜虽不能令人明了其传位太宗的真相,却更增加了人们对太祖子孙的别样同情。到靖康之变时,有传闻说金太宗相貌酷似宋太祖,破东京后金人"下宗正寺,取玉牒其中有名者,尽行根刷",而当时作为皇帝近属在东京的玉牒中"有名者"又都是太宗系的人。于是民间就有不少人认为这就是太祖转世来复仇。再加上北宋年间就一直流传的"太祖之后,当再有天下"等谶语,无论对于高宗还是臣僚们来说,无论出于传统的迷信还是出于对祖先的崇拜,这些流言也是值得重视的。于是他们想到建议赵构通过收养太祖后裔来重新笼络人心,甚至求得太祖的保佑,也就不奇怪了。

就在娄寅亮上书后七日，高宗就对宰执们说："太祖以神武定天下，但他的子孙却无法享天下，现在又遭逢这样的艰难时世，子孙零落，十分值得同情。如果我不效仿仁宗，立皇嗣时以天下为念，如何告慰太祖的在天之灵呢？"这分明就是用了娄寅亮的理论。当时，包括右相范宗尹、同知枢密院事李回、参知政事张守等都对高宗的这个想法大加赞赏，认为这是为天下深谋远虑，可以昭格天命的大好事。

娄寅亮上书中建议的选育范围，是"子"字辈之下的"伯"字辈，也就是高宗的下一辈。看来这一建议也比较符合高宗的心意，因此他明确表示，之前叫赵令懬所找的"子"字辈的宗子都不太合适，现在已经任命赵令懬为知南外宗正事，专门负责物色"伯"子辈的宗子入宫，"庶几昭穆顺序"。南外宗正司是宋朝设立的两个专管外居的宗室事宜的机构之一，当时南外宗正司迁徙到了泉州，西外宗正司迁徙到了福州。

这时，富直柔想到了一件事，问高宗："如果宗子被选入宫，那宫中有可以托付的人吗？"高宗颇为得意地说："朕早就想好了。如果不预先为孩子们选择合适的宫嫔作为养母，那不更麻烦吗？"

南宋著名史学家李心传在记录这件事的时候，是这样讲的。他说："当时张贤妃还只是婕妤，吴皇后则是才人，高宗所选择的'宫嫔'，应该指的就是这两位了。"这样一来问题就来了：为高宗诞下皇子的潘贤妃为什么没被选上呢？

原来，赵构在即位后一度想要立潘氏为皇后，可见对她的恩宠。只是当时的右丞吕好问进谏，认为赵构的正室邢氏尚在北国，如果此时又策潘氏为后有点不妥，所以赵构转而册封她为贤妃。但是自从建炎三年七月她生的皇太子赵旉去世后，这位潘贤妃似乎受到了很大的打击，可能由此赵构和潘妃之间的关系就起了微妙的变化。因为从这个时候开始，直至绍兴十八年她去世，二十年间这位潘贤妃的位号就没有再晋升过，甚至她去世时，也没有得到追赠位号的待遇。

而赵构所属意的张、吴两位又如何？建炎三年秋天，由于南宋已经知道金军有意大规模南侵，高宗于是安排后宫跟随太后先往南撤以避兵火。但这样做又容易给人逃跑的印象，影响军心，所以宰相吕颐浩就建议高宗稍稍留下一些嫔妃在身边。之所以这么做，一来安定人心，二来也是考虑到限制内侍权力的需要。吕颐浩作为文臣的代表，亲历内侍在南宋初年权势喧天导致的苗、刘之变，他非常警惕皇帝让内侍掌案牍的行为，因为内侍往往利用这个机会内外沟通，暗结大臣，达到专权的目的。恰好宋代又有让后宫掌批奏牍的惯例，因此他认为皇帝若能留下一些有文才的妃嫔做一些文书工作，则比全部交给内侍更让人放心。高宗想来也是吸取了苗、刘之变的教训，同意了这个建议。当时他要留下的人选中没有潘贤妃，而是才人张氏和时年十五岁的和义夫人吴氏。

此后将近一年，潘贤妃都不在高宗身边，而是随着孟太后在江西颠沛流离，而张氏、吴氏在高宗身边除了要帮忙批掌奏牍，也同样要跟着担惊受怕。

高宗从苏州、杭州、明州（今浙江宁波），一路躲避金兵，到明州之后，前横大海，后有追兵，大家都在商议着不如撤退到海船上以避开敌人的铁骑。但船少人多，船在满载的情况下最多只能带走3000人左右，而当时皇室、随员、朝廷百官、卫士亲兵加上家属，远不止3000人。于是朝廷一边要求百官自行分散隐蔽到乡间，其实就是准备放弃保护他们了，另一边就按照每艘船能载60名卫士的标准，要求每名卫士只能带一个家属。卫士们听了非常愤怒，都说："我有父母、妻子、孩子，要我挑选哪个带着？"于是就有卫士张宝等100多人，趁宰相吕颐浩入朝的时候拦着他要个说法。吕颐浩被他们搞急了，反驳他们说："你们平日教阅，射十箭能有两箭中靶吗？现在一说上船就会争取自己的利益，现在我们一再败退，只能不停逃跑，你们当中有谁又决心为国家死战的呢？"卫士们于是生起气来，想要杀吕颐浩，幸亏参知政事范宗尹赶紧把他扯进宫殿里紧紧关上了殿门，逃过一劫。但当晚这些人就扰攘纷纷，高宗与宰相们感觉如果不先下手为强，把为首的卫士镇住，则可能敌人还没追来，皇帝就已经会被兵变所杀。于是高宗连夜调集中军甲士，伏击准备哗变的这百余人。这时，高宗当年的雄姿英发似乎忽然又回来了，只见抓捕开始后，他身穿甲胄，亲自引伏兵出来追击。这百余人惊慌溃逃，或跳上屋顶，或爬墙逃跑。高宗则弯满弓，手发两箭，马上射中了两个人，他们从屋顶滚了下来，束手就擒。如果亲兵们真像吕颐浩讲的，发十箭还没能有两箭中靶的话，那高宗的战术素养可比他的亲兵要强多了。

当然，史书记录的这场士兵哗变，自然就是高宗出马，兵变者就"悉就擒"，好像十分轻松。但其实这个过程中还有一个惊险的细节。当时，高宗的中军甲士与侍卫亲兵正在混战之中，哗变的侍卫当然知道"擒贼要擒王"的道理，因此到处去找高宗，希望能杀死或挟持他。自从跟随赵构出逃以来，吴氏就一直穿着战衣随侍在皇帝左右，当时士兵们冲入行宫，向她探问皇帝的去处，她就机警地胡编乱造，把卫士引开。于是，吴氏在此役就立了大功。再加上这位后来的吴皇后文史俱佳，不但读书万卷，而且书法精彩绝伦，因而就更加受到高宗重视了。

到了建炎四年的六月，金兵退去，赵构回到平江府（今江苏苏州）。跟随赵构屡历风险的才人张氏被封为婕妤，和义夫人吴氏被封为才人。这时，潘贤妃尚未回宫，于是张婕妤就暂时成为后宫之首，甚至成为了未来教育高宗养子的最合适人选。一个月后，孟太后与潘贤妃也回到了平江，高宗算是一家团聚了。到了绍兴元年六月，在太祖后人中寻找有贤德者入宫的原则基本制定，知南外宗正司赵令懬开始在泉州的宗子中为赵构物色合适的人选。于是，在很久以来都已经像庶人一样生活的太祖后人中，就有一些"幸运儿"，陆续被选入宫，作为皇子的候选人。后宫新的一轮争夺开始了。

经过近一年的寻找，到绍兴二年五月，赵令懬终于带来了好消息。

那时高宗一家已经回到了临安，赵令懬物色到了十个"伯"字号七岁以下的宗室男孩，入宫备选。后来经过筛选，又从这十个人中选出了两人。其中一个小男孩叫伯浩，长得珠圆玉润，唇红齿白，很有福相，而另一个小男孩叫伯琮，比较清瘦，文文静静的。高宗觉得伯浩挺可爱的，想要留下他，于是就命人拿三百两白银出来，准备赐给伯琮，遣送他回家。到临行前，赵构又想了想，说："等等，再让我瞧瞧。"两个男孩又被拉回来站在赵构面前。这时，一只改变命运的猫出现了，这猫估计是宫人养的。在宫里也许只有动物可以大摇大摆到处走，它才不管这是不是天子选养子的重要时刻呢，反正想走哪就走哪，正好从俩孩子面前经过。伯琮看到了猫，没动，仍然保持拱手站立的姿态；但伯浩就不是了，他马上忘了规矩，等到猫从他的面前经过时,就踢了它一脚。从对猫比较粗暴的表现来看,反映了他的教养稍有欠缺了。高宗一看,有点恼了,说:"这猫又没得罪你,偶尔经过,你为什么要踢它?这么随便,怎么能当重任呢?"于是,这三百两银子就转而给了伯浩,让他回家,反而把伯琮留了下来。

这时,赵伯琮,也就是后来的宋孝宗,实际年龄只有不到5岁,但其乖巧懂事的样子就已经给人留下深刻的印象。

伯琮进宫后,人们把他带到后宫妃嫔们的面前,看看谁更适合带他。当时潘贤妃、张婕妤和吴才人都环坐在他面前,大家静静地看着这个孩子。正如上文所说,潘贤妃失去爱子后,一直闷闷不乐,这段时间正是她丧子快满三年,可能有感于此,脸上就显得更加愁苦了。孩子看了看她,没有动。当他望向张婕妤的时候,张婕妤笑着对他招了招手,他开心了,连忙跑向张婕妤,依偎在她怀里。大家都说这孩子与张婕妤有缘,于是伯琮就成为了张婕妤的养子。

到绍兴三年(1133)二月,高宗决定按皇室惯例给伯琮起名,于是叫学士院挑选二十个带有"玉"偏旁的字,每个字后注上字面意思,送入宫中给皇帝挑选。高宗在这些字中亲自选了个"瑗"字赐给伯琮,并加封他为和州防御使。从此,赵伯琮就成为了赵瑗。

赵瑗虽然还没有被正名为皇子,但他在宫中的地位堪比皇子。例如,赵构要求由内东门司给他发放"真俸",禄、赐都按皇子的标准配给,还命宰相赵鼎在平江府的行宫内建造一个书院,作为赵瑗读书的地方,到绍兴五年(1135)六月,书院建成后,就按皇子入学的礼仪,先把书院命名为资善堂,再以宗正少卿范冲为资善堂翊善、起居郎朱震任赞读。只有真正的皇子才会有此待遇。而且，高宗在为赵瑗选择老师的事情上也颇费心思，他为赵瑗所选的范冲、朱震，都是一时之选，其中朱震曾为高宗讲过《左氏春秋》，高宗听了极为佩服，而范冲则是北宋名臣范祖禹的儿子，在教导赵瑗上尤其上心。

当然，这个时候赵构也才二十九岁，还幻想着终有一天会有他自己的孩子。有一次他向宰相赵鼎说到了他关于这个养子的地位的看法。他说，之前我朝也有仁宗的先例，就是收养英宗后，自己又生下了亲生的儿子。所以现在朕先把赵瑗养在宫中，到他读书的时候，暂时不按皇子的规格来封王，而只令他建节，也就是做节度使，另外再封他一个国公就可以了。当年仁宗还没生下自己的孩子的时候，挑选后来成为英宗的赵曙养育过一段时间，也被命为大将军、刺史之类，但后来仁宗自己的孩子出生了，他就被送出宫回到了他父亲身边，后来仁宗自己的孩子又纷纷夭折，最后只好又立赵曙为太子。可见赵构不给赵瑗封王，就是希望自己能像仁宗一样生下自己的儿子，到时把赵瑗送走，如果他未被封为皇子，则影响没那么大。因此，虽然高宗在赵瑗的教育上是完全按照皇子的规格来讲究，但是在给予赵瑗的名分上，却还是不及真正的皇子。绍兴五年五月，赵瑗被任命为保庆军节度使，封建国公，六月，进入资善堂学习。学士与舍人为赵瑗起草任命与册封的文书的时候，委婉说到了高宗养育太祖之后的目的，这也相当于向臣庶宣告了赵瑗的"准皇子"的身份。但也正由于赵瑗并未被封王，也没有被立为太子，因此也就处于随时可能被遣送出宫的尴尬地位。

不但如此。就在赵瑗进入后宫差不多两年后，他独享皇子待遇的日子结束了。绍兴四年（1134），他有了一个"弟弟"，名为伯玖。伯玖之所以得以入宫，主要是因为吴才人看到张婕妤有了养子，于是也想收养一个，向高宗请求。高宗大概也有愧于自己的生育能力，理解这些后宫妇人对孩子的渴望，于是答应了她，在宗子当中找到一个聪慧可爱的孩子，作为吴才人的养子。伯玖比赵瑗小三岁，入宫的时候，实际年龄约四岁。到绍兴六年正月，也就是赵瑗刚刚进入资善堂读书，朝廷内外知道这个宗子的存在后不久，赵伯玖也被赐了一个带"玉"字的单名，为"璩"，并封为和州刺史。于是，两宫并育、两大宗子并存的局面形成。

但在感情上，高宗明显偏爱赵瑗。他曾对赵鼎说："我发现这个孩子真是天资特异，仿佛神人一样！朕曾经亲自教他读书，他记性好得不得了！"惊喜与疼爱之情溢于言表。

当时，除了高宗对于赵瑗比较满意，就连那些见过他的大臣都感觉赵瑗是合适的皇储人选。

只是，小小的赵瑗一定不知道，正当他在资善堂里认真听讲的时候，这位曾被他养父拉着接受晒娃洗礼的宰相赵鼎却因为朝臣间的争权夺利而被罢免了相位，离开了朝廷。而赵鼎的被罢又深刻地影响着小赵瑗的地位。当然，他也一定不知道，仅仅是因为他这个高宗养子的地位，就能威胁到某些权臣想要独揽朝纲的野心，而使自己成为被针对的目标。而他与弟弟赵璩，则在还不懂人事的时候，就已经被人为地加上了竞争的色彩。

由于从赵瑗被选入宫到他读书的资善堂的修建，再到他的被册封，赵鼎都是主要的参与者之一，也是赵瑗重要的政治后盾。因此，当赵鼎被罢后，他的政敌就借着沮抑赵瑗及其身边的属官来达到让赵鼎无法翻身的目标。

高宗对立储问题的犹豫，加上一些大臣围绕两大宗子的活动，激起了一些正直臣僚的担心。绍兴七年二月，高宗因日食天象而向中外请求直言朝政得失。知漳州廖刚应诏上书，一下子点出了高宗的那点小九九。他说："陛下您册封了建国公（也就是赵瑗），这表明了您将要承天意，并且向天下后世彰显您的公心啊。然而您为什么又不直接把他正名为皇子呢？是因为您还有所期待吗？如果真是有所期待，那就是顺应天意的诚心未到啊。"而上文讲到的岳飞入见高宗，请求高宗让赵瑗出阁就第以正视听之事，也是发生在此前后。可见当时朝廷内外关于高宗嗣子问题的议论已经不是一天两天了。到了七月，国内出现了旱灾，高宗又诏中外臣民实封上书，也就是通过密封的文书向朝廷提意见。于是简州州学教授黄源又就赵瑗之事上书。他说："陛下曾经选宗亲之中贤德的孩子纳入宫中，而且他也已经被册封为国公了，这真是对江山社稷最好的打算。只是他现在名分未正，臣恐怕您左右前后可能会有一些心怀叵测的人，朝暮浸润，偷偷在皇宫里做些潜移默化的工作，这实在不是社稷之福。现在天下多变故，万一有什么事情，这个江山社稷也需要一个成年的长君来掌舵，而不是那些还躺着的婴儿或者垂帘的母后可以掌控的呀！"黄源的身份是简州州学教授，又是一个远离朝廷的小官。从他的上书中就可以推测，各派势力围绕这两大养子钩心斗角的事情已经无法避免地传布四方，甚至连远在四川简州的小官都知道了。人们开始担心两大宗子及他们背后嫔妃的争权，更担心某些朝臣通过各自扶植自己属意的潜在继承人来谋求自己的私利。而这种情况，只有在高宗明示中外，确定宗子们的名分后，才有可能平息。

很快，在后宫里的较量在朝堂之上再一次投射了出来。

绍兴七年九月，左相张浚因为淮西兵变而被罢免，赵鼎重新恢复相位。到绍兴八年三月，因为王伦从金人那里带来"好消息"，高宗认为和议可期，因此起用秦桧，希望借此增加主和派的力量。不过，这时秦桧位在赵鼎之下。于是，把赵鼎排挤出朝廷，自己独揽大权就成为秦桧的新目标。正在此时，朝臣们担心的事情出现了。高宗为安抚吴才人，决定也升她所收养的孩子赵璩为节度使，封吴国公。既然已经把赵瑗封为建国公，把他当成"准皇子"那样安排，并且刊布中外已经几年了，现在忽然又冒出一个"吴国公"，当高宗把这个"御笔"送出外廷，要求宰相们各抒己见的时候，都堂之上简直炸开了锅。

这里先要留意的就是秦桧的态度。此前，在秦桧第一次任执政、朝廷第一次议论让赵令懬寻找宗子的事宜时，秦桧就害怕皇子长大后会影响自己长期执政，极不愿高宗过早立储。不过，由于他当时只是参知政事，也就是副宰相，在有资格参与讨论的人当中地位不算高，因此并不能左右朝堂之上已经一面倒的赞同意见，于是他在观望了每个人的态度后，最后一个发声，讲了一句："只是要选择闺门严谨、有礼法的人入宫养育才好。"用这样不痛不痒的话来隐藏自己的态度。时至今日，都堂再次聚议时，高宗想要提升赵璩地位的态度是明确的，而秦桧也更上一步，当上了右相的位置，离赵鼎左相的职位仅一步之遥。这次他就打定主意要附和高宗了。只是秦桧也深知高宗的做法不利于国家，不会受到臣民的欢迎，故他也不愿意成为众矢之的。于是，秦桧就拿出了刚刚被罢免参知政事的陈与义做挡箭牌，声称他在朝廷的时候已有意支持赵璩建节、封国公了，只是还没来得及施行就被罢免而已,以此来试探其他宰执的意见。枢密副使王庶性直,首先叫道:"这分明是并后匹嫡,这种古人都知道要引以为戒的事情,现在还能认为可行吗?"赵鼎于是对秦桧说:"您曾说过,自从我被罢相后,有人借资善堂的事情来攻击我,看来我现在是应该避嫌,不发表意见的。要不,明天回复陛下的时候,您负责拿着这封御笔去交还给陛下,如何?"可见告诉赵鼎有人攻击他的是秦桧。秦桧见赵鼎把当面进谏的任务推给自己,连忙阴恻恻地道:"您才是首相呀,我怎么能越过您来行事呢?要不这样吧,明天去的时候,咱俩一起去吧。"结果,第二天面见皇帝,秦桧居然一句话都不说,摆了赵鼎一道。赵鼎见他死活不说话,只好自己启奏道:"现在建国公在上,虽然皇子的名分未能确定,但天下百姓都知道陛下您已经有了儿子了。而且前不久陛下去平江府太庙拜祭时,又两次令建国公扈从,天下百姓看到了,都感叹不已,认为这个社稷大计已经定下来,真是苍生之福呀。谁知到现在又要把和州防御使晋升为和建国公一样的地位。更重要的是,建国公所封的'建',只是一个大郡的名称,但现在和州防御使所拟封的'吴',可是古代的大国的名字啊!那中外臣庶又会怎么想呢?臣既身为首相,有尽忠报效陛下的义务。我认为,现在建国公和他弟弟之间要分长幼尊卑,他俩的礼数就得有所区别。这样小人才不会有机会蛊惑人心啊。"由此就引出了一个问题:既然高宗面对大臣称赞赵瑗,可见他对赵瑗已经颇为满意,为什么却又一意孤行想要晋封赵璩,使得赵瑗多了一个竞争者呢?这里面除了宠爱吴才人,不想她失望之外,还有另外的考量。

纵观赞许赵瑗的,包括那个在资善堂一见赵瑗就喜滋滋地对人说"社稷得人矣，中兴基业，其在是乎"的岳飞在内，主要都是"恢复派"官僚。作为坚决支持高宗对金议和的秦桧，自然对"恢复派"大臣们视为中兴希望的赵瑗不会抱有好感，尽管那个时候他还只是什么都不懂的小孩子。站在高宗的角度，虽然他自己觉得赵瑗的确不错，但当看到赵瑗备受推崇，仿佛已被视为自己理所当然的继承人，甚至还越过自己被视为真正的"中兴之主"，时刻想着对金妥协的赵构心里又难免有些不是滋味。更何况他当时还不想放弃生一个自己的儿子，希望以自己的儿子来继承大统呢。在这种酸溜溜的感情下，自然就不愿给予赵瑗过多的"专宠"，不想进一步巩固他作为"准皇子"的地位。只是在宋代的政治生态环境下，皇帝虽说可以"独断专制"，但多立一个嗣子的大事，却还是要看宰相的脸色。当下，赵构为蒙混过关，就故意使这件事显得不那么重要，轻描淡写地说："啊，他们两个都是小孩子而已，不至于有这么严重吧？就请宰相放行我的这封御笔吧。"但赵鼎知道其中利害，坚持不肯放行。高宗无奈，只好收回了他的御笔，悻悻地说："那就再等几个月之后再说吧。"

此后几天，秦桧和参知政事刘大中皆有机会在朝参之后单独留下来与高宗说话。再过了几天，轮到赵鼎单独留下。赵鼎问高宗秦桧与刘大中在单独留下时对赵瑗问题所发表的意见，高宗只是说，"大中所说的和你所讲的一样"，却完全没有提及秦桧。后来朱熹在与他的弟子的聊天中就提及了当年的这件逸事。他听说皇帝征求秦桧关于封赵璩吴国公的意见时，秦桧说："这不过是给孩子的一个虚名而已，有什么不行的呢？"这明显就是对高宗意见的迎合，想以此博取高宗好感，所以高宗才不敢在赵鼎面前提及秦桧的意见。

到了绍兴八年十月，秦桧终于将赵鼎排挤出朝廷，自己则成为朝廷中唯一的宰相，也就是"独相"。数月后，在秦桧的支持下，高宗终于如愿制授赵璩为保大军节度使，只是在国公的名称上稍作了让步，封赵璩为崇国公。同时，赵璩也同样获得了去资善堂听读的机会，"禄赐如建国公例"。赵璩比赵瑗小三岁，而他被授予防御使以及建节、封国公，都分别比赵瑗晚三年，这也体现了赵构故意要使他们两个恩数相等，不分高下的态度。

俗语说，"来说是非者，便是是非人"，此话不假。当初秦桧装成老友的样子，悄悄告诉赵鼎，说有人借立皇子一事中伤他。但实际上，通过这件事对赵鼎赶尽杀绝的正是秦桧。他曾对高宗说："赵鼎建议立皇子，那是认为陛下肯定不会有自己的儿子呀。要按我说，就应该等到陛下您有亲儿子了再立亲儿子为储。"这正中高宗的心事。此外，他还指使自己的党羽对高宗说，赵鼎那么积极帮赵瑗建立书院，资善堂建好后，赵鼎就援引自己的亲党范冲等人进去做翊善，足见他"邪谋密计，深不可测"，暗示赵鼎是想在潜在的皇储身边培植自己人，以便日后获得拥立之功。听信了秦桧等人谗言的高宗更讨厌赵鼎了。

说完这些话不久，到了绍兴十二年，赵瑗出阁就第，不再前往资善堂读书，在资善堂就读的，就只剩下赵璩一人。这时秦桧却极力举荐自己的哥哥秦梓出任资善堂的赞读。那又是为了什么呢？一想便知了。

赵瑗五岁入宫，当时张婕妤有宠，他在得宠的张婕妤宫中受到较好的养育，但围绕着他的多方角力始终没有停止过。绍兴十年，在他实际年龄十三岁的时候，他的养母张氏与赵璩的养母吴氏一起被升为婉仪。一年多后，他虚岁十六，朝廷开始商量他搬出皇宫，到自己的府邸中居住的事宜。皇子搬出皇宫，在当时叫"出阁就第"。正商议间，他的养母张婉仪就去世了。于是，还未出阁的他就被吴婉仪收养，第一次和弟弟赵璩同住在吴婉仪的宫中。现在已经不知道他和这位弟弟的感情如何了。史书上只记载他的这位新养母并不偏袒赵璩，"虽一食必均"。当然，对于吴氏来说，这时的赵瑗已经不是另一个嫔妃的争宠工具了，对他一视同仁也就相当于培养这位未来的皇子对自己的感情，聪明如吴氏是有可能这样做的。只是赵瑗在吴婉仪宫内待了不到一个月，吏部、礼部就已经议定他的封号，行出阁礼搬出了皇宫，因此他与吴婉仪之间相处的时间其实很短，即使吴婉仪想讨好他，也没有什么机会。故此料想起来两人应该不会很亲密。这也间接导致了他被立储过程的艰难。

十多岁的赵瑗不知是否知道，就在他被封为普安郡王的过程中，秦桧也充分利用机会，借口其中七名为他制定加封礼仪的吏部、礼部官员不按祖宗惯例，议定了一个太过隆重的礼仪，说这分明是想攀附赵鼎。高宗一向都要避免发出太多重视赵瑗的信号，因此就信了秦桧的话，罢免了这几个官员。秦桧既清除了在朝廷中的政敌，又对赵鼎再踩了一脚。

到当年八月，作为宋金之间在绍兴十一年签订的和议的成果之一，赵构生母韦氏终于被金人放归，经历了几个月，回到了南宋。这个新来的祖母，将与高宗、秦桧一起，更长久地影响着赵瑗的命运。

三、东府与西府

从绍兴九年到绍兴十二年，赵瑗和赵璩两人共同在资善堂读了两年书，然后赵瑗搬出了皇宫，资善堂里就只剩下赵璩一个宗子。高宗另外给普安郡王赵瑗安排了秘书省著作佐郎钱周材、赵卫做他的教授。三年后，绍兴十五年，赵璩也按同样的礼仪出阁就第。两人府邸相近，皇帝对他们不分嫡长尊卑，用同样的恩数、同样的礼仪、同样的府邸规模。时人内心不免有些想法，于是以两人的府邸坐向指称他们，号为"东府""西府"。

赵瑗出阁后没多久，发生了一件事情，让人们可以窥见高宗对养子们的心态。绍兴十三年，赵瑗的生父赵子偁去世，朝中商议普安郡王应该用什么礼仪来应对。秦桧的党羽纷纷阴阳怪气，说应该按使臣内殿崇班遭到父母丧的惯例，"解官行服"，为父母守孝；如果是宗室，就虽然解官，但仍然给俸。这种礼仪，分明与宋仁宗去世后英宗需要把自己的生父称为"皇伯"，按伯父礼守孝，而把仁宗当父亲守孝的宋室惯例不符。也就是说，通过让赵瑗为自己的生父守孝，间接就对外彰显了赵瑗并非皇子，而只是一般宗子的地位。但赵构居然同意了这个方案，这也反映他自己的态度了。这一年赵构37岁。他还有生下自己儿子的希望。

其实，赵构除了重用王继先为他治病外，祭祀与生育有关的神祇活动也没有停过。史书中多次记录他祭祀掌管生育的神灵高禖的活动。如绍兴二年春分的那次祭祀，宫嫔当中有位号的都要参加。到绍兴十六、十七年，普安郡王赵瑗都已经大婚两三年，恩平郡王赵璩也已经结婚了，他们的养父还在为了求子而奔波，不但要"亲祀"高禖，而且典礼越搞越隆重。

不过，随着岁月的流逝，赵构也渐渐无奈地接受了他自己不可能再生育的现实。据他自己说，就是在绍兴二十二年，也就是他45岁那年，他已经对皇嗣问题有了定见。但此后近十年仍未公布确定赵瑗的身份，那只能说，皇帝也有其难言之隐，他也要受到很多因素的掣肘。

首先就是他极为信任的宰相秦桧。高宗与他在一起的这二十年，简直就是既相互利用，又钩心斗角的二十年。为了震慑秦桧的野心，高宗也曾决断地把他罢免出外，并表达"终不复用"之意，但为了利用他与金人的关系达成和议，又不惜对他重新起用。当夺三大帅兵权、杀岳飞和宋金和议等大事干成了之后，为免朝臣反弹，他又不得不借助秦桧和他的党羽，来弹压"恢复派"大臣的势力。而秦桧呢，吸取了第一次罢相的教训，一边利用高宗的宠信扶植自己的势力，在朝廷上下、京城内外都安插满了自己人，一边又对这个并非无能甚至疑心极重的高宗战战兢兢，小心翼翼，唯恐在皇帝面前暴露自己的野心。在这方面，他不但对自己，甚至对家人也要求严格。如有一次他的儿子秦熺穿着黄色的葛衫站在秦桧的旁边，秦桧瞄了他一眼，马上说，把你这衣服换了吧。秦熺不知道父亲什么意思，于是去换了一件衣服，谁知又是黄色葛布做的。秦桧生气了，瞪着眼睛叫他："换白的葛衣呀！"秦熺登时就迷惑了："老爸，这葛做的黄色衣服，贵贱通用，并没有什么不妥的呀！"秦桧凶他道："人家可以穿，你我却不可以！"原来，他觉得布虽然是葛做的，但这种颜色逼近皇室所用的颜色，容易引起皇帝警觉。由此可见秦桧在这些小节上的敏感程度。还有一次，当时已经被封为皇后的吴氏召见秦桧的妻子王氏，请她留在宫中吃饭。在席间，宫人奉上了淮河里抓上来的青鱼。吴皇后可能觉得这东西比较珍贵，不无得意地问秦夫人："你吃过这种东西吗？"秦夫人日常跟着秦桧，什么山珍海味没吃过？秦桧欺上瞒下，很多东西皇宫里没有的，他家都视作平常，因此这种皇后认为很珍贵的淮河青鱼，王氏自然经常吃。但这位王氏哪有秦桧那种政治敏感呢？她还以为是贵夫人聚集炫富呢，于是大大咧咧地说："我早就吃过这种鱼了，而且我家经常吃的淮河青鱼，比这还大得多呢！如果皇后喜欢，容妾身明天就上供给您几条尝尝！"结果回家，王氏把这件事与秦桧一说，秦桧就大惊失色，骂王氏不懂事，你摆明了比皇家还气派，这不是要害死全家吗？从这件事就既看出秦桧的小心，更反映他的机变。第二天，他果然派人送鱼去，还送了几十条，说是秦夫人送去的，所送的鱼，却全都是乱七八糟的杂鱼。吴皇后看了嘲笑道："我就说呢，哪来的这么多青鱼，果然是秦夫人没见识，搞错了。"一场潜在的政治风波才消于无形。此外，秦桧甚至连看到儿子秦熺观赏杂剧时哈哈大笑，也会躲到一旁闷闷不乐，担心日后这儿子难当维持秦家一门荣耀的重任。由此可见，他这个"权相"，的确是处心积虑，当得步步惊心。由此也可见宋高宗也并非等闲之辈。

秦桧是作为妥协派的中坚力量受到高宗重用的，所以他对年少老成、目光敏锐，备受恢复派推崇的赵瑗就更为忌惮了。也正因如此，秦桧才会与高宗生母、吴皇后等人一拍即合，一心扶持吴皇后的养子赵璩，并在赵璩的身边安插了自己的哥哥秦梓作为资善堂赞读。而普安郡王赵瑗，也就是日后的孝宗自懂事以来，则渐渐倾向于抗金，对主张妥协的秦桧也日益鄙视。后来，赵瑗还发现了秦桧的一些架空其父亲权力的迹象，双方的矛盾开始表面化。

绍兴二十四年，衢州（今属浙江）有人作乱，劫掠严州。严州已经非常接近南宋的都城临安（今浙江杭州）了，因此秦桧就调动殿前司将官辛立，叫他率领近千人前去镇压。殿前司号称为近卫禁旅，相当于是皇帝的亲军，但不知道是秦桧大意还是故意，这件事从头至尾都没人报告给高宗知道。后来，赵瑗从外戚张说那里听到此事，告诉了高宗，高宗得知秦桧居然瞒着自己调动自己的禁卫亲军，大为震惊，于是质问秦桧。秦桧的解释是，因为事情不大，不想烦着圣上，因此就没有奏知，等平定了盗乱就会禀告。高宗也无可奈何，但秦桧却执意要高宗讲出告密之人。因为张说是吴皇后的妹夫，高宗当时想，如果把张说讲出来，恐怕会有麻烦，想着赵瑗怎么说都是准皇子，秦桧量不敢对他怎么样，于是略提了一下。由此，秦桧就怀恨在心，以赵瑗仍在服其生父之丧，应该要削减俸禄为由，扣除了赵瑗二百贯缗钱的俸禄作为警告。此时高宗却做了一件事，十分耐人寻味。他虽然同意扣除赵瑗的俸禄，却从属于皇帝私人用度的内帑中划出二百缗，按月给赵瑗。这是非常明显的支持、庇护赵瑗的态度，相信以秦桧的心机，一定已经接收到了高宗要护佑赵瑗，并且想以赵瑗压制自己过分行为的信息。由此，他就更加忌惮普安郡王了。但，赵构一向对权力制衡的祖宗之法运用娴熟，让秦桧有所忌惮，也许正是他想要的效果。

赵瑗的储位久而不决，除了秦桧不遗余力地利用各方势力对他进行压制外，还与高宗的后宫有关。

上文也说过，由于恩平郡王赵璩从小由吴氏抚育长大，感情上自然与她相亲，因此她也自然想要扶持这个孩子登上皇位。赵瑗虽然在名义上后来也归她抚育，但毕竟她不了解这个新来的儿子，尚无法建立信任。即使她出于政治角力的考虑不好明加反对，但于感情上也不可能欣然接受赵瑗来做皇帝。当然，绍兴十二年四月，吴氏晋封贵妃，已经是实际上的六宫之首，如果后宫里一直是由吴氏执掌，她未必敢对立储一事施加太大影响。但同年八月，高宗生母韦氏回銮后，情势又出现了变化。

在靖康之变中，被押往金国的宋俘将近一万五千人。作为被俘的女性，不难想见她们所受到的蹂躏与折磨。北行的条件非常艰苦，大部分人只能步行，很多人无法坚持到燕京，更不要说比燕京更北的上京、五国城了。据说在这个过程中，平时细皮嫩肉、养尊处优的皇室成员，也渐渐学会了在行进过程中收集水和木柴，留到晚上做饭时用。但只要落单，就很有可能遭受不测。一些零星的史料中说道，当时的宋室后妃、帝姬（即公主）等人，她们作为金人的重要猎物，被迫更换舞衣，给金军将领劝酒，稍有反抗就被当场斩首。靖康二年二月七日晚，宋俘们刚从开封出来，就有三名女性被斩首示众，一人因不堪侮辱，用箭头刺穿喉咙自杀，另有三名女子拒不受辱，被金兵用铁钎捅伤，扔在营寨前，血流三日方才死去。斡离不指着这三名女子的尸体警告王妃、帝姬要以此为鉴，否则同样下场。很快，就有多名帝姬与王子妃被折磨致死。而徽宗也只能眼睁睁看着这一切在他面前发生。如徽宗的弟弟赵俣就在他身边饿死了，徽宗连安葬他都做不到，只好就地火化。他在余下的旅途中一直抱着赵俣的骨灰盒子。

在到达女真的主要京城上京后，女真人还煞有其事地搞了一个献俘仪式。他们像对待牲畜一样，脱去二帝、二后的上身衣服，下身只披羊裘，后面嫔妃、亲王等人都这样半裸着向金人下跪，完成一整套复杂的仪式后，那些还半身袒露的女子就直接分赐给了金人。由于不堪这样的羞辱，钦宗朱皇后在仪式结束后就试图自缢，虽然一时被救起，但不久还是投水自尽了。而包括高宗生母韦太后和邢皇后在内的300人则被分到了洗衣院作为皇宫中的奴仆。

洗衣院名为劳役之所，实际上是供女真贵族出入淫乐之地，其中稍有姿色的女俘，就被挑选出来带走。按时人的记录，男子为奴的，由于不会干烧火喂马等粗活，天天被打，不到五年，死亡率已经达到百分之九十以上。而女的如果"不顾名节"，又是被分给贵族，"犹有生理"，但如果被分到谋克以下（指金人的官职，大约一谋克管三百户人），则十人九娼，被反复摧残之下，"名节既丧，身命亦亡"，不管你是"亲王女孙、相国侄妇、进士夫人"，无一幸免。

由此可以想象，赵构生母韦氏的命运也不会与她们有何不同。所以，按理说，韦氏理应对金人恨之入骨，即使说后宫不得干政，但她至少会对"恢复派"怀有同情。但实际上，她的表现却与人们的预期完全相反。她南归后，不仅只字不提自己在金方的遭遇，而且每年光送给金朝皇后的礼物就"以钜万计"。这些礼物并不在宋金和议的规定之内，是韦氏主动所送，而且，她南归后又处处回护、称赞秦桧。这些蹊跷之事，皆需从韦后在金的经历中寻找蛛丝马迹。

在南宋的记录中，往往把韦氏被俘的年龄记为48岁。宋朝俘虏所撰的见闻录《呻吟语》中说："韦后北狩年近五十，岂有再嫁给敌人首领的道理呢？"以此作为韦氏在北方能确保贞节的证据。如果这个年龄是准确的话，那么她首次受徽宗宠幸时已经27岁了，这在女子普遍十三四岁就被选入宫的宋代宫廷里，十分罕见。而且，金军在靖康初年东京围城时，曾要求开封府逐一核对玉牒将宫廷、宗室妇女全部押往金营,其间若有特殊的如已经去世等情况无法遣送,也要详细说明。从保留下来的开封府状中可看出,在金军的淫威下,开封府对于这些人的描述十分仔细小心,生怕稍有错漏。因为有错就要承受灭顶之灾。而在这份文书中所记录的韦氏被俘年龄是38岁。若按此年龄,则韦氏初次受御幸是17岁,这反而是宫嫔中最常见的初次受幸年龄。因此,关于韦氏年龄记载的不同,似乎内中隐含某些真相,而不同记载中太后年龄的差别,其实质是对太后在北方遭遇的记录的差别。

南宋黄冀之在《南烬纪闻》中记载,南宋绍兴二年(1132)的时候,那时韦氏已经在北方好几年了,一天,金人派去监视徽、钦二帝的阿替计带徽宗、钦宗来到一个宫廷中。他们看到有一个紫色衣服的金人坐在上首,对钦宗说:"你认识我吗?"钦宗不认识他。于是他又说:"我是盖天大王,也就是四太子的伯父。"金人所说的四太子,就是完颜宗弼,也就是宋人所熟悉的金兀术。而这个自称为四太子伯父的人,则是完颜宗贤。过了很久之后,宗贤又从屏风后叫了一个妇人出来。钦宗仔细一看,原来是韦妃。徽宗见到她,估计内心也是百味杂陈,连忙低下头去,不敢仰视。过了一会儿,宗贤叫左右赐酒给徽、钦二宗和韦氏,还故意说:"看在我这位夫人面上,你们就喝了这杯酒吧!"这说明韦妃已经被宗贤留为妻室了。喝完酒,宗贤对监视二帝的人说:"要好好对待他们。"然后才离开。此后,金人对二帝的拘禁才稍有宽松,饮食和御寒的衣物都有了改善。

又过了八年,即绍兴十年,那时徽宗已经去世,监禁钦宗的寺庙里正准备迎接金人的贵族,于是寺里僧人就把钦宗带入一个小房间,告诫他说,今天盖天大王和夫人来这里做斋醮,千万不要出去。钦宗于是在墙缝中向外窥探，远远地看到韦妃与一个金人首领同行，有人从他们乘坐的车中抱出一个小孩，大约三四岁的样子，对着韦妃叫"阿母"。过后还听寺里僧人说，"前些天韦夫人听说太上（指徽宗）、太后、皇后先后死亡，也曾悄悄流泪，送给我一只金钗，请我为他们作佛事追荐。她还要我转告大王，请您且安心，您一定有回归宋朝的一天，而韦夫人已经为宗贤生下两个孩子，恐怕不得南归了。"

这样一来，韦氏在北方嫁给金朝贵族并生了孩子的事就非常明显了。

还有一件事反映了韦氏与金人的感情。

宋金和约达成后，韦氏得以在绍兴十二年南归。六月，宋高宗听说金人已经开始遣送韦后南归，于是派参知政事王庆曾与韦后的弟弟韦渊到国境线上迎接她。而她的金人丈夫宗贤也准备带上他的亲信近臣与内侍多人，亲自护送她前行，但这时韦后却拖延不走。按她后来对高宗的解释，说是因为知道金人害怕暑热天气，如果夏天出发，怕他们心情不好，容易节外生枝，所以"谎称得了病"，请求金人的首领让她秋天再走。如果一个人是在金朝日夜受折磨，那肯定是巴不得离开魔窟越早越好的。这从韦氏的好姐妹乔氏在为她送行时的哭诉就可见了。乔氏当时痛哭道："姐姐到南方后感到快活时，请不要忘记这里的不快活啊！"还说："妹妹我再没有回宋朝的希望了，我当会死在这里了……"一边说，一边泣不成声。因此按常理推断，如果韦氏得以南归，她将一天也不会耽搁，更何须装病拖延？所以实际情况更有可能是韦氏对她在北方的丈夫和孩子有所留恋，但这些情感又万万不可让南方朝廷知道，所以故意讲这些话来隐瞒她拖延的实情。

还有一件事，南宋史官是把它当作韦后的聪明机智来记录的。他们说，当时韦后向送她回南宋的金人副使借了三百粒黄金,而且约好了到南宋就双倍奉还,然后以这黄金分发给护送的人员,这才使整个南归的过程十分顺利。但实际上,她的确赏给了她丈夫派来护送她的随行人员三百金,只是这些钱明明就是她出发前宋朝的俘虏们"众筹"给她的,其中就包括那位乔贵妃帮她贿赂一位叫寿的中尉所出的五十金。所以,她到了南宋边境上,再向宋人索要的那六百金,其实就是白送给金人的,很有可能就是想要馈赠给她的金人丈夫。由于这件事情南宋完全没有准备,被搞得措手不及,而负责接她的参知政事王庆曾知道秦桧多疑,虽然手头有钱,却怕回朝后秦桧会怀疑他私自拿这些钱给太后,是想讨好太后,建立与太后的私人关系,所以坚决不愿私自拿出来,而是要等报告朝廷后再定夺。当时秦桧正好请病假没上朝,王庆曾的报告送上来后暂时没人负责批准,金人于是扣住了太后不放她过境。朝廷中没人知道个中曲折,只知道太后没有按期到淮河边,人心惶惶,都以为金人又要败盟了,张浚甚至都已开始在边境上布置防御。后来还是作为奉迎提举的王晚,向宋朝其他负责迎接太后的使节们募集他们的私人钱款,勉强凑够了六百金,金人才把太后放回来。

回来后,太后还对高宗哭诉,把王庆曾不敢私自给钱金人的行为称为"不顾国家利害"。而真实的情况却是,为了向她的金人丈夫表达情意,她用这种办法从南宋这里拿去了六百金,为此还不惜在边境拖延,差一点酿成宋金关系的重新紧张。如此种种,足见韦太后对金人的感情并非寻常的宋俘可比。

而韦太后的这些隐情,给高宗的养子赵瑗以至整个南宋朝廷均带来十分深远的影响。

首先，以韦后的矛盾身份，必定不愿有与宋俘有交集的人来到南方，也很怕宋金之间有大量的人员往来。因为一旦出现这种情况，她在北方的"秽事"就会被传到南方来。事实上每次金人南侵，都会有一些关于韦后的传闻在南宋境内散播，如粘罕就在南侵之时"编秽书，诬蔑韦后、邢后、柔福帝姬诸人"。不论是金人故意借此侮辱赵构，还是有些知道韦后底细的金兵无意间说出来而被人记录下来当八卦新闻散播了出去，反正这些东西都是会造成南宋皇室的尴尬，更影响赵构政权的稳定性。因此，高宗和韦后就只有更加坚决地与金议和，以避免这种无法控制的人员的大规模交流。秦桧以对金妥协立足朝廷，对高宗、韦后两人的想法当然坚决支持。

　　然后，高宗还借助秦桧及其党羽的力量帮韦太后清除那些有可能知道她在金朝经历的官员。凡是出使金朝时被扣留较久的、走得比较深入的、迎接韦后时与韦后的随从有所接触的，后来都慢慢地被以莫名其妙的理由清除出朝廷。

　　问题是秦桧本身也在金朝滞留多年，他应该多少听到过关于韦太后的传闻。而且他自己和韦太后一样，回到南宋后仍然保留着多种与金朝沟通的私人孔道，如他与完颜昌的友谊等。秦桧也明白如果让政敌发现他的这些孔道将会有什么后果，所以他应该十分理解韦太后的担心。高宗之前正是看中秦桧能在金朝说得上话的长处才重用他来帮助向金议和的。但现在韦太后还朝后，保守秘密已经成为第一位，因此秦桧也就更担心韦太后会怀疑自己。

　　秦桧想了一个一石二鸟之计。他主动向高宗提出，为防止流言蜚语，建议高宗禁止"私家野史"。这样一来，相当于主动向高宗与韦氏暗示自己决不会出卖韦太后在北方的情况，取得二人的信任；二来，他也正好借此机会清除不利于他的舆论与记录。高宗与韦后不疑有他，果然更倚重秦桧了。秦桧当政时期禁书与奖励告讦的政策，一改宋朝宽松的文化氛围。一时间大量私史被毁、被篡改，完全是后朝"文字狱"的预演。

至此韦后的命运已经完全与秦桧结合在一起。也正因如此，韦后在面对高宗的两个养子时自然就倾向于秦桧所支持的赵璩。

还有一个原因使韦后要站在赵瑗的对立面。这个原因与吴氏有关。

韦后回到南宋后，带来了赵构当年的正妻邢氏已经去世的消息。于是赵构就想要立吴氏为后。但这样一来就遇到一件尴尬之事。因为吴氏本是开封人，从小入宫，侍奉在徽宗左右，后来徽宗把她赐给当时还是皇子的赵构为宫人，她这才成为赵构的人。也就是说，在徽宗还是皇帝的时候，有那么一段时间，吴氏和韦太后同属徽宗的后宫。韦太后有一个奇怪的想法，就是害怕吴氏记得她在徽宗宫中还没有显贵时的事，所以并不想援立吴氏正位中宫。由此也可见这位韦氏确实是个浑身充满不可告人的故事的人。

当赵构不顾韦氏的意见执意要立吴氏为后之后，吴氏成了中宫之主，韦太后作为玩弄权术的一流人物，马上就转而多方讨好吴皇后。而讨好吴皇后最好的捷径，就是支持她抚养时间最长的孩子赵璩。

于是，赵瑗这位十多岁就失去养育之母，而且还深陷宫廷内外权谋争斗旋涡的年轻人，在宫内就几乎陷入了孤立无援的境地。这时，决定他命运最关键的人物还是他的养父赵构。

上文也说过，赵构十分重视对这两个养子的教育。绍兴二十七年十一月,太学正史浩被晋升为太学博士,时人认为他德才兼备,于是高宗命他为校书郎兼普安、恩平两王府教授,负责教导两位郡王。一次,高宗自己写了《兰亭序》两本,分别赐给两位郡王,要求他们各写五百本呈上给他看。史浩看见了,提醒两位郡王说:"这可是和赵简子写训诫之词一样,是君父之命,请一定要恭敬对待。"原来,春秋时期有位著名的政治家叫赵简子,他有两个儿子,正不知道要立哪个作为继承人好,于是拿了两片竹简,各写了一些训诫的话在上面,分别给两个儿子,叫他们要牢牢记住。过了三年,赵简子再问这俩孩子。大儿子完全背不出上面的内容,赵简子问他:"竹简呢?"也不知道丢哪儿去了。小儿子却对上面的话倒背如流,而且竹简就被他珍藏在衣袖里。于是赵简子认为小儿子是贤才,立他为继承人,而他后来也果然使赵国强大起来。史浩用这样的典故提醒两大宗子,已经够明显的了。过了几天,史浩问两人写得怎么样了。赵瑗不但早已完成了规定的量,还多写了很多,写了整整七百本,足见其顺承之意。而赵璩却告诉史浩他没空写。史浩吃了一惊道:"哟,郡王您除了朝参之外,每天有什么事情是必须要做的呢?忙到连君父的命令都能不听呀!"于是,史浩把赵瑗那七百本临帖送上给高宗,而赵璩却没交作业。

除此之外,赵构还通过设立各种考验来试探两位宗王。例如有一次,他赐给二人宫女各十人。这时,其实两位郡王已经结婚,早识男女之事了。史浩一看,知道高宗这内中深意,连忙又委婉地提醒二人:"这些美女,都是平日在皇上跟前侍候的,你们如果能以对待庶母的礼仪去对待她们,不是很好吗?"过了一个多月,史浩有点不放心,问他这两个学生。赵瑗说:"我正按教授您所教导的去做。"于是史浩又跑去问赵璩,谁知赵璩却不回答。不久，赵构把这二十个宫女重新召入宫检查，发现送给普安郡王的，全部完璧无损，询问之下，都反映说普安郡王对自己礼貌有加；而送给恩平郡王的，却没有一个不被他亲昵过。高宗虽然又重新把这二十个人分别赐给了这两位郡王，但心中一定已经分别对他们有了评价。

此外，虽然宫中女主们倾向于赵璩，但朝野的风评却明显倾向于赵瑗。人称他天资英明，豁达大度，大臣们则看到他入朝时站立在朝班之中，举止有礼；平时骑马出去，从不随便东张西望。赵瑗身边的人也说他喜怒不形于色，非常沉稳，而且生活俭朴，经常以经史自娱，晚上就拿着古人文集看看，有空就练练书法，写写诗，或者弹琴、射箭，因此不但书法精妙，骑射也不错。他也曾对王府僚属们说，自己对声色犬马没什么兴趣，至于珠宝珍玩，也不想收藏。只是，赵瑗也毕竟是年轻人，有时也会有这样那样的爱好。如有一段时间他就爱上了球鞠的游戏。当时校书郎陈俊卿正任二王府教授，他看到了，就轻声诵读韩愈《谏张建封书》，以此讽谏他。赵瑗听了马上明白了，不但能背诵全文，而且再也不玩球鞠了。陈俊卿非常欢喜，对人说："普安郡王很聪明，又乐于听从别人的意见，这真是社稷之福啊！"大臣们对赵瑗交口称赞，高宗看在眼里，自然对嗣君人选有了定见。他自己也曾对近臣们说："你们有看到普安郡王吗？我感觉他近来骨相一变，并非常人可比啊！"这个态度就已经非常明显了。

还有一件事促使赵构对立储一事下定决心。绍兴二十五年十月，秦桧称病，申请致仕。同时，儿子秦熺也上章求致仕。这其实是宋代官场上一贯的以退求进的手法。秦熺在绍兴十八年已经知枢密院事，绍兴二十四年又已进为少傅，封嘉国公，这已经离宰相之位仅一步之遥。一般来说，如果老相在恩眷正浓的时候求致仕，而其儿子的资历又足够，那么朝廷一般不会把他的这个儿子提拔为宰辅。但实际的情况是，秦桧当时已经病入膏肓，连床都起不了了。而且他深知儿子的能力，如果不是靠着他的缘故，秦熺断不可能位列执政的。他也明白自己在朝中政敌太多，平时攀附自己的人也未必真心，所以他担心如果自己去世，在失去自己的影响力与威慑力的情况下，儿子不一定能获得高宗任命。于是，为了儿子能接替自己成为宰相，从而让秦家继续把持朝政，他一面对高宗封锁自己病重的消息，一面就上演了这出父子双双求致仕的双簧。当时高宗还不疑有他，只是按惯例不批准两人的请求。而这时赵瑗却成为了揭开秦桧阴谋的关键人物。他悄悄把秦桧的真实情况告诉了自己的养父。高宗一听，马上会意，当日就光临秦桧的宅第，看到秦桧，知道他已经回天乏术，于是回宫后立即命学士院草制，让秦桧父子共同致仕。秦熺果然火候远不及其父。就在高宗到秦府探病的时候，居然就已经急不可耐地问高宗："谁会代我父亲做宰相呢？"一下子把自己的欲望完全暴露。高宗当时耐着性子，说："这事你不应该插手。"这已经是秦熺事败的明显信号了，他却接收不到。第二天，秦熺还策划着联络党羽，指使他们上章建议皇帝让自己做宰相。可是还没等他策划好，大学士连夜起草的制书已经出来，宣告秦家祖孙三代分别致仕、提举宫观，秦桧父子的这次终极计划完全失败。当然，这也同时体现了普安郡王赵瑗的政治能量。

在秦桧当政的年代里，大家惮于秦桧，一直无人敢向高宗提及储贰之事。但自从秦桧死后，秘阁修撰辛次膺、国子司业兼崇政殿说书王大宝、国子博士史浩、右相陈康伯等近臣先后发声，希望高宗考虑立储之事。高宗只是说，自己心里已经定好了，只是时机未到而已。利州路提点刑狱范如圭也向高宗上章说这件事，当时大家还未知朝廷风向，都劝如圭，说你这样越职言事，小心有前车之鉴啊！但范如圭的奏章送上去之后，朝廷传出来的信息反而是皇帝"感其言"，非常正面。后来，殿试策进士时，一名进士在策论中写道："储位未正，嫡长未辩，臣非常担心围绕在两大宗子前后左右的大臣们，会逐渐各有攀附，结成党羽，这就有误宗社大计了。希望皇上能亲自独断，早日正储位，以副天下的期望。"这种直白的语言，要是放在过去，估计这个进士会大祸临头。但高宗却居然擢他为一甲第二名。大家开始感觉到了朝廷的新局面呼之欲出，东府、西府的高下可能很快就能见分晓。这时，正好重臣张焘还朝，也向高宗提起建储的事情。面对老臣，高宗终于吐露了一点心声。据说他愀然不乐道："朕考虑这件事已经很久了，但这件事，实在难以对别人说，你所说的其实正合我意，但你不妨再等等吧，等到开春，就会商议相关典礼。"

高宗是因为什么，要等到开春才宣布立储之事呢？

其实张焘当时一听高宗的话，就已经明白了高宗在等什么了。早在绍兴二十九年（1159）的九月份，高宗生母韦氏就已经去世。到张焘十二月还朝，已经满三个月。但高宗一直等到绍兴三十年（1160）二月，正是因为到那时韦太后的丧仪能完全结束。于是，当百官换上了纯吉服，也就是平常的朝服后，高宗就揭开了这个谜底。当天，高宗在朝会后留下了宰相与枢密院中的主要官员，对他们说："朕有一件事，不能再等了，要立刻施行。普安郡王非常贤德，我想让他与他的弟弟的待遇有所差别，卿等可帮忙议定一个具体做法。我想任命他为少保、使相，而且封他为真王。"众官一听，马上明白，皇帝立储的主意终于定下来，而且肯于公之于众了，真是喜从天降，连忙上前道贺。高宗笑笑说："史书上也有载，两个孩子，并后匹嫡，是祸乱的根源，我难道不知道吗？只是怕显仁皇后不喜欢，所以才一直等到现在。"

不过，如果严格按皇帝所说的字面意思来看，则高宗只是宣称要让两位养子的地位有所区别，却并没有明确说要立赵瑗为皇子。于是，过了几天，宰相汤思退在三省、枢密院上奏给赵瑗加官晋爵等的礼仪时，趁机试探高宗说："按照典礼，如果不是皇上的至亲，是不可以封真王的。如今既然要给普安郡王晋封，那是不是要给他一个亲属的名分呢？如环卫官，就可以称皇侄之类。"高宗沉吟了一下，这才正式说："可以，就称他为皇子吧。这样赵瑗的孩子们也可以有相应的待遇。"当时，赵瑗最小的孩子赵惇也已经十三岁。从此，高宗数十年悬而未决的皇嗣问题终于有了着落。不久，赵瑗被改名为玮，正式晋封建王，而赵璩则被任命为判大宗正事，出居绍兴府（今浙江绍兴），并且被正式称为皇侄。

东府、西府终于一别高下。

这一年，建王赵玮三十三岁，他熬过了两位养母争宠的童年，被后宫与权相压制的少年，在即将步入中年的时候，终于成为众望所归的皇子。只是，等待他的仍不是坦途。

四、南内与北内

绍兴三十一年（1161），金主完颜亮背盟，再次南侵。对于这次宋金和议达成后相隔二十年发生的边警，其实赵构在之前已经不断收到各方情报，只是已经享受了多年承平之乐的他心理上无法相信这是真的。这也导致了南宋方面准备的迟滞。而且，当年的恢复派将领或死、或贬、或病，南宋军队的"主业"也早已变为经营生意、盘剥百姓，就是不训练备战。因此当金主完颜亮提兵南下的初期，战况非常不利于南宋，两淮瞬间失守。那些围绕在高宗身边的宠臣中，王继先提议斩杀老将刘锜以安抚金人，内侍省都知张去为则暗中破坏用兵的议论，还向高宗建议逃跑躲避，有人甚至放出风来，说高宗打算逃往闽、蜀，而高宗自己则想要解散百官，又搞一次"浮海避敌"。幸好此前坚持抗金的陈伯康已经升为左相，连同御营宿卫使杨存中（即杨沂中）一起坚决反对，其余一些朝臣也多认为屈己和议已不可能，只有加强战备才是唯一出路。太学生宋苞在上书中甚至首次提出为岳飞平反以提振士气的建议。在舆论的压力下，高宗终于宣布要备战抵抗，到绍兴三十一年十月，下诏"亲征"。但经历过建炎、绍兴年间宋军与高宗几次大溃退，曾被高宗多次抛在后面，被迫直面金军屠戮的南宋臣民，哪里还敢在临安城留下呢？当时在临安城里的百官，除黄中与陈康伯的家属仍在坚守外，其余都纷纷逃散。

  面对这种局面，刚被封为建王的皇子赵玮十分悲愤，他慷慨而起，向他的父皇提出，自己可以帮忙率兵作为赵构亲征的前驱。缺乏做储君经验的赵玮这豪言壮语一出，正犯了历代皇朝太子抢班夺权威逼君上的大忌，若不赶紧补救，很有可能就此改变自己的命运。

  那时建王府直讲史浩正请病假在家，一听闻这件事，马上抱病入府，向赵玮说了两个故事。一个是春秋时晋国太子申生被人诬害最后自杀的故事，另一个就是汉惠帝年少时所历的易储风波。汉高祖刘邦的太子刘盈，也就是后来的汉惠帝，是吕后所生，而刘邦宠爱的戚夫人用各种阴谋想把自己的儿子如意拱上太子之位。当时刘邦也决心要换储了，幸得朝中大臣极力反对而暂时中止。适逢刘邦手下大将英布谋反，而刘邦得病无法带兵，想派太子代为领兵出征。辅助太子的"商山四皓"听到后马上说："如果太子真的领兵出征，那事情就危急了！太子带兵出征，若有功对他的太子之位不能增加好处；若无功反受其害。"于是请吕后紧急面见皇帝，说服他收回派太子出兵的成命，改为御驾亲征。等到刘邦灭英布还京后，"商山四皓"又以八十多岁高龄，陪太子参加刘邦的宴会，让刘邦感受到太子羽翼已成，如果换太子必将给朝局带来混乱的代价，这才打消了刘邦易储的想法。

史浩是想借这两个故事提醒赵玮，从得到太子的地位，到真的当上皇帝之间，其实是最凶险的一段时期。他说："现在国家正处于危难的时候，太子与父皇怎么能有咫尺的分离？如果皇上在朝，你领兵在外，两人分开了，事变一来，万一有不得已的事出来，唐肃宗在灵武称帝的教训就在前面啊！对于肃宗来说，他的确是早得皇帝之位几年，却永远无法成为忠臣孝子了！"其实根本不用说唐肃宗的故事。赵玮的"父皇"赵构不就是皇子离开父亲后，凭由父亲被劫，自己却当上皇帝的鲜明例子吗？以高宗的经历加上多疑，赵玮说要领兵任前锋，赵构能不惊疑吗？只是史浩作为南宋大臣，不能把这一层点明罢了，但赵玮不蠢。他马上明白，并为自己的鲁莽而震惊惶恐，连忙问眼前这位老师道："啊！那我要怎么办呢？"于是史浩连忙提笔帮赵玮起草奏章，在奏章里承认此前想法的错误，并重新提出，愿做父皇的随从与警卫，尽人子的责任。

果然，赵构此前听到赵玮想领兵做前驱的想法，正在惊怒间，赵玮的第二份奏章送到，稍稍打消了赵构对这个养子的疑虑。此后，又有大臣建议让建王出任元帅，上前线镇抚军队，史浩也连忙寄信给这位大臣，说建王从小在深宫中长大，平日从未与战将们接触，怎能办这样的事呢？后来又有大臣建议高宗亲征而让建王留守在临安，史浩也认为不妥。史浩就是这样帮助建王拒绝了所有让建王离开自己父皇独自建立威信的机会，一点一点地重建了高宗对建王的信任。高宗后来对朝臣们赞叹，说史浩真是王府官员的典范啊！

随着高宗对建王日渐放心，他对建王的培养也回归到了正轨。也许高宗那个时候已经有禅位之意了，他决定带着建王去"亲征"，借此机会让他认识所有的主将。

绍兴三十一年十二月，整个江南大地笼罩在冰冷的雨雪之中。在泥泞的官道上，蜿蜒行进着一支部队。在前部昂首策马的两人，一位年近半百，另一位正值壮年。他们都身穿毡衣毡帽，雨夹雪落在他们身上，瞬间化为了冰水，慢慢地渗透，濡湿了他们身上的朝服，但他们却毫不介意。那位老者一边环视路上的山川形势，还一边不时转头对年轻人指点教导着什么。此二人正是高宗与他的养子赵玮。他们正带领朝廷官员从临安出发赶往更靠近前线的建康。在他们身后是朝臣们的大部队。除了骑马的卫士，其余朝臣包括宰相，大多都由于不耐久骑而坐上了肩舆。由此也可见，赵构当时无论是身体上还是精神上其实都相当健康。这一路上，赵玮更加注意君臣父子之道，处处对君父亦步亦趋，悉心照顾父皇起居，既赢得群臣一片赞誉，也赢得了赵构的重新认可。

这一次"亲征",基本上只是皇帝的一次作秀,当然,如果从他第二年回銮之后的一系列举动来推测,也可能是为禅位所做的一次准备。因为在他们出发前,南宋已经基本掌握了战场的主动。

一开始时南宋的确情势凶险。当时他们连番损兵折将,两淮尽失,金军已经在策划渡江,前线主帅中,老将刘锜病重,王权多次兵败逃跑已经被罢免,而接替他的李显忠却尚未到位,极受朝廷重视的老一辈主战派大臣张浚更是借故拖延,直到战事结束才到前线,导致前线军队暂时没有了主帅。被派往前线督视江淮军马的知枢密院事叶义问完全不懂军事,硬着头皮指挥,尽闹笑话,一听到长江北岸南宋军队正与进犯瓜洲渡(在江苏扬州南长江边)的金兵进行激战的消息,知道若一失败,金军就会渡江,他就借口回朝调兵,准备逃回临安,只是遭到部下阻拦才勉强回到建康,急得如热锅上的蚂蚁。正在金主完颜亮厉兵秣马,亲率十几万军马准备第二天南渡长江的时候,刚好中书舍人、参谋军事虞允文来到东采石(在安徽当涂西北、马鞍山东南的长江边)犒军。中书舍人在宋代是清要之官,主要任务是为皇帝起草诏书的,和军事完全不沾边。虞允文来到前线,发现由于没有主帅,长江南岸那一万多宋兵,三三两两坐在路边,马也只剩下两百多匹,完全不像能抵挡对岸金军的样子,部下都劝他,军队都准备跑了,你只是来犒劳大军的,东西派了,任务就完成了,一个文臣能做什么呢?赶紧走吧!但虞允文却毅然担起了指挥抗金的责任,首先向将士们表明自己将身先士卒,与金军决一死战,然后告诉他们:"朝廷已经拿出国库里的金帛九百万缗(宋时,铜钱穿成一串,每一千文既叫一贯,也叫一缗),还有给节度使、承宣使、观察使等的空白告身,我都带过来了。若诸位有功，我马上发钱赏给他，若立了大功，我就在空白告身上填上你们的名字，你就是观察使、承宣使、节度使了！"将士们听了，信心大增，决心随虞允文与金人决一死战。于是，虞允文亲上前线，整顿军队，沿江布防，利用现有的海鳅船和战船在中流阻击；因为正规军力有不逮，他又联络沿江民兵一同杀敌。结果采石一役在南宋军民的殊死战斗下大获全胜，虞允文以一介文臣，所获战绩竟远超当时大将，采石之战由此成为南宋时人津津乐道的"中兴十三处战功"之一，也可见当时南宋战将的腐败无能。

采石之战失败后，金军士气大失，宋军援军与战将也逐渐到位，而金人内部发生政变，东京留守完颜雍成为金世宗，并下诏废黜完颜亮，完颜亮的部将终于发生哗变，将完颜亮杀死，金军陆续班师，南宋危险逐渐解除。这时是十一月三十日。

因此，十二月高宗的"亲征"就没有什么凶险可言了。宋金之间除了西线还有持续的战事外，中线与东线只剩下零星战役。于是，在建康待了两个多月后，高宗又领着朝廷大臣回到了临安。

经过这次惊扰，高宗传位之意更加坚决了。不过他担心像宋徽宗传位给钦宗的时候那样，被时人风传是吴敏之功，因此绝口不提，只是先安排内侍首领张去为预先帮他改造秦桧的旧府第，准备作为退位后的居所。恰在此时，左相陈康伯过来辞去宰相之位。高宗对他说："先别辞，再等几个月。"原来，按惯例新君登基之时，旧相就会辞职，这样一方面表示自己的恬退的品格，另一方面也使新皇帝在进行人事更新的时候不用冒不尊重旧臣的指责。高宗已经决定不久后就禅位，这时如果任由陈康伯解除宰相的位置，那么高宗就只能够另外任命一个人做宰相，而这个新宰相就将在三两个月内碰到新皇帝即位,被迫辞去相位。因此高宗要求陈康伯继续就任一段时间,正是希望他在新君即位后才去相位。陈康伯一听,马上会意。没过多久,陈康伯就帮高宗草拟了立皇太子的手诏,到绍兴三十二年(1162)五月,诏立建王玮为皇太子,更名昚。

绍兴三十二年(1162)六月,赵构为自己准备的宫殿落成,赐名德寿,内禅所需一切准备停当了。当月十一日,赵构宣布禅位给皇太子赵昚,当日就行禅让之礼。殿内执政大臣不禁上前依依不舍,高宗也难免为之动容。此前当高宗对赵昚提到自己的禅位计划时,赵昚曾再三推辞,后适逢金军南犯,高宗暂时把此事按下。高宗知道赵昚这次一定又会推辞,因此特意先叫内侍去东宫叫他入后殿,讲了禅位之事。赵昚听了,果然连忙跑到侧殿门,准备跑回东宫,给高宗拉住,再三劝谕,他才勉强答应,等在了正殿后面。等高宗这边与大臣们告别完,高宗就被称为太上皇了。他入宫,令百官移班到殿门外面,等禅位诏书宣读完,再令内侍引领穿好袍服的皇太子入殿。在御座前,赵昚还拱手侧立不敢坐。内侍扶了他七八次,他才沾着边坐了下来。群臣上前称贺后,太上皇即日就要搬到德寿宫去住了。新皇帝赵昚穿着红褐色的袍服,系着玉带,步行走出祥曦门,冒着雨,扶着太上皇的辇车,一直送到了德寿宫门口,仍不想回去。赵构抚着他安慰再三,令随从把赵昚送走,然后对送行的百官说:"我现在是将皇位托付给值得托付的人了,真是感到没有遗憾了!"百官听了,都山呼万岁。

这天早上,赵昚从东宫出来的时候,还是皇太子,但到了下午,他就不用再回东宫了,他已经是皇帝了。这一切来得那么突然,但这一切又来得多么漫长。刚才在养父面前,他拱手侧立,不敢坐到御座上面。不知当时在场的人中，有没有人会想起三十年前，在另一张御座前拱手而立，任凭那只小猫在眼前经过而毫不侧目的那个孩子？现在，那个孩子经过了三十年的严酷考验，终于坐到了属于他自己的御座上。他会以什么样的面目去对待这个既养育、扶持了他，又老谋深算地反复考验他，甚至为等待自己儿子的降生而一直不为他正名的养父？

后来赵昚的行为证实了赵构在选育皇储这件事上，的确很有知人之明；而他在自己并未衰老之时就主动内禅的决定，也说明了他不愧为经历过亡国、复国之间多重危险的政治斗争的高人。

宋朝的皇宫，时人称作"大内"。南宋大内方圆九里，里面固然是朱户画栋、雕甍飞檐，但这却远远比不上孝宗后来为赵构营饰的"北内"——"德寿宫"。倘若从和宁门出大内，沿着御街北行至朝天门，再东折过望仙桥，就会见到这个赵构退位后所居住的宫殿区。它因太上皇的入住而被称为"北内"。为什么赵构会选这个地方作为自己颐养天年的去处呢？

原来，德寿宫坐落在望仙桥东甲第一区，本是秦桧旧宅。据闻，杭州所靠的天目山，山脉延伸到杭州，使这个城市多了些帝王气象。而这座望仙桥就像骏马仰眺吴山，在绍兴年间，有"望气"的人认为这是郁葱繁盛之符。秦桧当时正把持国政，甚至可能还有些非分之想，因此听信了这些迷信的说法，在高宗要赐宅给他的时候，就选了这一区建造秦宅，还在它的东边建起了秦氏家庙。他以为这区宅第会为他带来好运，但当时民间极恨秦桧，所以又故意说这其实是"非望挺凶，鬼瞰其室"之象。也就是，非分的想法会引来祸患，连鬼都会经常俯瞰他们家寻找机会作祟。这当然是当时人的一个笑话了。但当时秦桧的家的确极为华丽舒适，而高宗肯定也看在了眼里。秦桧的家离皇宫特别近，直线距离不超过两公里，几乎是出了皇宫北门，抬脚就能到。高宗经常出幸秦桧的宅第，这首先是为表对其宠信，其次就是因为秦桧这宅子很舒适，正可极尽玩乐之能事。绍兴十三年十二月，临安下雪，高宗在尚书省赐近臣御宴，此后凡下雪都会赐宴。一开始赐宴都是在尚书省举行，但从绍兴十五年秦桧的宅第修建好之后，自绍兴十七年开始，这种宴会都改在秦桧的宅第里进行了。为什么会这样呢？这恐怕就得先回头看看南宋皇宫的建制了。

据说高宗于建炎三年二月第一次来到杭州时就喜欢上了这里，只是接连经历苗、刘兵变和受金军追击的"渡海之役"，都城一直无法定下来。但就在赵构亡命海上的这段时间里，建炎三年七月的时候仍有旨升杭州为临安府，也说明他在逃跑路上还不忘这座城市。第一次驻跸的时候，他本想在西湖北岸的西溪边建宫殿，因为这里的形胜有点东京开封的气象。但到绍兴二年他回到杭州时，也发现在当时国步艰危、财政不足的情况下，新建宫殿群不太现实。于是就决定还是像建炎三年时那样，改建坐落在凤凰山东麓的原杭州州治为行宫，以显宁寺为尚书省。到绍兴八年二月，高宗从建康返回临安，南宋正式定都。但即使决定从此建都于临安，高宗时期对皇宫的建造也是少有的因陋就简。一来可能迫于他父亲宋徽宗"丰、亨、豫、大"的奢靡终致灭亡的教训；二来也可能是多年流亡生活的警示，宋高宗在对宫廷生活节约方面确有些过人之处。试想他落魄的时候，不但曾经在寒夜里自己找柴烧火温饭，"与汪伯彦于茅舍下同食"，也曾经仓促逃跑渡河，浑身湿透又没有被褥，只能拿身上皮袍一半当被子一半当褥子，和衣躺下过夜。一路上他也见惯了各地百姓的逃亡惨状。因此，赵构对宫廷生活不太讲究。南宋刚建立时，诸事草创，无力铺张，他也不求铺张。当时杭州州治已经残破不堪，无法容纳百官朝参与前朝的办公，修内司提出要造屋三百间，"诏减二百"，建了一个多月就建成了。这里要说明的是"间"这个量词。"间"在如今是指一个独立的房屋，但在古代则是指内部的间距。从传统规制上说，古代对房屋数量的统计是按"四柱一间"计算的，就是4根柱子围绕的区域就算是1间房。只是四柱间的距离长短不同，形成建筑面积的大小也就不同。那么绍兴年间皇宫内最终建成的"二百间"房屋又大约是多大规模呢？以现存的故宫太和殿为例，它有72根柱子，面阔11间，进深5间，也就是古人所谓的拥有55间房间。由此可知，在南宋的整个皇宫里有200间房屋，大约相当于4个太和殿的大小，这相比前朝后代，都可谓寒酸。当时朝廷最重要的朝廷朝会的垂拱、崇政两殿，规制也仅及大郡的办公厅。而且，皇宫内由于大殿太少，因此同一间殿，竟要因事而改名。如每天群臣商议政事，这个殿就叫后殿；饭后单独引见重臣过来商量公事，就把称它为内殿；逢双日皇帝听侍读大臣讲读，又改名为讲殿。因此所谓的"紫宸、文德、集英、大庆、讲武、祥曦"六大殿，名字好听，说出来又似乎挺堂皇，而实质只是同一个殿。大内诸殿当中，最大的应该是射殿了。但在南宋初这个射殿还是茅草做的顶，大臣们入朝，站立在里面，竟然头上裹的头巾都能触到殿顶的横梁与茅草。即便是这样，它还承担各种大型活动。如绍兴五年正月时，高宗在此检阅诸班直殿前司诸军，指教使臣亲从宿卫亲兵，此后凡有观赏、检阅军士比武、角力等，都在此举行，而且它也被按功能赋予了各种名字，如"延和"、"崇政"、"复古"、"选德"殿；绍兴四年二月时，它还被命为景灵宫，作为四时设位朝献之用。如此"气派",在历史上可谓少见。至于太学、三省、秘书省、枢密院等主要的机构,也只是在旧宅、寺院的旧址上随便修葺而成,连历代皇帝极为重视的陵寝,到了南宋也大为改变。南宋诸帝去世后往往也是薄土浅葬。这种情况持续多年,影响了南宋多位皇帝。

我们由南宋皇宫的节俭,再对比秦桧家的雕梁画栋,则知道高宗为什么喜欢把雪天赐宴与群臣同乐的地点放在秦桧家了。

宋代赐给臣僚的宅第,是由朝廷出钱修建的,到臣僚去世后,国家就会收回。秦桧死后,秦熺还不想把秦宅还给朝廷,于是请朝廷以他的侄子秦烜为光禄丞,留下管理家庙,以作为日后搬回秦宅的由头。谁知这个计划给台谏官员们知道了,上章弹劾秦烜,最终使秦家连家庙一起迁回了老家建康。于是,秦宅就空置在那里。

高宗决意传位后,相中了秦桧旧宅。这里离皇宫、太庙、御街等行政机构都不远,有事叫得动;离西湖也不远,附近还有五柳园、富景园,去玩也方便。而且,秦宅的面积很大,而周边还有一些空地。在逼仄的杭州城,想再找这么一个地方还真难。再加上秦宅本身已经雕梁画栋,极其华丽,只需要派内侍把秦宅修葺整理一下就可入住。于是,高宗把此处改名德寿宫,作为了自己的退养之地。因为德寿宫在大内之北,所以人称北内,而皇宫大内则被称为南内。而"北内、南内"并称,也反映了高宗退位却未真正赋闲,仍然对政局有重大影响。这时,高宗的知人之明就充分被印证了。因为自从高宗退居德寿宫之后,孝宗对他极尽曲意奉承之能事,虽然自己仍十分恭俭,但对高宗却尽力供奉。他知道宋高宗"雅爱湖山之胜",特别喜欢逛西湖,但又觉得老是出门逛西湖太扰民了,于是孝宗就大力扩建德寿宫，又在宫内开掘大池，引西湖水进宫，一路上叠山理水，创造出小瀑布等景观，最后注入大池，名为"大龙池"，仿造了一个"小西湖"；又在旁边叠石为假山，仿飞来峰的样子，名"万岁山"，使他足不出宫就有游览西湖胜景的感觉；沿湖造景，如冷泉、聚远楼、浣溪；还用四川石料彻成万岁桥，"莹彻如玉，以金（铜）钉铰"，"四畔雕镂阑槛"，"桥中心作四面亭，用新罗白罗木盖造，极为雅洁"。桥下都是千叶白莲。此处的御榻、御几以至瓶、炉、酒器之类，都是用水晶雕琢而成。想当年高宗为迎接生母归来，要置办一些器具，秦桧为讨好高宗母子，用了一些纯金的器皿，高宗还坚决拒绝，他自己也一直使用漆金之器，而当自己成了太上皇后，却开始任由养子不断给自己供奉，享尽世间荣华与侈靡，真是此一时彼一时。

此外，孝宗还时时到德寿宫陪高宗宴游、供奉时新食物，观赏音乐、舞蹈、杂剧、比武之类。高宗这样的"太平翁翁"的生活，一直过了二十七年。他当时禅位，对臣僚们声称自己"老且病，久欲闲退"，但实际上直到他禅位后十几年，年届七十的时候，孝宗一次和朝臣说起他父皇，还说他步履饮食和壮年时一样，出去游玩的时候，爬山过桥一点都不需要人家扶掖。足见他五十六岁退位的时候身体有多健康了。那么，高宗为什么会在那么健壮的知命之年就主动退位了呢？

其实，高宗的这次禅位是他的一次非常高明的政治行动。

首先，高宗一直有恐金的毛病。本来想着与金朝签了和议，就能"友谊永固"，没想到和约说翻就翻，完颜亮瞬间就打到长江边，把他吓得够呛。而在完颜亮被杀，金世宗立足未稳的时候，朝臣又纷纷上章要求北伐，趁机收复失地。而他呢，被金人进攻，他害怕，要他去反攻，他也害怕。只是，这种害怕还不能太露骨。这实在是心理压力太大。于是，借禅位撂下这个重担就是挺好的选择。

其次，他自己也知道，自己对金妥协的行为，多次置百姓、社稷及君父于不顾，加上生母韦氏在北地又再嫁，为了掩盖她的"秽事"不惜使钦宗等太宗系的宗室无法回朝、使了解情况的人遭到远贬，这些事情极容易造成他们母子死后被清算。为此他才处心积虑地找了一个已经与庶人无异的太祖之后来入继大统。其目的，一是为防止太宗系宗室依据服制远近而得以继位，最后对他进行清算；二是可得到还太祖系子孙以帝位的美名。但这样做的后果，有可能受到包括太宗系子孙在内的统治集团内部的较大阻力。更何况自己的皇后吴氏本来还属意她自己的养子赵璩。如果皇位传承发生在自己死后，极有可能遭到太宗系的反扑，而吴氏又因为支持赵璩而无法成为赵昚的靠山，因此自己精心策划数十年的这个继统计划就会付诸东流。而如果传位发生在自己尚健壮的时候，则自己可以扶助新君建立起自己的威望，确保这次继位能顺利执行。三是高宗对自己的这个养子还是有充分的了解与信任，因此才敢于或乐于直接把皇位交给他。为了确保找到一个懂得知恩图报的人，从而保证自己退位后能得到善待，高宗已经观察了三十年。在孝宗盛年时传位给他，而不是让他等自己去世，这就使孝宗对自己更怀感激之情。

而事实也证明他在这方面确有眼光与远见。退位后，高宗既达到了"颐神养志"的目的，日常用度极尽奢华，在政治上又能持续掌福威之柄。如一些宰执的除授，往往要到北内拜谢上皇，面听"圣训"，在抗金问题上也对孝宗多方掣肘,甚至在隆兴北伐前后,朝中为岳飞平反的呼声极高时,孝宗还照顾到了高宗的脸面,只以赵构太上皇的名义为岳飞恢复了名誉。

淳熙十四年,太上皇宋高宗终于在德寿宫这极乐仙居里停止了呼吸。但他的养子赵昚的锐气也已经被消磨净尽。或许是出于对太上皇的羡慕,又或许是出于对自己知人之明的自信,他也效仿养父,在两年之后宣布"退休",把皇位内禅给了自己的儿子。

南宋绍熙年间(1190—1194年),已经效仿高宗之法搬进北内居住的孝宗,与声称不舍得高宗遗留下的一切,不愿搬回南内居住的吴太后成了同在北内的"邻居"。得此方便,孝宗每隔数天就会请太皇太后一起游玩。一天,他发现东园的芙蓉花在池边开得妩媚,于是派人去请吴太后,一起登龙舟观赏,还突发奇想地撤去栏幕,对吴太后说:"您试试看,如果躺着看,更好看呢!"吴氏"欣然从之"。游兴未尽,还去了以前高宗曾细心经营的小东园。经过相通的小径时,两人忽然看到了什么,有所感触,相视而说:"相似,相似!"而后又相视而泣。

回想赵昚从入宫至今,已经近六十年。这时,曾经担忧并非自己养大的赵昚会对自己不利的吴太后,经历了高宗内禅后赵昚对自己夫妻的各种奉养,如今面对这位只比自己小十二岁的儿皇帝,应该也会庆幸高宗当年的选择吧。不知在湖山之间徜徉的她是否已经意识到,赵昚在继承人的安排上已经犯了一个重大的错误,他的前路仍需要自己的扶持?她一定不会想到,不久之后,历史就会安排她扮演一个新的角色,一个与她的婆婆孟太后一样的力挽危局、襄助宋室顺利继立的重要角色。

第三章

最终还是看走了眼

一、东宫之争

绍兴十二年（1142），无论对于南宋还是对于后来的宋孝宗、当时的普安郡王赵瑗而言，都是具有里程碑意义的一年。就在这一年开始的前两天，岳飞被赐死，这位一心为国的将领没能看到绍兴十二年的到来，却也许已经知道了他的死将换来什么。因为就在岳飞被杀的那个月，宋金和议达成。随着岳飞的离去，随着和议的实施，绍兴十二年开始了，宋高宗自诩的"中兴盛世"拉开了序幕。这一年年初，建国公赵瑗被晋封为普安郡王，但就在他被晋封的同一个月，他的养母张婉仪去世。这一年他实际年龄十五岁，到了出阁就第的年纪，这意味着赵瑗在失去母亲的同时，又要搬出皇宫独立成家，这位少年只好被迫长大。十几岁的年纪，刚失去养母，又要独立以主人的身份主持一套郡王府机构，他能依赖的只有身边的僚属与内侍等人。不过，赵瑗的孤单不会持续太久。因为就在韦太后回銮的那个月，赵瑗的养父宋高宗就下旨为他访求妻子的人选。

这一年的夏天，赵瑗的祖母韦太后回到了皇宫。但那时赵瑗已经离开了皇宫。得以留在皇宫与新回来的祖母相处的，是比他迟三年入宫的弟弟赵璩。

高宗为赵瑗准备的普安郡王府毗邻当时正权势熏天的秦桧的家。不难想象，正当秦府门前车马填咽的时候，它北面的普安郡王府显得多么的安静。落成一年多后，这个郡王府邸迎来了它的第一位女主人。绍兴十四年的春天，高宗封普安郡王的妻子郭氏为咸宁郡夫人。这位郭氏比赵瑗大一岁，是开封祥符人，她的六世祖是北宋的郭守文，是真宗继后章穆郭皇后的父亲，她的妈妈也是宗室女。可能正因其家世与赵氏宗室联系的紧密，被高宗选中而为赵瑗的妻室。

赵瑗性格质朴，喜好读书，有时练练骑射，因此郭氏在普安郡王府里的那几年，享受着一般宫廷里少有的平静，她的丈夫也比南宋的其他皇帝更像一个普通的夫君而非奢靡的皇子。因此，郭氏居然成为了南宋十后当中生育最多的一个。从十六岁嫁给赵瑗到三十岁去世，她为赵瑗育有四子一女，似乎让宋朝皇嗣不繁的困局有所缓解，毕竟如果以赵瑗为皇子的话，至少这一脉是有后了。但考虑到宋朝皇子的夭折率，只有四个儿子，其实也不能算是太稳当，而且赵瑗的竞争者赵璩也同样有四个儿子。幸好，后来的事实证明了郭氏的孩子的成活率尚可。虽然幼子赵恪夭折，但总算还是有三个儿子一个女儿能存活到孝宗被立为皇子的时候。

郭氏没能亲眼看到丈夫登上皇位。绍兴二十六年（1156）六月初二，嫁进普安郡王府十五年，才三十岁的郭氏去世了，她的长子赵愭才12岁，小儿子也就是后来的光宗赵惇10岁，最小的女儿才6岁。史载，就在郭氏去世的当年，赵构就以吴皇后的名义，把吴皇后宫中的四名侍御分别赏赐给赵瑗与赵璩。四名侍御中，赏给赵瑗的是夏氏和翟氏。而《建炎以来朝野杂记》中说，由于普安郡王恭俭而好读书，对声色无兴趣，也就是对吴后送来的这些美人并不亲近，高宗知道后，感到普安郡王较贤德，于是定其为储。这其实就是之前所讲过的，高宗以美女各十人测试二郡王的事情。由于这个测试之后，这些女子其实都被高宗重新赐予两位郡王了，所以，上述的夏氏与翟氏，很有可能就是这十名美女之中最终得到了名位的两个。但这二人最后都没有为孝宗留下子嗣。

在元配郭氏去世四年后，也就是绍兴三十年（1160）二月，赵瑗才被立为皇子，更名赵玮。当年八月，为丈夫生下一生中所有儿子的元配咸宁郡夫人郭氏获追赠淑国夫人。绍兴三十一年二月二十日，皇子身边的夏氏和翟氏分别被封为齐安郡夫人和咸安郡夫人，九月，元配郭氏加赠福国夫人。

绍兴三十二年（1162）五月，赵玮被立为皇太子，更名赵昚。几天后，到六月初四，郭氏被追封皇太子妃，又隔了几天，当月十一日，孝宗就登基成为皇帝，他实际上只做了十二天的皇太子。孝宗登基后，他的三个儿子依次被晋封为邓王、庆王和恭王，八月二十六日，这三个孩子的亡母郭氏被追册为皇后。两日后，齐安郡夫人夏氏和咸安郡夫人翟氏也得到晋封，夏氏晋贤妃，翟氏晋婉容。至此，已经离郭氏去世六年了，孝宗一直没有另立正室。

第二年，也就是隆兴元年的十月十八日，高宗手诏安排立后之事，宰执把太上皇的手诏拿给孝宗看，并且说："按规矩，册立皇后是先让百官上表，然后皇上降旨决定的。但现在太上皇帝已经有圣旨，我们不敢拜表了，皇上您只需择一个降制的日子，我们就去准备吧。"就这样，这位夏氏，从以一个普通宫女的身份进入普安郡王府，到成为皇后，仅用了不到六年时间，这在有宋一代都比较少见。而这其中的原因很明显并非由于孝宗的心急或是宠爱夏妃，而完全是由于太上皇的意旨。

乾道三年（1167），夏皇后去世，此后孝宗甚至一直懒得再立后，中宫虚位将近十年。于是赵构又再出手，先趁翟氏随孝宗过宫与高宗相聚的机会，催促他早日"了却此段"姻缘，然后不等孝宗采取行动，他就直接派遣内侍张去为到宰相办事的都堂传旨，立翟贵妃为皇后。

孝宗前后三位正室，都是由高宗一手决定，孝宗完全没有置喙之地。我们完全可以想象一下，如果孝宗连立后之事都要听命于其养父，那么立储之大事，又岂能不受掣肘？

孝宗即位不久，宰相张浚即建言："人君即位，必早建太子。"

按宋朝的惯例，皇子长到十多岁时，皇帝就会为他们在皇宫外寻觅地方建府邸，等他们到十六岁，就会为他们行冠礼，让他们搬到为他们准备好的府邸里去住。皇子们的府邸一般都在相邻的地方。如宋徽宗赵佶十三岁时，他的哥哥、当时的宋哲宗就命著名的建筑师将作监李诫主持，帮赵佶和他的其余四位兄弟修建了五座府邸，按年龄从东到西排列，名为懿亲宅。王府历时两年建好，赵佶与和他同年的哥哥申王赵佖同时出阁就第，他们的弟弟们也分别在到年龄行冠礼后陆续搬出皇宫。只有太子不一样。太子一般不会搬离皇宫，等到行冠礼后，就会搬到大内的"东宫"中去。

这个东宫，在北宋的时候在皇宫后半部的东边，与皇帝所住的福宁殿隔路相对。南宋始建时是没有东宫的。到孝宗被立为皇太子后，才在大内的南门里正门内，划了数间房给他作为东宫暂时居住。这地方非常狭窄，但孝宗并不介意。他住了十几天，又成了皇帝，所以这个东宫就空置下来了。

孝宗继位时，他的大儿子已经18岁，二儿子16岁，三儿子赵惇也已经15岁，虚岁16，也就是说，这三位皇子都已经到了甚至过了行冠礼并出阁的年龄了。皇嫡长子赵愭按照君主世袭制传嫡长的原则完全有资格立即被册封为皇太子，如果是这样的话，他就不需要出阁，只需要直接搬到东宫里居住。但出于某种原因，孝宗还是让这三位皇子统统出阁就第，并没有马上区分他们的名位。

之所以这样做，据说有几个原因。

其一，张浚所说的即位后就立太子的惯例虽然不错，但一般皇帝即位时，他的父皇已经过世，立太子时已经完全不用顾及父皇的想法了。但孝宗的情况却极特殊，他的这位父皇不但还在世，而且对朝政还有强大的影响力。孝宗系出太祖一脉，父皇高宗则是太宗后裔，孝宗尚未确定这位上皇的心意。万一自己甫一即位就迫不及待地册立皇太子，这会不会引起高宗的不快？高宗会不会想要一名太宗系的后裔去继承自己的皇位？一切尚未明朗之下，他自然就只好按兵不动。

其二，孝宗即位之初就措置北伐，锐意恢复，无暇顾及册立。

关于第三个原因，有一种说法，就是在三个儿子中，孝宗认为第三子赵惇"英武类己"，比较属意于他，而居长的赵愭性耽诗文，不受孝宗喜欢；但废长立幼又难以下决心，因此将此事耽搁。但若观察孝宗自己的成长历程，他虽然心怀恢复之志，但也同样喜欢读书，书法与绘画的造诣与欣赏能力都不低，似乎很难因为皇子喜欢诗文就对他生厌。而且，作为孝宗的长子，赵愭其实很可能是一个谦恭能纳谏的人，这与孝宗所自我认同的形象类似。由于赵愭后来早逝，因此关于这位皇子的记录不多。但从一件小事或可看出他的为人。孝宗潜邸旧人龙大渊在孝宗面前非常得宠。看到赵愭已经被册为太子，可能想讨好他，所以送了一些在大内侍宴时所写的乐章给赵愭。赵愭很喜欢，于是想叫自己的东宫官僚按调同赋。但当时任太子左谕德、侍讲的汪大猷却对他说："这是春秋时的'郑、卫之音'啊！龙大渊这些人，是靠皇帝亲近宠信而起家，他们所热衷的这些靡丽的东西，并非我们这些辅助、规诫太子的讲读官所应当参与的。"太子听了连忙停止了这类活动。这其实和当年孝宗还是郡王时接受属官陈俊卿的告诫停止玩鞠球游戏差不多。

此外，孝宗平时也非常重视这位长子的教育。史载在孝宗的"潜邸"，也就是他还在当普安郡王时住的府邸里，在正寝，相当于如今的主卧室的旁边，有一个小室，就像一个私塾一样，石头上刻着"富贵必从勤苦得，男儿须读五车书"两句话，是出自孝宗手书。这间小室就是孝宗当年亲自教赵愭读书的地方，而这两句话，也是孝宗专门写来作为赵愭的座右铭的。由此也可见孝宗对赵愭的期望尤其高。

因此，孝宗对立储问题的犹豫，恐怕尚有其他原因，在此暂且按下不表，回头再来分析。

无论什么原因，只要是东宫虚位，就会引发朝廷内外的疑问，更会引起不应有非分之想的人的觊觎。

乾道元年（1165）四月，皇三子恭王赵惇率先得子，皇长子邓王赵愭的儿子两个月后才出生。为争皇嫡长孙的名分，皇三子赵惇一家做了一些古怪的事情。乾道元年六月，邓王府申报皇长子生了皇嫡孙，孝宗收到报告十分欢喜。而此前恭王夫人李氏其实早已生下皇孙赵挺，却不知道出于什么原因却迟迟不移文申报。就在邓王府申文当晚，恭王府才急匆匆补上这一手续。次日，秘书少监兼恭王府直讲王淮拿着白札子，也就是未用玺的诏令草稿去见执政大臣们，说："四月十五日恭王夫人李氏生皇长嫡孙，请讨论有关典礼。"当时，左相陈康伯去世后，孝宗尚未任命新的宰相，因此由参知政事钱端礼暂时代行宰相的职权。而钱端礼的女儿，正是前一天刚生下邓王儿子的皇长儿媳。他一听恭王府直讲的话就顿时冒火了，心想你们这玩的是哪一出，到我外孙儿出生的大喜日子才宣布你家儿子更早出生？他决心为女儿争个名分。

到第二天，王淮札子送到御前，请求礼部、太常寺检查一下这种情况应该行什么典礼的时候，孝宗因为之前已经知道了邓王府生了儿子的事情，因此说："这不应该称嫡孙吧？只能称皇孙。"毕竟，长子所生才能称嫡孙。钱端礼趁机对孝宗说："本月三日的早上，邓王府先申报皇嫡孙诞生的消息。当晚，恭王府才申报他们的孩子出生。"孝宗一听，就明白其中的复杂了，他决定采取高宗迟迟不定皇储时的那种和稀泥做法，沉吟着说："我知道了。现在是邓王府申报后恭王府才申报，令他们都在本月十二日正式上奏宣告，无须再派官议定礼仪。"钱端礼一听，这岂不是说我家外孙和恭王府家的孩子同等待遇吗？但我家的明明是长子嫡孙，如果这样也只能与恭王的孩子同样待遇，那恭王府那边可操作的空间也太大了吧。于是他提醒孝宗说:"嫡庶之别,之所以要明确无误地记载在《礼经》上,就是为了避免嫌疑,明辨是非,使让人犹豫的事情得到确定。"话讲到这份儿上了,但孝宗还是装糊涂,只从道德原则的层面对他表示认同,频频点头说:"重视嫡长子,讲的就是这个啊!"却在具体措施上没有松口。事关自己女儿的大事,钱端礼怎么肯就此放过孝宗?他首先搬出孝宗最敬畏的高宗说:"初二的那天,我去德寿宫诣见,太上皇帝对我宣谕道:'皇嫡孙出生,与其他事体不同,是由于你们主上有圣孝才招引来的,你们要好好地行贺礼呀。'臣于是具奏,准备于初五日就上表称贺。但昨天王淮却拿着白札子来,说定嫡长的标准应该是'年均以长,义均择贤',因此申请让礼部、太常寺会商,为恭王的皇长嫡孙行典礼。"孝宗终于开始不高兴了。他说:"这又是什么话!这根本不是他应该说的。"虞允文当时刚被任命为参知政事兼同知枢密院事,也属于宰执之一,这时也忍不住说:"祭礼不入旁支与庶出之家,可见圣人制定礼仪的深意啊。"他认为恭王毕竟是排行第三,只能算作旁支,他的孩子不能被称为皇长嫡孙,因此没资格按长子嫡孙的规格论贺仪。钱端礼又进一步针对王淮批评道:"王淮作为王府的讲读官,本应该以正论辅导皇子,不应该讲出这类邪僻的话。"孝宗也认为王淮这样做容易启发皇子的"邪心",使他有非分之想。因此,王淮被贬出外,诏书中所说的原因正是说他"倾邪不正,有违《礼经》"。

这件风波迫使孝宗下定了决心。到同年的八月,长子赵愭终于被立为皇太子,到第二年七月,皇太子的儿子被称皇嫡孙,赐名为挺,特意封其为福建观察使、荣国公;恭王的儿子被称为皇孙,赐名挺,只任命为左千牛卫大将军。至此,恭王赵惇夫妇与其长兄围绕孩子们的名分之争暂时画上了句号。

但平静的日子过了没多久。仅仅在皇嫡孙、皇孙的名分定下来后一年,也就是乾道三年八月份的时候,皇太子赵愭就得了痎夏伤暑病。其实这个病的征兆在乾道三年春天已经出现了。当时太子一般要负责主持一些祭献活动。那年春天的某个国忌日,宰相陈俊卿陪同太子去原庙上香。当天恰逢补试的士子入院应考。而原庙出来的那条路正是士子入贡院的必经之路。宋代的贡士一向天不怕地不怕,所谓"能言天下事而无所忌"。陈俊卿是个老滑头了,早就知道不能冲撞这些人,于是从原庙出来后,叫随从绕路避开这些年轻人。但太子却不知道这一层,出庙后正与这些士子迎面碰上。士子们急着赶考,根本不会避让太子的车驾,搞得太子的车驾动弹不得,于是跟从的执金吾就举杖呵斥清道,结果激起应试士子与太子卫队的冲突,一众士子围住太子车队,把执金吾拿着的梃杖都折断了,又围住太子的车"发喊雷动"。太子何时见过这样的阵势?于是"惊愕得疾",从此身体就不太好了。到了当年七月,旧病未痊的太子又得了这个痎夏伤暑病。这种病的症状主要是倦怠嗜卧、低热,没有胃口,一般等到夏季过后,病情可自行改善。但又有一类痎夏病是中暑的先兆,若进一步发展可致中暑。皇太子的情况也许是属于后者。因为他得此病后,病情发展非常迅速。当时所说就是因东宫医官误诊,吃药后病情反而很快加剧。这件事马上惊动了高宗。太上皇赵构、太上皇后吴氏与孝宗三人都赶去东宫看他,孝宗又忧虑又害怕,连忙宣布大赦天下,为皇太子祈福,而赵构则火速诏令他最信任的王继先进宫诊治。这时王继先已经被赵构贬出临安去福州安置好几年了。没等到王继先到达,皇太子在发病三天后即死亡,终年才二十四岁,留下了两个幼小的儿子赵挻、赵摺。

孝宗这一年刚好四十岁。十几天前,他的夏皇后刚刚去世,现在又失去了太子,中年丧偶又丧子,这段时间他一定十分哀伤与失落了。他亲自为儿子发丧举哀,为赵愭定谥号为"庄文",葬礼极为隆重。

二、"英武类己"的恭王

太子去世后,东宫再次虚位。孝宗的儿子就只剩下二人,但尚有可能争太子之位的却是三人。若按封建礼法,应当继立为皇太子的是孝宗的次子庆王赵恺。他生于绍兴十五年(1145),当时已经22岁,有一子赵摅。也就是说这一支系已经有了第三代。这本是最有竞争力的一系。其次还有孝宗的三子恭王赵惇,时年20岁,但其长子赵挺当时已经去世。第三还有已故庄文太子的嫡长子赵挻。在历史上,皇嫡长孙直接继大位也并不是没有先例的,关键取决于孝宗的抉择。因此赵挻还有竞争的可能性。而且,庄文太子去世后,太子妃钱氏,也就是钱端礼的女儿与她的儿子赵挻还在东宫居住了近三年,这似乎也反映了孝宗的某些考虑。

只是,皇嫡孙毕竟还小,以宋代宗室的成活率来看,他能否活到成年还是个问题,因此对于两位已经成年的皇子来说,他夺储的风险较小。庆王与恭王之间谁更适合为君?按《宋史》所说,庆王赵恺"性宽厚",孝宗"雅爱之"。而恭王一家,由于与曾经的邓王一家产生过争立皇嫡长孙风波,他们自己都知道孝宗已经通过贬斥王府讲读官的方式对他们表达过不满与警告,此后一度比较谨慎,但现在太子去世,他们又开始蠢蠢欲动起来。孝宗到底更喜欢谁呢?他会选谁呢?这个疑问,孝宗看来不打算太快揭开。

乾道六年（1170）开春的时候天气有些异常，正月间临安就遭到大雨雷电的袭击，之后又变为大雨夹雪。左谏议大夫陈良翰就上书，说这是因为东宫未建的感应。孝宗"嘉纳"，也就是纳谏并嘉奖了他，但是此后再无动静。接着，又有臣僚议论朝廷是否应当把皇嫡孙迁出皇宫的问题。当时的左相陈俊卿向秘书监李焘说起这件事。李焘是一位杰出的史学家，他马上想起了南朝梁武帝的太子萧统也就是昭明太子死后，皇孙没有继而为皇储，梁武帝的二儿子反叛，最后三儿子被立为太子的事情，对陈俊卿作了某些提醒，陈俊卿"愕然而止"，没有对皇帝提及这件事。但从这件事也可见，即使是不足六岁的皇孙，当时也已经被卷入了立储之争当中，当事之人上自皇子皇孙，下至普通大臣，面对这样敏感的话题，谁也不敢随便表明态度，否则就容易招致后患。这正是储位空悬给朝政带来的不确定性。

五月之后，陈俊卿被罢出外，虞允文独相。到六月份，朝臣又有人提起搬走皇孙的事。可见这一提议背后的势力一直不肯罢休，并且能量巨大。虞允文也知道此事关系重大，于是说："如果我见到皇上，说起这件事，我也不会表明态度，只说这是皇上家事，不应问外人，就可以了。"其实他心里已经打定主意要辅助孝宗把建储问题解决好。

乾道六年六月，孝宗以知枢密院府为庄文太子外第，让庄文太子妃钱氏与孩子搬出皇宫到外第处居住，赵挺被立的可能性就被宣布几乎不存在了。七月二十七日，太史奏此前一夜的异常星象。占卜的大臣说，这是主立太子的星象。过了几天，虞允文在朝会后申请留下奏事。一直等到三省、枢密院的公事办完，群臣退出后，虞允文与孝宗又讨论完朝中大事，尤其是提及金人签发两河百姓及女真人当兵的事，然后才说到立太子的事："臣连日涤虑清心,就等着今天这个吉日。有一件事,可能会干犯皇上您的雷霆之威的,但事关重大,不得不万死不辞,也要对您说。"孝宗连忙问是何事。虞允文说:"自古人君即位一两年后,就一定会建立皇储以隆万世之统,以让四海之人安心。所以古语有云:太子,国之本也。国本若能正,则万事都会能治理得井井有条。何况今日皇上您正准备做大有为之事,如果万一金人败盟,两淮重新陷入兵连祸结的境地,皇上的车驾就必然需要随之而动,那么到时镇抚诸军、朝中监国的责任,可以找谁来负呢?如果到时临时仓促决定,说不定会找到不如意的人选。而且,陛下在位已经将近十年,而储位空悬,朝中士大夫都迟疑忧虑,只是不敢说而已了。臣蒙陛下大恩,受陛下付以心腹之托,今日之事,没有比这个事更大、更急的了。前些天的星象,也是主册立太子。这是上天仁爱,为昭示了对陛下的期望啊!希望陛下上顺天心,下从人望,及早作出圣断啊!"他说得条条在理。而且,宰相在宋代本来就负有关心皇位继承人问题的特殊使命的,因此孝宗听了,并没有表现出不高兴。他欣然道:"朕已经有这个意思很久了,我其实也已经下定了主意,有了心目中的人选。只是怕我立了太子后,他会骄傲放纵,不再勤学,慢慢出现失德的事,这就麻烦了。这才是我忧虑的。所以我想让他先多历练世务,多学点东西,才定他的储位,这样才不会后悔啊。"

其实,只要对两位皇子的个性有所了解,听了孝宗的话,就知道他所指的这个人是谁了。虞允文见状劝他道:"如果陛下担心太子容易骄傲,其实也不难。只要谨慎选择东宫官,让太子天天听到、看到的都是正直的言行,年深日久,自然不会行差踏错了。而且如果早日立储,太子还可以就势搬入皇宫，常在陛下左右，每天看到陛下您是如何处理朝政的，有您的亲自垂范，自然就决不会走偏，也自然就有了历练了。如果早日建储，太子的成就一定比把他晾在外面蕃邸要大得多。"

虞允文已经讲得很清楚了，但孝宗还只是推搪："最近还是有些更急迫的事情，过些日子吧？过些日子与你再在选德殿慢慢商量。"虞允文只好再三叮嘱孝宗要抓紧，孝宗就安慰他说，旬日间就会找他了。

虞允文回去后，果然算着日子。他这次与孝宗的对话是在八月三日，到八月二十五日，恰逢孝宗宣召他，他又对孝宗提起这事儿，并说，今天已经过了您所说的"旬日"了，却还没等到消息，"臣实在是又担忧又恐惧"。孝宗又推托说秋天来了，初冬金人的使节会来，又得有一番礼数，所以不如在郊祭行礼前后，再降旨立储，"你看怎么样？"说是问虞允文意见，但虞允文又能怎么样？他只好也表示赞成等到十一月初郊祭的时候再定。

好不容易等到郊祭的日子，孝宗终于留下虞允文，说要与他商量立谁为太子。虞允文连忙说："这是陛下的家事，臣不应该表达意见的。臣不敢远引汉唐故事了，就光是太宗时议立太子之事，就曾有大臣被贬蹿岭南呢。后来太宗和寇准还朝说这件事，寇准还对太宗说：'这事，不可问宫内人；不可问宦官；不可问大臣，惟有陛下自己才可以独断而行。'太宗再追问他，襄王可不可以，寇准回了一句：'知子莫若父，若陛下认为可以，就请陛下早些降旨，把这件事定下来。'"但既然孝宗已经透露出要立三儿子的打算，久历官场的虞允文岂不会顺水推舟，为孝宗找个支持这一决定的典故，当个人情呢？当下他就不动声色地说："臣曾读国史，太宗有八个儿子，真宗排第三。寇准并没倾向，只是催促太宗自己决定罢了。太宗英断一发，千百世下来谁都不会有异议。今日臣卷卷忠诚，也是这样希望陛下的。"看看，虞允文身为宰相，他就坚决不表态支持任何一个人，却又特意为孝宗带了一句：真宗排行第三。这番操作的水平和那些急吼吼提出要皇嫡孙搬出宫的大臣相比，简直判若云泥。

但孝宗又推说，此前的确说过郊祭后商议，但这指的只是郊祭后再与你商量。至于立太子，可以和为太上皇帝与太上皇后上尊号的日子一起，定在初春。一番话说得虞允文极其无奈，只好又说："陛下想要初春的时候立太子，臣谨奉诏，希望到时陛下不要再变卦了。"孝宗连声答应，保证两宫上尊号的大礼之后就着手办这件事。见虞允文忧心忡忡的样子，对他开玩笑说："我家接连几件好事，都是丞相你办成了！"

就这样，拖着拖着，孝宗把这件事拖到了乾道七年的正月初一。孝宗为太上皇、太上皇后加尊号的典礼完毕后，虞允文又找到了孝宗。孝宗都被他弄得哭笑不得，只好说："丞相居然替我留意此事到如此地步！"于是他说决定在中春上旬，也就是二月上旬，择日行礼。迟疑了一下，孝宗又对虞允文说："还有一件事。又有一种说法，说朕如果立了太子，那么另一亲王就得出镇外藩。不知道本朝在这方面有什么典故呢？"意思其实是不太情愿把另一位皇子放到外地去。虞允文说："陛下您只有两位大王，如果立了其中一位为太子，而另一亲王却仍然留在府邸侍奉在陛下左右的话，本朝还真没有这个先例呢。"孝宗还不死心，说："我的考虑很深远的，你先在唐和之前的朝代仔细帮我找找，择日把意见拟上来吧。"从孝宗的这一个要求，其实已经可以看出他对那个"另一位皇子"的关爱之情。只是内中的不得已就更难以为外人道了。

到一月十四日，虞允文果然详细草拟了关于立太子、安置另一位亲王的意见进呈皇帝。但可惜的是，这一天君臣间的讨论记录却偏偏缺失了。由于孝宗对于太子人选的问题已经早有想法，因此虞允文关于册立太子的问题就仅仅是揭晓人选与程序细节的商议而已。但孝宗为什么想要留另一皇子在身边，而后来为什么又放弃了这一打算？如果结合乾道五年五月虞允文见孝宗后，皇嫡孙被安排出宫，以及这一天之后，孝宗放弃了要把赵恺留在临安的打算，那么虞允文在立储一事上到底起了什么作用？这些能帮助我们猜测那些前因后果的关键信息却没有了。

十天之后，虞允文呈上了他草拟的进立太子御札。立储之事终于大体定了下来。

在这期间，发生了一件耐人寻味的事情。本来，从宰相拟好立皇太子的御札到太子人选正式公布以前，这件事情都属于朝廷机密。但就在虞允文进呈御札之后，适逢一名叫高祚的官员要离开临安去四川任职，其路线将会经过恭王的妻子李氏的父亲李道管辖的荆南府，恭王妃的哥哥李范托他传话给王妃的父亲李道，说："三大王（也就是恭王）说，丞相已经派遣心腹来报，储议已定，大人的官职可以不用担心了。"这件事完全可以说明虞允文在立储一事上的倾向性了。孝宗如果知道了不知道作何感想？从虞允文所引太宗朝的往事可见，他自己也知道大臣插足立储、交通皇储一事风险非常大，而且他从政多年的所作所为也早已说明他并不是那种阿谀奉承、贪冒名利的人，那么他为什么最后还是成了为恭王效力的一员？他是从什么时候与恭王建立这种秘密联系的？他对孝宗反复催请早日建储是出于自己身为丞相的公心还是出于为恭王奔走的私心？这些现在都已无从知晓。但从这件看似不起眼的"小事"中唯一可以确定的就是，早在孝宗宣布建储人选以前，恭王的势力已经渗透到包括宰执在内的朝廷诸层面。恭王府谋求成为太子的积极性无疑极高。

这件事情本身的主角——孝宗的态度反而显得非常迟疑。史载他为了这一次立储，"迟回者数岁"。由此我们不禁会奇怪，孝宗究竟在等什么呢？他为什么会一度想要留另一位亲王在身边呢？关于这一点，可能需要回过头来看看在第一任太子去世后的乾道四年前后，也就是影响孝宗倾向的最关键时刻，恭王府发生过什么事。

乾道四年（1168）十月十九日，恭王的次子赵扩出生。不久，宫禁之内一则奇谈不胫而走：恭王夫人李氏生赵扩以前，梦见一个大太阳坠向庭园，她于是伸手去接它，不久发现自己有了身孕。在传统社会，太阳象征君主，在宋代，君王又宣传自己是承火德，因此梦见太阳而感孕、出生或登基前时赤光环绕之类，都是君主降生的重要吉兆。如太祖的出生传说中就有其母"梦日入怀而娠"，生产的时候"赤光绕室，异香经宿"等异象；陈桥兵变前，则是天上出现"日下复有一日"的奇怪天象。宋太宗出生时同样"赤光上腾如火，闾巷闻有异香"。此后，梦见太阳，出生时有红光、有香味，似乎成了宋代皇帝的标配，真宗、英宗等北宋皇帝的出生异象都是类似。南宋第一位皇帝高宗，虽然是并不受宠的韦氏所生，但也同样造了"赤光照室"的异象。此外，在登基前，他的驻地济州城，也出现百姓说红光冲天的景象。也就是说，宋代帝王通常是以感孕、出生时异象等神迹来渲染自己作为真命天子的身份。但这些异象，通常都是当事人当了皇帝之后自我塑造或是被臣下塑造的。像李氏这样王子一出生就宣称自己是受太阳感孕，这在当时来说，还是非常大胆的。但若我们知道这位李氏的来历，可能就更能理解她的行为了。

这位后来被称为"慈懿皇后"的李氏，是相州安阳人（今属河南）。她的父亲李道在北宋末与哥哥李旺一起聚众起事，成为两河众多"土贼"首领之一。正如第一章中所说，这些被称为"盗贼"的百姓，其实往往是在金军或腐败的官府压迫下，实在过不下去了才聚众为贼，因此一旦遇到金兵，他们中的很多人又会成为保卫自己家园的义军。适逢当时的东京留守宗泽联结两河义军抗金，他们就被收编。只是他们毕竟是作乱的百姓出身，一开始未受到过严格的军法训练，因此其兄李旺因犯事而被宗泽处死，而李道则接管了其兄的部队。宗泽去世后，李道带兵归附了襄阳镇抚使桑仲。桑仲的这个襄阳镇抚使，其实是他自己打下地盘后向赵构朝廷要来的。当时两河地区是宋金交锋的前线，各地将领又多为义军或者盗贼转化而成，因此周游在宋、金、伪齐之间，或降或叛。桑仲曾是杜充麾下将领，建炎三年（1129），桑仲转移到唐州，其众渐盛，自光化军（今湖北光化西北）南下，受京西制置使程千秋招纳，屯于襄阳。后因程千秋无端生疑，杀死其好友徐彦，桑仲反击，程千秋自金州（今陕西安康）逃往川蜀，于是桑仲就独占了襄阳、均州（今湖北均县）、房州（今湖北房县）等地方。而其时南宋初建，羽翼未成，还得靠着这些地方势力，或是抵挡金兵，或是平定叛乱，因此对桑仲这样的军阀也只好通过封官来讨好与利用他们。李道投奔桑仲后，桑仲即时任命他为副都统制兼知随州，然后才禀奏朝廷，朝廷也无可奈何，只好按桑仲的要求，授予李道为武义郎、阁门宣赞舍人。

桑仲一部，一方面在为朝廷对抗伪齐的过程中立下不少功劳，但另一方面也在不断扩充自己地盘的过程中与官军产生了矛盾，如他们就曾试图入川，与其老上司、"八字军"首领王彦对抗过。后来，桑仲为部下霍明所杀，李道非常气愤，于是与统制李横披麻戴孝，率兵在郢州（今属湖北武汉）围住了霍明的部队。

从恭王妃李氏的父亲李道这样的经历来看，她家其实是起于群盗的草莽英雄，只是李道在感情上比较亲近南宋，不像其他军阀那样时叛时降。如当时伪齐的皇帝刘豫曾派人招降他，他没有听从，反而把刘豫派来的使者抓了，得到了朝廷的嘉奖。接着他又大破过来攻击他的刘豫的军队，于是又被朝廷任命为邓、随州镇抚使兼知邓州。之后，他一边接受朝廷的封官，一边火并其他军阀，势力逐渐扩充，后来还一度被归入岳飞麾下，累积军功至承宣使、御前诸军统制。后因破杨再兴等盗贼，得以"落阶官"，也就是由承宣使的荣誉称号改为正任的承宣使。大约就是在这个时候，李道遇到了一个"贵人"，这个人名为皇甫坦。

这个皇甫坦不简单。他本是四川地区夹江人，善医术。早年高宗生母韦太后得了眼病，非常痛苦，御医轮番用药都毫无效果，高宗为她到宫外遍访名医，临安守臣张俦就把皇甫坦推荐给高宗。高宗马上召见他，还问他如何养生。皇甫坦讲了一番话，说什么"心无为则身安，人主无为则天下治"。但这并不是什么玄奥的话，高宗当时听了，估计也不会觉得他很高深莫测，于是将信将疑地把他送去为太后诊病。谁知此人在治病上的确有一手，一下子就把太后的眼病治好了。高宗这才高兴地重重赏赐他，只是他居然没有接受。这一来，更引起了高宗的敬重了，于是派遣他代自己带着香烛祭品去青城山祈福。皇甫坦完成任务回来后，高宗又召见他，问他健康长寿之术。皇甫坦说："只要先禁欲，不要放逸。所谓丹经万卷，不如守一。"高宗表示叹服，于是手书"清静"两个字作为他的庵舍的名字，又把他的画像挂在大内以便时时观看。后来，高宗对皇甫坦的看法又影响了孝宗。隆兴初年，皇甫坦再次入朝，而高宗、孝宗则时时向他请教，两人对皇甫坦都只称先生而不直呼其名，可见他俩对皇甫坦的敬重。

正是这样一个令高宗、孝宗都十分信服的人，却与李道的交情非常好。据说皇甫坦每年都会谒见李道。当时，李道戍守在荆湖北路的治所荆南府，因为知道皇甫坦善于为人看相，有一次就把三个女儿都领出来拜见皇甫坦，希望他能预测一下三人的前途。看到李家的大女儿与小女儿时，皇甫坦都没有什么异常，但当见到二女儿李凤娘，皇甫坦马上显得很惊讶的样子，连忙称自己不敢受李凤娘之拜，还说："这女子日后必然会母仪天下！"李道与李凤娘一听，不禁暗暗欢喜。

李道非常相信民间信仰里的那些神迹、异象之类的东西。他早年驻扎随州时就曾请求朝廷为随州的本地神祇加封。他说金兵侵犯本州的时候，由于神祇显灵，使得这次侵犯失败，金兵逃走了。后来因为收复随州时随州已经久旱，他去祈祷这些随州大洪山上的神祇，神祇们再次显灵，天降大雨。

据说这个李家二女儿在出生的时候也有异象。她是在李道的军营里出生的，生下来的时候，军营前面的石头上就有黑凤聚集在那里，李道觉得很奇怪，所以才会为她起名字叫凤娘。李道听皇甫坦说自己二女儿凤娘日后会大贵，肯定也与他分享了凤娘的出生祥瑞。于是，皇甫坦再次去见高宗的时候，高宗问他何为而来，他就兴冲冲地说："做媒来！臣为陛下寻得一个好媳妇了。"此时正值高宗、孝宗要为恭王物色王妃人选，于是李凤娘被召入宫待选。

同时入宫待选的还有当时的皇太子妃钱氏之妹，她的父亲是两知临安府的钱端礼。宫禁内外之人都看好钱氏之妹，但高宗因为笃信皇甫坦的相术，最后把李凤娘聘为恭王妃。当然，从皇甫坦与李家的交往，及李氏日后的表现来看，并不能排除这样的"神迹"是李家与皇甫坦一起塑造出来的，而凤娘出生时李道所见的"凤"，也有可能是当时的一种叫"鷟鹭"的鸟，因为宋人叶绍翁在记录李氏这次出生异象的时候，就加了一句："人说是凤，其实是鷟鹭。"而按后来明朝时李时珍在《本草纲目》中的记载，这种鸟像野鸭，但比野鸭大，有红色的眼，还有像凤毛一样的纹彩。如此奇异的长相，被当时的人误会为凤也就不足为怪了。

正因为恭王妃李凤娘的出身、经历与北宋政权稳定以后历朝的宫室女性有如此大的不同，因此她的行事作风也就与皇室格格不入。首先，李氏一家对利用神迹去推动自己的计划毫无心理压力。而且他们所面对的皇帝也与哲宗时期不一样。高宗本身就是需要利用神迹去塑造自己天子形象、巩固帝位的人，他对皇甫坦这类道士接受度很高，因此对李氏所传播的神迹也有相信的心理基础。其次，李氏出身于将门，而且还是由"盗贼"起家的将门，她的文化程度大体不会太高，因此她对宫廷内的规矩，或者说在宫廷斗争中普遍要做的表面功夫，会相对不太在意。这使她显得特别有野心，争起权来就特别直接。这种个性使她不但毫不忌惮地宣扬她生孩子时的神迹，也为她日后意欲主导自己与丈夫赵惇的宫廷生活埋下伏笔。

此外，如果留意到李氏被选为王妃的记录就可以发现，李妃的被选，又是高宗在起作用。至此，两个亲王的王妃中，恭王妃是由高宗亲自拣选，这相当于通过恭王的妃子李氏，建立了自己对恭王的影响力。由此就基本上解释了为什么孝宗会一边"雅爱"庆王，而另一边却只能选恭王为太子；也解释了他为什么要拖延立太子之事如此之久。

乾道七年二月七日，朝廷对外宣示了立储的人选，当日锁学士院，由翰林学士连夜起草册立恭王为皇太子以及加封庆王的制书。这一晚还发生一件事，可以看出高宗对立储一事介入之深。

史载"宪圣于二王中，独导孝宗以光皇为储位"，所说的"宪圣"，指的是太上皇后吴氏。但这明显是托指。因为就在二月七日学士草制那天晚上，太上皇高宗特意召庆王进德寿宫住一个晚上。德寿宫成为太上皇的住处后，孝宗规定自己每月四次过德寿宫起居，而宰相则每月初二、十六日两天也要率领文武百官和亲王过德寿宫奉起居。但这个队伍非常浩荡，百官奔走在车马之间，到德寿宫后又有各种礼仪，作为皇孙的庆王赵恺基本上是不会有机会和自己的爷爷说话的。因此庆王听说太上皇召他去德寿宫，不但赐宴，还可留宿，有点受宠若惊，完全不知道这其实是高宗为防不测而走出的一步棋。

第二天，孝宗御文德殿，宣布立皇太子，接着就宣布晋封庆王赵恺为魏王，出判宁国府（今安徽宣城）。这时赵恺还在陪着祖父在德寿宫的亭台园榭间畅玩，完全不知道朝堂之上已经发生改变其命运的重大变化，当然更不知道这将是自己最后一次与临安的家人畅聚了。等他回到王府接到麻制，知道自己要到宣城赴任，这才明白了一切。

不久后，赵恺入德寿宫拜见高宗，也禁不住有点埋怨之意，对高宗说："翁翁留下恺，却原来使三弟越次做了皇太子。"可见他其实非常清楚，真正使自己失去太子之位的人是谁。史书上所说的"宪圣独导"，还有孝宗所说的恭王"英武类己"，而庆王秉性宽慈，不利于宗社大计之类说辞，其实不过是为掩饰高宗插手立嗣的痕迹而已。高宗其时倚老卖老，假意劝慰他道："傻孩子，你以为皇帝好做的呀？真让你做皇帝，你就知道烦恼啦！"事已至此，赵恺不得不收拾行装，准备离开临安。

赵恺的父皇孝宗深深意识到，弃长立幼实在是委屈了赵恺，所以对他的出镇特别加恩。一是加赵恺为雄武、保宁军节度使，进封魏王，判宁国府；二是逐步加赵恺正妻华国夫人韦氏为韩、魏两国夫人，以表示优礼；三是特赐黄金三千两、银子一万两。乾道七年（1171）三月四日，孝宗特意命宰执在玉津园设宴饯别赵恺。五年前，也是在春天，那时赵恺的大哥还在，父亲带着他们兄弟三人共赴玉津园宴射，父子兄弟其乐融融。但仅仅五年之后，却是大哥已死，弟弟成了太子，而自己则被迫离开国都。按宋朝宗室的规矩，亲王无事不可随便回京城，因此，这一次离开，想要回来就难了。无论他争夺储位的意愿强弱，他现在都已经是立储之争的失败者，等待他的是未知的命运，有意愿、有能力维护他的可能只有他的父皇了。倍感无助的赵恺登上了送他的车驾，回头望着宰相虞允文。也许是移情的作用，他忽然对虞允文冲口而出："更望相公保全！"

车驾渐行渐远，坐在车上的赵恺也许也逐渐承认了现实，理清了思路。他决意就认真做他的"判宁国府"，通过造福地方来实现自我价值，留下属于自己的名声。这种选择对于亲王来说真的是一个异类。因为在宋代，作为皇帝兄弟子侄的亲王的地位非常尴尬，试图对皇帝有所不轨的大臣会主动接近他们，而为了防止他们有夺取政权的机会，宋朝还有一整套的法规禁止亲王拥有实权，皇子不会被授予实质性的政治军事职务，也不会统领军队与管辖府州。虽然这些禁令在南宋有所松弛，但为了不引起在位皇帝的疑虑与防范，证明自己没有政治野心，亲王们不是以声色犬马为业，营造自己放荡的形象，就是通过钻研学问与艺术来消磨时光。但魏王赵恺却决心以治民为己任，确实少有。

到了他所出镇的宁国府，魏王府长史和司马两名随员就按惯例准备分工治理宁国府，说到时魏王只要"受成"就行。也就是说，其实宋代的亲王名义上是"判府"，位高权重，实际上却只是个橡皮图章。但赵恺对此却有自己的看法。他对两人说："我被任命为判府，现在却事事由你们代办，那不是置我于无用之地吗？何况这样一来，等于一郡有了三个判府，本府臣民将无所适从。"于是安排长史、司马分管财政、司法的事务，遇事草拟意见进呈给赵恺，而赵恺则负责最终的拍板。这样一来，赵恺成了宁国府真正的主管官员。此后，他持续究心民事，为本地士人申请增加贡额，也就是增加宁国府科举的录取名额；又主持修复那些已经隤塌了的圩田，以增加本府可耕地面积。乾道九年（1173），户部侍郎兼枢密都承旨叶衡奉诏去核实宁国府、太平州的圩岸，回来后上报说："宁国府原有惠民、化成旧圩的堤围四十余里，新筑了九里多，全部都高耸宽广而坚实紧致，临水一带全部种植了榆树、柳树，足以抵御风涛。而且我询问过当地的农民，他们都说这些圩岸的确是很好的水利建设。"由此可见，赵恺确有一定的治才，他所行之事，也不是表面功夫。而孝宗听了也非常高兴，手诏嘉奖慰问了他。

淳熙元年，赵恺徙判明州（今浙江宁波一带），同样是勤政爱民。如他曾把自己的属邑官田的田租拿出来作为学校的办学经费，又同样留心水利与农田事业。淳熙三年（1176）时，孝宗有一通赐给赵恺的诏书，或可从中推测赵恺在明州做了些什么。诏书中说："陂湖川泽之利，或通或塞，关键是看治理的人。明州这个地方的大部分农田都由钱湖的水来灌溉。历年当地的地方官懒政，从未用心办事，导致钱湖都被杂草翳塞，失去了灌溉功能，当地的农民深受其害。而你到了当地，却能用心讲求水利，兴起工程大力浚治钱湖，使得临湖七乡的田地再无当年的干旱之患，惠泽民生，功劳不小。"孝宗对他这位二儿子的作为，大为"嘉叹"，自豪之情溢于言表。不久，明州粮食丰收，有人把本州所得的两歧麦献上来。两歧麦是中国古代的祥瑞之一，意思是一根麦长两个麦穗。这些"变异品种"在典籍中有个专有名词——"嘉禾"。《宋书·符瑞志》中就说过："嘉禾，五谷之长，王者德盛，则二苗共秀。"因此这个两歧麦的祥瑞是"王者德盛"的反映。因此赵恺就叫人把这支两歧麦绘了图，进献给父皇。孝宗又手诏嘉奖他说："你勤劳劝课农桑，使得当地农民不再游荡懒惰，现在获得瑞麦的应验，正是你应得的呀！"于是加赵恺为荆南、集庆军节度使，行江陵尹，不久又改为永兴、成德军节度使、扬州牧。这些都意味着荣誉与俸禄的提升。

孝宗除了时时留心赵恺在地方上的情况，他还特意为赵恺的魏王府破例增辟僚属。如王府记室参军一职，南宋开始后就从未设置过。但自从赵恺出判地方，孝宗就为他设置了两人，叙位在各州的通判之上。而且据史书所载,当时为赵恺所挑选的人都是一时之选,根本不是普通的州通判这样的职官可比,可谓低职高配,这很明显能感受到孝宗想要弥补自己无法亲自陪伴、指导自己儿子的慈父心态。

如果赵恺的生命能延续到孝宗去世,这位颇有治理才能,又备受其父关爱的亲王的命运不知道会如何。但这一切的猜测与可能性,都随着这位亲王的去世而截止了。淳熙七年(1180),年仅三十五岁的魏王得病薨于明州。当地父老建祠立碑纪念他,而他的父皇则捧着他的遗表泪如雨下。悲痛之余,孝宗也许会感觉到些许的放松。毕竟,对于这个儿子,他是有愧疚之心的。没能让他当上太子,他真不知道该拿他怎么办好,也不知道自己百年之后可以如何保护他。如今他英年早逝,他至少可以事后诸葛地自我安慰:"啊,我当年之所以越次建储,正是因为早就知道这孩子稍微有些福薄啊!"

赵恺出判地方的这些年,眼见父皇持续不断地夸奖、赏赐自己的兄长,不知道太子赵惇心里有没有埋下妒嫉之刺?早在乾道九年(1173)时,赵惇的另一位竞争者,皇嫡孙荣国公赵挺已经去世,现在,魏王也去世,赵惇估计也会为此松一口气。他终于熬过了所有竞争者,其太子地位已经无人可以挑战。

三、等了十八年

多年以后,赵惇坐上皇位的那天,大臣们按例要写一些歌功颂德的诗,进奉给新君。有位臣僚的诗中写道:"乍从黄伞窥天表,愈觉英姿似寿皇。"因为当时孝宗的尊号是寿皇圣帝,因此这首诗的意思是赞美黄伞盖下新皇帝的龙颜，说新皇帝的英姿越看越像他的父亲寿皇圣帝。可见赵惇至少在外表上应该是比较像他的父亲的。然而，这位太子及日后的皇帝，在行事为人、在治国理政方面的风格可比乃父吗？

南宋太子所住的东宫，一开始在大内南门丽正门内一处浅窄的地方。孝宗为太子时在此住过十几天，后来他的大儿子赵愭做太子后搬了进去，赵愭去世后，太子妃钱氏带着皇嫡孙在那里住过几年。现在赵惇成了太子，孝宗似乎想为他另外找一区宫殿作为东宫，于是要求宰臣们帮赵惇在皇宫里找一处空闲不用的宫殿，修葺成新的东宫。从此，赵惇就重新和他的父亲住在一处，开始每日晨昏定省、求学问道的生活。从乾道七年（1171）二月被立为皇太子，到淳熙十六年（1189）年二月二日受内禅即皇帝位，这样的生活，赵惇一过就是十八年。要知道，他在被立为太子的时候，已经24岁，是两个孩子的父亲了。被立为太子相当于规定了他人生的唯一意义，就是被培养成为合格的皇帝。作为一个已经成年的太子，在这漫长的等待岁月里，他都做了些什么呢？

当然，学习是第一要务。

就在册立太子的同一个月，孝宗就找来辅臣们，与他们商议太子的老师问题。他先是对宰辅们讲了他的想法，认为"应该要为他多设僚属，专门挑选那些忠良之臣来做他的伴，使他的前后左右都是正人"，这样太子在耳濡目染之下，才能进步。于是就问及太子属官的员额的问题。虞允文等奏道："一般来说，有太子詹事二人，庶子、谕德兼讲读共二人。"孝宗觉得不够。他说："应该增加两员。你们谁有适合的人选呀？"虞允文说："恭王府里本身就有讲读官李彦颖和刘焞两个人。"孝宗说："刘焞有学问，李彦颖品德高，都挺好。卿等为朕再多挑选几个人吧。"后来，宰相们就帮孝宗选了王十朋和陈良翰。王十朋在绍兴二十七年（1157）的策论中重新解释"揽权中兴"的道理，宋高宗亲擢为进士第一，据说他能指陈时事，斥责权倖时又无所回避与隐瞒，实为一时名臣。陈良翰是绍兴五年（1135）进士，当年也曾是力主恢复之臣。孝宗对虞允文的眼光比较满意，说："嗯，这两个人都很好！王十朋以前就做过皇孙们的小学教授，性格极其疏快，只是有时行事固执。"虞允文笑道："太子宾僚没什么事需要来决策的，天天只是议论文学而已，固执也无所谓了。"孝宗一想也是。再三商量之后，定下了太子的属僚。其中太子詹事一职，从来都是由朝臣兼任的，但这次孝宗要求以敷文阁直学士王十朋、敷文阁待制陈良翰都专职为太子詹事，不兼其他官，这在宋代是仅见的安排。另外，李彦颖兼东宫的谕德兼侍讲，而刘焞则为国子司业兼侍读。当时陈良翰已经奉祠居家，现在为了让他疾速赴任，还特意要求沿途州县礼遇陈良翰，提供一切便利让他可以迅速通行。从孝宗为了帮皇太子选东宫官所费的周章，完全可看出孝宗这个父亲对培养赵惇的上心。

先后曾任太子东宫官的，有不少是富有学识而且人品正直的人，在光宗朝仍发挥着重要作用。像尤袤、杨万里这些名家就不在话下，此外如葛邲，曾任东宫僚属八年，在光宗初年曾劝他效法孝宗，正风俗，节财用，振士气，执中道，恤民力，选将帅，收人才，择监司，明法令，后来在绍熙四年时也一度任宰执。

除了父皇所属意的人选，太子自己也挑选自己敬重的人来任自己的老师。光宗朝的宰相留正，在孝宗时尚是权中书舍人。一天，赵惇去朝见父皇时看到了在外侍立的留正，就对随行的人感叹道："这人修整到这种地步，可知平日里有多老成持重了。"马上向父皇申请任命他为东宫官，留正因此被命兼太子左谕德。

杨万里也是间接因为皇太子的态度而被选中为东宫官的。淳熙十二年，杨万里上封言事，内容纵论天灾、地震、敌情、边防、君德和国势等，这些文字传入东宫，皇太子听了绝口称赞。孝宗没立即表态，但几个月后就让杨万里出任东宫侍读。

那太子赵惇跟着这些名家高士，到底学了些什么呢？

首先当然是学习经书。孝宗对这个是经常关心和询问的。乾道九年（1173），也就是赵惇被册立为太子后两年，当时的太子詹事李彦颖奏上孝宗，说到太子的学业问题。他说从赵惇还是恭王的时候自己就进入王府任直讲，为他讲《尚书》，到他成为太子后，还在讲《尚书》，整整讲了四年才完成。如今他为太子讲的是《周易》，也才讲了三分之一。也就是说，每一本儒家经典大概要三四年才能讲完。他觉得这样太慢了，或者说，太子的功课太少了。他说，现在太子宫中的官僚已经大致完备，人数是够的，但只有那些经过三省选授，也就是"堂除"的官员才有资格为太子讲课，而那些由吏部选授，也就是"铨选"而来的官员却只能坐在旁边，真的是"陪太子读书"了，这不是浪费人力吗？所以他建议让那些官员也为太子讲讲课，这样太子也好每天多学一些东西，进步快些。孝宗听了觉得很有道理，马上下诏，让太子谕德兼讲官，加讲《礼记》。

除了儒家经典，太子也读一些历史类的书。淳熙三年（1176），孝宗又把史学家袁枢刚编成的《通鉴纪事本末》颁赐东宫，让皇太子将这部史书与陆贽的奏议一起熟读，并语重心长地告诫说："治道尽于此矣！"看到父亲这么重视本朝史家的著作，赵惇自己也会找一些来读。淳熙四年时，他读到一部《唐鉴》，觉得范祖禹学问纯正、议论精确，便让讲官为他增讲这部史书。孝宗顺势还赐他《骨鲠集》，说这是开国以来历朝元老的奏疏汇编，让他仔细阅读。以史为鉴，兼读谏诤之语，体现孝宗希望他能成一个明君的热切期待。

杨万里在他文集的最后附上了当年为赵惇讲史、读奏议的讲稿，简直就是德育渗透的典范。但赵惇对此似乎一点都不反感，有时放学之后还留下来与老师们或继续讲论，或闲话家常，感觉师生关系非常融洽。

淳熙六年（1179）春天，孝宗带着皇太子游佑圣观。这座佑圣观其实就是原来的普安郡王府，孝宗成为皇帝后，又把它赐给了赵惇为恭王府，到赵惇搬进了东宫，这里就改建成为佑圣观。上文也说过，那里还留存着孝宗亲自教孩子时写的"富贵必从勤苦出，男儿须读五车书"两句话。将这个府邸赐给赵惇，也许亦寄托了孝宗的某些深意。不知道这样的父子同游故地的机会多不多，反正孝宗自己则是比较经常回到这里看看。两人走到明远楼前，孝宗回头问皇太子："近日《资治通鉴》已熟，还读什么书？"皇太子答道："经史都读。"孝宗告诫道："先以经为主，史也不可废。"

到淳熙七年（1180）时，孝宗对当时的右丞相赵雄说："太子资质是极好的，只是还是缺少学问。他每次派人来我这里问安，我别的什么都不说，就只是嘱咐那个来问安的人，回去告诫太子，要留心学问。"可见他对太子学习的进度似乎还是有些焦虑。

赵惇既然是孝宗所说的"英武类己"的理想人选，他的学习进度为什么那么慢呢？赵惇平日其实不只读经，还阅读史书、玩玩诗文，而这些都要耗时间。此外，读经进度慢可能还与他的性格有些关系。我们现在教过基础教育阶段的老师一定遇到过这样的学生，他们上课时经常插话，对老师讲的每一个话题都有自己的意见，如果任由这样的孩子引领课堂，也就是如果老师顺着学生提的问题不断地回答、对话，那么，这堂课往往就会在不知不觉中跑题。当然，如果是大班上课，每节课课时有限，有教学目标要完成，还有考试在前面等着，其他学生还不一定对这个孩子所讲的话题有兴趣，那么老师一定会用尽办法把话题给绕回来，也不会有机会给这些孩子掌握话题的主导权。但是，如果这学生只有一个呢？如果这课只需与学生谈经论道，而不需要考试，也没有课标要求呢？

我们可以结合赵惇在当皇子、皇太子和刚当上皇帝时与讲读官们的对话来感受一下这个学生是怎么上课的。

还在东宫的时候，他就喜欢发表很多读书感想，而且看问题的角度还和讲官不太一样。如他看完《骨鲠集》后，说自己感到大有补益，刘光祖就说，范仲淹以下奏疏都历历在目的，可见祖宗以来容纳直谏到这种地步。赵惇却说："我看了论新法的那部分。新法自然必定会成为百姓的祸害，是断断不可推行的。当时的大臣，与自己意见相同的就称之为是，与自己意见不合的就斥之为非，所以才会导致党争。"刘光祖只好顺着他的话题说："那只是因为王安石喜欢引用小人，所以祸乱天下。"赵惇接了一句："嗯，就像如蔡卞、蔡京之流就是了。"但他马上又转了个话题说："陈东也挺难得的。"相信东宫官要跟上他的思路，得有相当的水平，而且这样发散的课堂，进度肯定就不如孝宗所愿了。

经筵，也就是帝王为讲论经史而特设的御前讲席，侍讲官一般由翰林学士或其他官员充任或兼任。赵惇在淳熙十六年（1189）二月一日刚登基的第二天就命令择日开经筵，体现了他的求知若渴。

二月二十三日，经筵在迩英殿开讲。赵惇说："《立政》这一篇，大抵是讲为政要以用人为本。"讲官胡晋臣说："要信任所用的人，就不能以小人掺和进来。"这其实是《尚书·立政》想要传达的真正意思。但赵惇说："任用一个人，就不能对他抱有怀疑。"这使人不禁怀疑：皇上您和《尚书》、和讲官在同一个频道吗？

但有些时候他还是能结合自己的统治需要来理解《尚书》，体现出他有相当的独立思考能力。如《尚书·君陈》里的"斯谋斯猷，惟我后之德"一句，是君陈赞扬周公作为人臣的好品行的。赵惇说："这是后代人臣借鉴的好典范！后世的臣子，多是沽名钓誉的人。"不知道他心里想到的是谁。当讲到《君牙》里的"丕显哉文王谟，丕承哉武王烈"时，他又说："文王功业很大，而武王又能承接他的功业，可以说是'授受一道'。"这些议论，如果是孝宗听到了，当会相当欣慰。此外，他讨厌高宗、孝宗宠信近习，因此在听到《冏命》中"侍御仆从，罔匪正人"这一句的时候，不免与讲官余端礼所见略同。他说："文王和武王的高尚与智慧，就在于辨邪正。可见邪正是不可以不辨的。"余端礼说："古代的君主，一定会选择贤士大夫作为随从的人，不会只用近习。"赵惇颇为认同："士大夫是按时晋见的，并不会时时在身旁，但近习就不一样了，他们与君主是朝夕相处，所以颇能改变君主的性情。"这对于晚年一天到晚与近习厮混在一起的孝宗来说，不得不说是一剂猛药，但问题是，赵惇后来面对近习的时候，其实也好不了多少，这个下文还会提到。

　　从赵惇与他的老师们的对话可见，至少在即位之初，他仍然是保留了比较好学的性情，而且还特别有主见。而他的主张中，有些是包含了对父亲的刻意迎合，但也有些是反映了他对其父亲的不认同。而且，从他的话语之间完全可以看出来，他并非那种很听话顺服的学生，同时也并非那种长期委屈自己而受人掣肘的人。《宋史》里称赞赵惇说，当他还是恭王的时候，与讲官讨论前代之事，所说的话时出意表，连他的讲官们都自以为不及。这，也许就是孝宗所说的"英武类己"吧。就这样，每讲一经，都这样议论、发挥，这些经典又哪有很快就能讲完的道理呢？

　　皇帝与太子对儒家经典是会反复学习的。以赵惇在刚登基时的经筵内容为例。他在做太子时，已经前后听了四年的《尚书》，应该是讲得很细致了，但到即位后首次开经筵，要求讲的内容居然还是"接着讲朕在东宫时所讲的《尚书》"。可见他至少听了两遍的《尚书》了。不过，按李彦颖所说，宋真宗做太子的时候，听《尚书》居然"至七八遍"，《礼记》等书也不下四次，那么赵惇反复听《尚书》看来也不算是另类了。当时已经是光宗的赵惇似乎还很积极，不但坚持逢单日听讲的传统，即使是休假的日子里，还特命讲官进来讲读，到第二年，也就是绍熙元年（1190）的十月十二日，讲筵所还因为侍讲所讲的《尚书》将要终篇而受到赵惇的普遍嘉奖，包括宰执、侍读、侍讲、修注官在内的官员全部升一级，连讲筵所的吏员都得到"推恩"。之后，他还下诏再讲《春秋》。

　　读书渐多，皇太子的见识也似有长进。淳熙八年（1181）立春前下了一场大雪。一天，起居郎兼太子左谕德木待问上朝奏事，孝宗说："春天时节来一场这么大的雪,真让人开心!"木待问说:"前几天东宫僚属跟皇太子贺雪的时候也这样说的,但皇太子说:'大凡芝草珍异之类的东西都不足以称为祥瑞。只有五谷丰登,民间安居乐业,这才是一国的最好瑞兆。'而且当时太子还赋诗一首,其中两句道:'闾阎多冻馁,广厦愧膏梁。'"孝宗听了忍不住赞扬道:"东宫真是见识高远!"木待问又奏:"最近因为讲到《周礼·太府》一节,我们议论国家用度应当与百姓同丰歉,皇太子就说:'人君就应当只以节俭为本'。这正是经书的言外之意,但并非每个人都能有这样的思考深度啊。"孝宗听了更高兴了,深感皇太子学问精进,自己脸上有光,笑道:"他的学问过人到这样的地步,真是社稷之福!"木待问稍稍奉承了一下高宗,说:"这都是从陛下的家学渊源中得来的呢。"这样一来,孝宗彻底打开了晒娃模式,自豪地说:"东宫自己也十分节俭呢。他没有什么其他嗜好,又谦和慈祥。朕经常对他说:'你的德性自然已经温和纯正了,只要多读书,再以你自己的英气作为助力,就是尽善了。'"很显然,赵惇在当太子的时候,小心翼翼地向他父亲展现了父亲所希望看到的一面。不知道孝宗日后在寿宁宫孤独地在月下徘徊时,会不会忆起这段往事?

除了父皇所规定的儒家经典与史书,赵惇自己还对诗文颇有些兴趣。讲官杨万里有一次与尤袤一起到东宫讲读,到得太早,太子的辇驾还没出来,于是随便翻看几案上太子正在看的书,看到了有孟浩然与贾岛诗集。他们两人私下感叹,孟浩然与贾岛生前寂寥,今日却受到太子的赏识,若孟、贾泉下有知,估计也能大慰平生了。

此后,太子每有诗作,总喜欢拿给他的老师们看。一次他的诗还被杨万里称赞为"储后梅诗雪共新"。后来他还给杨万里也写了一首诗。这首

《赐杨万里》的诗写道:"黄芦洲上雪初干,风撼枯枝晚更寒。静舣小舟谁得似,生涯潇洒一鱼竿。"意境尚可。到淳熙十三年的春天,皇太子请太子詹事葛邸、余端礼,谕德沈揆,侍讲尤袤,侍读杨万里燕集荣观堂。席间,余端礼等感谢皇太子为他们四人各题斋名。杨万里刚入职东宫,便也请皇太子为诚斋题额。皇太子乘兴挥毫,"字画雅健","精神飞动",题毕"诚斋",意犹未尽,又将自己近作赏梅诗,分写五纸,各赐宫僚。太子还有一些诗作是在与父亲同游时写的。

为不忘恢复大业,孝宗好几次携着他的几个儿子,在宰执、亲王、侍从及管军武臣的拱卫下到玉津园行燕射礼。玉津园是北宋时的一个皇家园林的名字,后来宋高宗在绍兴十七年(1147)在临安重建,用于宴饮、接待金使等。宋孝宗恢复了每年在玉津园燕射的传统,并多次亲自主持燕射,且经常亲自展露箭术。如乾道二年(1166)二月的那一次,皇帝、当时的皇太子赵愭、庆王赵恺、恭王赵惇和管军臣僚等轮番射箭,孝宗射了四箭,均射中箭靶。淳熙元年(1174)九月的这一次燕射,当年身边的三个儿子,如今只剩下赵惇一个了。但这似乎并没有减少孝宗的兴致。只见他身着窄衣,在教坊乐声里射箭中垛,皇太子与宰执、侍从都上前拜贺。宴饮以后,皇帝兴致勃勃赋了一首《玉津园燕射》,皇太子步韵和道:

秋深欲晓敛轻烟,翠木森围万里川。

阊阖启关传法驾,玉津按武会英贤。

皇皇圣父明如日,挺挺良臣直似弦。

蹈舞欢呼称万寿,未饶天保报恩篇。

诗句虽然直白，但也反映了君臣一德的和谐气氛，更表达了对父皇英武的歌颂。

在淳熙年间，孝宗与赵惇父子唱和的场合还真不少。曾任诸王宫大小学教授的陈岩肖在他的《庚溪诗话》中形容赵惇："当今皇太子，天资聪慧，学业每日每月都有进步。当他还是恭王的时候，在三王中就已经是读经史习艺业最多的了，而且每次写诗，都辞语高妙。我当时备员讲读官，每次为他讲完课回去，都与同僚咏叹敬服不已。"当然了，这个陈岩肖原本就是个马屁精。当年任秀州州学教授的时候，正在秦桧当政之时，他就在州学的学舍内为秦桧立祠堂，以讨好秦桧的儿子秦熺。秦熺回朝后就举荐了他。所以他所说的赵惇特别聪明之类也不能尽信。只是他记录了赵惇当时所作的一首诗，使我们得以看看赵惇小时候被老师赞扬为"其旨宏远矣"的代表作是什么样子的。这首名为《赓主上新秋雨过述怀》的诗，正是对宋孝宗此前《新秋雨过述怀》的和作，诗是这样写的："中兴日月异，王气山河在。万物饰昭回，稽首王言大。"这诗的水平是不是能达到陈岩肖所说的"深造灏灵之体"的地步，相信我们都能感受到了。当然，太子的诗力也不是没有进步的。上文讲到太子看到瑞雪而作的咏雪诗，固然显示出赵惇的民本思想，但至于有多少出于真心，多少是出于附和其父的为政理念，则不得而知了。

除了父子唱和外，赵惇在未登基以前，也在其他各种细节上注意彰显自己的"纯孝"。他后来当上皇帝后，陆游曾在一通札子中回忆，说赵惇圣孝纯至，是禀于天性。因为他此前在潜邸及在东宫的时候，"夙夜孜孜"，没有一刻不为记挂着父皇。如果看到父皇散朝回来，脸上有喜色，吃饭很有滋味，他也就"欣然喜动于色"，如果看到父皇罢朝后脸色不对，不太开心，或者吃饭时没什么胃口，于是他就"愀然忧见于色"。注意了，陆游说的可是"昔在潜邸，及登储宫以来"，可见他在父亲面前所表现出来的"纯孝"是数十年如一日的，无怪乎孝宗对自己这个儿子那么信任，对他的继位期许那么高。当然，也正因如此，赵惇继位后的所作所为对孝宗的打击才这么大。

孝宗赵昚自己作为一个养子，的确是无愧于他的庙号"孝"字。他对高宗的尽孝确是世间少有。大内去德寿宫虽说步行就能到，但也有一定的距离，而他却想每日一朝德寿宫，"以修晨昏之礼"。后来因为高宗的婉拒，只好与朝臣商议朝见的日子，最后定下五日一朝。高宗再次拒绝这一建议，说只要逢初一、十五朝见就行了，但孝宗深感这样无法做到问寝侍膳，于心不安。最后，礼部、太常寺建议除朝朔望外，每月初八、二十二日去德寿宫起居，高宗同意，孝宗这才不得不定下每月四朝的惯例。他这个"不得不"还真不是做做样子。此后，除非雨雪盛暑高宗特旨不过宫朝见外，他二十多年如一日，日子一到，就必然到德寿宫朝见。

而他自己在尽孝的同时，又基本能保持自己节俭的本性。孝宗在其养父高宗搬到德寿宫后，虽然不吝巨万资财、收集名花古玩供奉给高宗，但他自己却能做到生活淡泊，声乐不兴。高宗留给他的那个不太奢华的皇宫后苑，他竟然也很少游玩，花开时只叫内侍去剪几枝进屋插一下，那些经常不去的宫殿楼台，就叫人用竹席子铺上以免磨损，到高宗偶尔回宫时才揭开席子接待高宗。身处东宫的皇太子，眼见父亲的勤俭，自然也要有所表现。

孝宗在登基前小心侍奉高宗，以高宗的需求为先，同时自己却"恭俭好书，不通声色"，这些特色在登基后基本没有改变。正因为如此，他就容易想当然地以为赵惇十数年如一日的这些表现也是出于天性，于是对于赵惇登基后的行为就有了某种虚幻的期待。而赵惇当太子这些年的出色表现取得了孝宗的完全信任，这也是孝宗效仿高宗在年富力强时就选择禅位的重要因素。

在赵惇初立为太子后的那几年，应该是他们关系最融洽的几年，也是高宗一家最和美安乐的几年。

那段时间里，孝宗喜欢带上赵惇夫妇，去陪"翁翁"赵构饮宴玩耍。在风和日暖的日子里，命人在大龙池边铺放珠翠、花朵、玩具、匹帛及花篮、闹竿之类，让宫内的人去关扑玩耍。关扑是宋代的一种游戏，相当于是用赌博的方式来买卖物品。此外，还在湖中放小舟数十只，供应杂艺、嘌唱、鼓板、蔬果，也和西湖里的景象一样。孝宗还贴心地命人买些高宗喜欢吃的西湖边的民间小吃，供高宗过嘴瘾。平日里不是赏花、游园、泛舟，就是到球场看小内侍抛彩球、蹴秋千；到射厅看百戏、听曲、欣赏舞蹈等也是常事。

每年太上皇帝及皇后的生日，那孝宗就更是用心了。每年五月二十一的天申节，也就是高宗的生日，皇帝自己会提早十几天去德寿宫上香为父亲祈福，摆上进奉银五万两，绢五千匹，钱五万贯，度牒一百道，用绿油匣二百个，上面贴上标签，写着："臣某赵昚谨进"。过几天，铺放好七宝金银器皿等，然后就轮到皇后、太子、太子妃等到德寿宫进香。到生日那天一大早，皇帝率领皇后、太子、太子妃、文武百僚都去德寿宫上寿。上午是与百官同乐，中午开始，就是在德寿殿家宴，从孝宗以下，人人簪花侍宴。至第三盏，太上皇派内侍逐个请孝宗、皇后、太子等免去花帽等束带，同时赏赐各样珍宝给儿子、孙子，太上皇和皇帝相互赐予对方的仆从"目子钱"，主管禁卫官就率领禁卫等人在殿门外谢恩，然后就回到他们自己的帷帐里小歇。下午，大家一起去乐堂就座，听歌看舞，傍晚又去清华宫看蟠松，同时有宫嫔五十人，打扮得像神仙一样，奏清乐，进酒，展示新学的技艺。父子二人又互赠书法作品。一直热闹到晚上，太上皇与孝宗都已经七八分醉了，孝宗这才又戴上重重的皇冠，率领皇后、太子谢恩，返回大内。

到太上皇后吴氏生日的时候，除了无须百官上寿外，一切庆祝都类似高宗，这也足见孝宗的细心周到。

从乾道年间，孝宗就开始带着庄文太子进行这些活动，到庄文太子去世，跟着孝宗尽孝的就换成了赵惇。孝宗也许希望通过这些活动，能对儿子进行尽孝的言传身教，希望儿子日后也会像他一样，好好孝顺自己。

淳熙元年（1174）秋天，其时高宗已经禅位十二载。一天，宰执们在内殿奏完事，孝宗对他们说："前些天我去德寿宫朝见，和太上皇帝饮酒，开心极了。太上皇帝年将七十了，但他的步履饮食却正如壮年时，在园子里散步，在小径中上下高低，完全不用别人搀扶的。我看到太上皇帝健康如此，真是喜不自胜。"说完看到皇太子在旁边，又说："现在真是时和岁丰，中外无聊事，我们一家数代同堂，共享这样的安乐荣耀，真是欢乐得无法形容啊！"如果说赵惇随父亲的悲喜而悲喜是故意表现出来的，那么孝宗看到高宗健康快乐，他就感到开心，那却应该是真诚的。

淳熙初年，孝宗子孙虽已有不少人夭亡，但仍上有太上皇赵构，下有儿子赵恺、赵惇、孙子赵挻，赵扩，祖、父、子、孙四世同堂，共享天伦，其乐融融，引来朝野的一片赞誉，认为皇家"本支之盛，自古未有"。

孝宗为了培养他的太子，真是殚精竭虑。在太子刚册立的时候，他还做了一个比较特别的决定，就是要求赵惇担任判临安府。宋太宗至道年间，宋仁宗被立为太子，也曾任兼判开封府。孝宗可能也想把儿子培养成仁宗那样的明君。他说以太子判府，就是为了使他能"试以民事"，增加一点历练。后来，经过臣僚们讨论，觉得太子的官名改为临安尹更合适，而且还应设立一个少尹来辅助他。因为太子为府尹的先例太少，以致朝廷连给他的任命书如何写、如何传递都讨论了很久，最后只好按唐太宗时的礼仪，完成了这次任命。当时范成大负责起草制书。周必大对此赞羡不已，说，这种"稀阔盛典"，先召集史官讨论了半天，又由范成大作为词臣参与润色，最后还因为任命的是太子，所以这封制书相当于是交给了后来的光宗皇帝珍重收藏，这简直就是身为儒生的荣幸啊！

但太子从这个临安尹任上历练到了多少处理政务的能力，却值得怀疑。首先，由于太子住的东宫离当时的临安府治的距离，按现在的单位计算，大约是三公里，礼部、国史院、太常寺都认为"相去太远"，不宜天天这样劳动太子及他的大批随从出宫。于是改为由少尹等属官每两天到东宫去禀告临安事务。此外，因为是太子领府，因此临安府的官员也要相应做出调整，罢掉临安通判及签判等职位，而增设少尹一员、判官二员、推官三员。少尹则要在官至侍从的人当中挑选。宋代把大学士至待制、给事中、六部尚书侍郎称为侍从官，亦称从官；又把中书舍人、起居郎、起居舍人以下称为小侍从，因此能被称为"侍从官"的，往往都是清要之选。如首任临安府少尹就是大名鼎鼎的目录学家晁公武。而临安的判官也要用郎官以上的官员，以显示对这个职位的重视。

乾道七年（1171）七月，皇太子开始领临安尹，孝宗颁降给临安府的御旨，必须先送东宫，但皇太子只须阅后封转少尹执行即可。临安府界的训谕风俗、劝课农桑、宽恤赦免等，则以皇太子名义奉旨出榜。至于收籴军粮、招募兵士、掌管各门钥匙、场务等具体事务，则完全不需要他费心了，日常公务基本都是由少尹代为处理。轻罪也是由少尹负责裁决，只有内命官犯罪、其他人触犯流放以上的罪名，才需要向太子报告，请太子斟酌定夺。少尹还要兼浙西安抚司的职事，每年要以浙西安抚司及临安府的名义按举所属的官员，当然如果临安府所举荐的官员出了问题，太子不用负责任，只令少尹自己结罪保任。其余来自中书、枢密院及其他部门的文书，也全部都不需要太子来管。为表示太子的亲民，孝宗还规定太子出入皇宫或是在去府衙处理公务的路上，如果遇到有官民百姓拦住仪仗队，跑来向太子马前投状，太子应该把状子接下来。当然，太子一年只需去府衙一次，这种机会实在太少了，最后也没见谁真把握住这样的"马前投状"的机会。因此皇太子做得最多的事情，就是在临安府、浙西安抚司和巡抚司的奏表上题上他与府尹的名衔，盖上专门为他设计铸造的大印。

在皇太子领尹期间，临安府曾两次上奏狱空。一般来说，外地官府禀奏狱空，则表示本地官员的勤政与审察能力强；而京师上奏狱空除了有上述意味外，还有表现皇帝统治下天下太平的政治意涵。因此这两次临安府上奏狱空的时候，太子都上表称贺，而孝宗则令学士院降诏奖谕，还犒赏了本府官员。有意思的是乾道九年闰正月太子上奏临安狱空后几天，当时还在宁国府的庆王赵恺也上表奏狱空。与太子只领临安尹的虚名相比，作为在外地真正判府、为主官的庆王所奏的狱空，不知是否有某种宣示的意味。

其实，对于太子尹京的做法，相当多的太子属僚不认同。毕竟宋朝的"祖宗之法"对太子的要求是学习礼乐、明君臣父子之义而远离朝政。太子詹事王十朋刚到任便上疏说："太子要学的东西，主要是礼乐。现在让太子去裁决事务，事事都做得很好，也不足以彰显太子的聪明、增加太子的盛德，但万一有一点点差错，那么小人就会借机散布关于太子的流言，故此这并不是爱惜太子的措施啊。太子的职责，只是问安视膳而已，至于抚军监国之类，已经是不得已才做的。愿陛下为太子选择良师益友，让他每天都与端人正士谈古论今，明白了治乱之理，他日自己亲临决策之时，自然就会了。"

外臣之中，知信州王师愈也认为，那些藩王尹京的"祖宗故事"都是有其特殊的历史背景，而且很多情况下，一旦升为皇储，就马上解职，以示储贰之尊。现在孝宗正处于壮年，正宵衣旰食创造大业，如果以皇太子监国抚军还勉强说得过去，但若是用太子在一个地方挂职，天天沉浸在州郡吏才做的事务中，势必不能专心致志以涵养睿德，领会尧舜之道。

这也是古人视天子为神明的其中一个体现。当时的人一方面认同将帅必起于卒伍，宰相必起于州部，认为高层次的官员与将领必须要经过在基层的锻炼，否则容易纸上谈兵，贻误国事，但另一方面却认为皇储不应该经管世务，只应该坐而论道，这样才能显示出太子的天纵之才。正因时人这样的观念，才导致赵惇在学习上多了一些空谈的浮夸，而少了很多务实的才能，真的轮到他执掌大权时，又显得处处力不从心了。

虽然孝宗出于锻炼太子的良好愿望，还是坚持让太子做了临安尹，但整个过程一直有大臣表示反对。一年以后，太子詹事李彦颖再次向孝宗提出："陛下虽想让皇太子更历民事，但领尹不是相宜之举，应该让他专意向学。"之后他又把这一见解面告太子，敦劝太子草拟奏稿，辞免尹事。赵惇于是前后三次上奏求解府事，终于，在乾道九年四月二十七日，孝宗做出了让步，并称"朕以其已试可观"为由，允许太子转向专心学习斯文。太子解除了府尹职务，临安府恢复了往日的官员建制。

此后整整十七年，赵惇就一直深居于东宫之中，直到淳熙年间才再有机会尝试参与一些朝议。

之所以时隔十几年再让太子逐渐参与朝政，这也与孝宗晚期心态的改变有关。

隆兴和议后，恢复宏图屡遭挫折的孝宗已经没有了刚即位时的志高气盛。

孝宗初登基时，曾踌躇满志，以为从此可以放开手脚大展宏图，马上着手召还被秦桧贬斥的名臣，积蓄力量以求"恢复"。然而，没多久他就发现事情远非自己所想象的那么简单。当时南宋已经偏安二十多年。二十多年间，将星凋零，朝廷上下文恬武嬉，吏治腐败，军队专心于营运生钱和搜刮民财，军队主业成了经营货运，而且由于多年的战时经济，南宋赋税比北宋更加沉重，加上地方横敛四出，因此基层其实已经处于随时可能爆发民变的临界点上。以这样的官场、军队及基层状态去北伐，无疑早就埋下失败的祸根。虽然后来北伐失败后，孝宗也曾想过要励精图治，重整旗鼓，但朝廷在举朝苟安，州县以欺上瞒下为能事的情况下，大部分整顿措施到了基层不是成为具文，就是成为州县借机掀起新一轮搜刮的借口。

于是，军事、外事与内政多年不见起色之后，孝宗自己也锐气渐失，逐渐满足于偏安的现状了。胡铨是早年力赞抗金的名臣，当年为秦桧所排挤，孝宗登基后曾召他回朝，后来，因灾变求直言，胡铨就对孝宗说："陛下自即位以来，将当年被逐之人一一召还朝廷，予以重用。与臣一同被召的有张焘、辛次膺、王大宝、王十朋。现在，张焘被外放，辛次膺被外放，王十朋被外放，王大宝又将被外放，朝中只剩下臣了。"这也从另一个角度刻画了孝宗意趣渐变，从奋发图强到消沉堕落的变化。

正当父皇日益心灰意懒的当口，赵惇却显得跃跃欲试。一天，他正随侍在孝宗身边，好像不经意地说了一句："我的胡髭已经开始白了，有人送来染胡髭的药，我却没敢用。"孝宗却装作未理解其中深意，只说："正想向天下显示你的老成呢，要染胡髭的药做什么。"赵惇一听，明白父亲的意思了，知道在父亲这里不会有什么进展，于是转而找到了太上皇后吴氏。

赵惇突然好几次请太上皇后品尝时鲜佳馔，太上皇后有点奇怪，问左右近侍："太子老是破费请我宴会，这是为什么？"近侍中有人说："是想娘娘为他催促一下皇上罢了。"太上皇后笑了。这是一个会心的微笑。由这一段对话可以看出，赵惇平时很少为太上皇后张罗点什么，因此一有示好的举动，太上皇后就觉察出了异样。而从近侍们的话可见，赵惇想当皇帝的事情，在后宫已经不是什么秘密，而他行事为人的目的性，或者说功利心，自然也被后宫众人看在眼里。后宫本来就是多重势力角逐权力的地方，这里的主人们只要有丝毫私德有亏、有一举一动留下了把柄，都有可能被身边的人加以利用。赵惇既做不到真孝、无私，又无法做到滴水不漏，那么日后宫廷中自然免不了更多纷扰。

当然，吴后与赵惇并没有什么直接的利害冲突，而且孝宗一向对高宗与她都表现得恭谨而亲密，因此有一次孝宗到北内的时候，吴后就向他提起了及早内禅这件事，说：“到时官家你也正好轻松快乐，放下烦心事儿给儿子辈多好呀。”她自己的夫君就是这样做的，由她劝孝宗的确是最合适了。但孝宗却说，他早就想这样做了，只是见孩子还小，想他多经历而已。说着还笑道：“不然，我早就快乐多时了！”

孝宗这时固然已经早萌退意，他之前还命人去修葺过都亭驿，准备将那个地方作为自己退位后的住处。但是现在的现实是，国力未强，吏治未整顿好，一切还未理顺，以他这样的英主，都还时时感到政令难以落实，他担心赵惇接手后，新君初临大宝，能顺从赵惇而又有能力的大臣会更难以找到。也许他想再等等，再把事情理顺一点。而且还有一个不得不考虑的事情，就是财政问题。孝宗自己是比较节俭的，但是高宗的德寿宫所花费无极。他担心如果自己也退位后，新皇帝赵惇就要多养一套班子、一个宫殿群，假如儿子真如自己那么纯孝，即使是比照德寿宫的规矩，那也是国家的一大负担啊！因此他才迟疑而未决。当然，孝宗考虑的这后一个问题，他是不方便对吴后讲的。因此，就只能以"孩子还小"这样的话来搪塞吴后了。只是孝宗失策的地方，也许也是皇宫中人人不敢完全表露心迹的氛围导致的后果，那就是太子完全不知道父亲的苦心，还以为是父亲恋栈而不肯放权。

过了一段时间，赵惇估计吴氏已经对孝宗提及过这件事了，于是又再三宴请祖母。吴氏实在过意不去，只好对他说了实话，说："我已经对你父亲说了这件事了，但他说还要等你多历练呢。"赵惇愤而扯下包头的帻巾对太上皇后说："我的头发都白了，父亲还把我当小孩子，讲这样的话，不是罪过翁翁吗？"他的意思是，他的翁翁高宗禅位的时候，孝宗只有36岁，而现在孝宗反而说年近四十的赵惇是小孩子，要多历练，那高宗当年这么早传位又该如何评价？听到赵惇这么说，吴氏顿时无语。于是，此事继续不了了之，而赵惇心里则埋下怨恨父亲的种子。

在禅位问题上促成赵昚下定决心的，是太上皇赵构的去世。

淳熙十四年（1187）夏秋之间，赵构染病，九月病情加重。十月四日，孝宗大赦天下，为太上皇赵构祈福，不见好转；十月六日，又祷告天地、宗庙、社稷，仍不见效果。孝宗此时已经一心扑在太上皇赵构的病上了，宣布从十月八日起，不上朝，而由宰执按时入内殿禀奏朝廷大事，直到太上皇帝康复为止。同时诏令全国搜罗民间能治病的医生，许诺如果能治好太上皇赵构的病，即使是平民，也将授予他节度使职衔，赐钱十万贯，田地百顷。

到十月八日，太上皇赵构已经病危，孝宗在北内侍汤奉药，根本就没有回大内，于是宰相们就见不到孝宗了。但周到的孝宗还派遣内侍到前朝宣读谕旨："凡事都全赖卿等帮忙仔细处理了，就怕朕现在处于忧恼当中，决策会有差错。"

这天下午，太上皇赵构病逝，遗诏要求太上皇后改称皇太后。孝宗对于太上皇赵构的去世难以接受，号啕大哭，捶胸顿足，无法控制自己。一开始还说膳食减半，只送素菜进去给他吃，但后来却一点也吃不下，整整两天，什么食物都没动过。

到十一日，太上皇赵构大殓，亲属穿上了丧服，宰臣王淮等才得以在素幄里见到皇帝。素幄，就是当时拿白色缟素装饰起来的相当于如今灵堂那样的地方。这时孝宗还无法控制自己的眼泪，还在号哭不已。翰林学士洪迈上前请孝宗定太上皇赵构的庙号，问他"祖"字好不好，孝宗哭得七荤八素，只会点头。就这样过了几天，到了十四日，孝宗忽然叫内侍传谕宰相王淮等人，说他不想守以日当月之制，而想切实地为太上皇赵构守孝三年。所谓以日当月之制，是指宋代的一个传统。儒家三年丧制，实际服丧二十七个月。但在宋代，嗣君为先帝服丧，则以日代月，三天后听政，十三天小祥，二十七天大祥，之后生活就回复正常。而孝宗却说，他即使像晋武帝、魏孝文帝那样，"实行"三年服制，也不会妨碍听政，所以就想这样做。王淮可能当即对那位传旨的内侍表达了不同意见。到下午，王淮等人到素幄那里奏事，前些天还英武决断的皇帝已经变得像个孩子，看到王淮，他就开始呜咽流涕，带着一种任性口吻说："司马光在《资治通鉴》里都讲得很详细了！"意思是，人家晋武、魏孝文帝都是那样的，凭什么我就不可以？王淮显然是有备而来，他回答说：《资治通鉴》上写了，晋武帝虽有此意，但后来只是在皇宫里面才穿深衣、戴练冠守孝，出外朝的时候并不这样。"孝宗不服气："那只是当时群臣不能顺他的美意，司马光因此也讥讽他们了。后来武帝一直想守孝的。"王淮估计内心很崩溃了，但又不敢直接指正孝宗的记忆，只好耐心地说："记得他最终也没能这样做。"

孝宗见引述古人无法奏效，于是一反平日老成持重、极重祖宗家法的风格，居然有点耍赖地说："那我不依成规，自创新例，又有什么危害呢！"真难以想象王淮当时会有什么表情了。他说："陛下您试想啊，当您临御前朝，穿的是丧服，而我们百官穿的是吉服，这……这可以吗？"但孝宗看来是铁了心要守孝三年。他说他自有主张。于是王淮等人只好哀求他这种决定一定要先交给相关机构讨论。等王淮等人退下后，孝宗马上下了一个御批："太上皇帝舍弃了朕对他的奉养，朕应当为他穿丧服三年。群臣自行依照以日代月的规矩。这期间要实行什么仪制，令有司讨论。"从这些事情可以看出，孝宗对赵构的感情的确是非常深厚。他经常说自己"大恩难报"，如果二十几天就恢复常服，"情所未忍"，这还真不像是惺惺作态。

这件事之后，朝廷里为孝宗如何服丧、服丧期间又如何出席包括接待金使在内的各种场合等问题反复商议。尤其是接待金使一节，为不使金使起疑，孝宗甚至都同意朝臣们"在太上皇小祥之后，在德寿宫素幄引见金使"这样的建议了，但临事时，却还是无法出来接见。在这么重要的场合失礼，这其实也反映了自从太上皇辞世后，孝宗对国事的厌倦，预示着南宋孝宗时期行将结束。

十月二十日，百官小祥，第二天，孝宗穿着丧服，从北内回到了大内。他首先单独召见了博学多才的翰林学士洪迈，对他说："朕准备内禅了，而且想按唐贞观年间的例子，令太子参决庶务，你说怎么样？"贞观年间，太子李承乾与李治都被唐太宗委以处理朝中日常事务的重任，不过前者反叛，只有李治后来做了唐高宗。因此洪迈似乎不太同意以唐朝为先例，于是说："真宗天禧年间，凡常规事务就让宰执与皇太子聚集在资善堂商量定夺。我们按这个先例来办就行了。"于是孝宗就召见宰执，对他们说："皇太子已经年长，若只在东宫，唯恐他怠惰，所以决定让他参决庶务。"同时任命周必大为右丞相，并且命令他负责讨论设立资善堂的典礼。周必大认为，天禧的时候，仁宗尚在幼年，与今天这种情况不同，不如改为议事堂。经过磋商，大家确定了皇太子办公的议事堂的办事流程。

淳熙十五年（1188）正月二日，皇太子正式开议事堂。这天，孝宗特地登御和殿，先令宰执们奏事，然后命他们赴议事堂与皇太子共议国事。周必大、王淮两丞相与太子商议了今后开展工作的一些细节，然后引见了新任德安府知府秦焞、前知合州罗献能，二人都在太子面前展读札子。太子第一次过了参决庶务的瘾。

仅仅过了九天，孝宗就很高兴地对宰辅们说："皇太子开始参决庶务没多久，就已经熟悉中外各地的人事情理。"可能觉得他大可造就，于是就又诏令皇太子遇朝殿时，就在旁边侍立。也就是说，皇太子头一天在议事堂参决政务，次日无须去政事堂，只要在便殿侍立在孝宗左右，看孝宗接见宰执之时的应对，并接受孝宗不时的考问。孝宗对周必大解释这样安排的动机。他说，皇太子来内殿侍立的时候，"并不进呈文字，只要听到朕与卿等商议政事。然后朕时时考问太子某人的才能如何，某人所议的政事怎么样，这样才可以使他耳聪目明。"孝宗是想赵惇通过自己的言传身教，不但能够迅速熟悉政务，还能传承自己的治国之道与为政之术，而且这样也有利于建立太子自己的威望。

例如有一次，户部上申说会庆节，也就是孝宗生日那天，诸州军都会有进贺之类。孝宗就问太子："朕因为你的缘故，免他们进奉两年，如何？"

宰相王淮说，这是已经纳入属户部岁计，也就是各地的计划内开支了的，各地并不需要额外出钱。孝宗就说："那可以用朝廷封桩库的钱拨还给户部，从淳熙十七年开始再按规矩进奉。"这似乎是为了让太子在地方上树立仁政的好名声。

从太子参决庶务的内容，以及后来的侍立制度来看，赵惇名义上是"参决"，但实际上却显得可有可无。首先是参与议事的人中，除了太子外，都是那些孝宗朝的宰执，太子自己并没有被允许建立一套人马帮忙决策；其次，真需要太子定夺的事务不多，所任命的官员等级稍高，就需要先请求孝宗，因此主要决策权还是拿在孝宗手里。议事堂议事的过程也类似。而且赵惇像个见习生一样在宰执面前承受父亲的考问，这无疑又会使赵惇感到压抑甚至些许屈辱。

太子通过接触外廷而获得了不少朝廷内外的信息，由此也就激起了他对朝政的一些具体看法以及希望自己的观点得以实施的愿望；但实际上，太子又没多少决策权。这样的矛盾其实加剧了赵惇对成为真正君主的渴望。这种情况对孝宗父子关系的危险性，并非没有人看到。当十一月初孝宗让太子参决的决定刚一出来的时候，新任太子侍读杨万里就对太子说，朝廷上下认为这是"非常可骇之事"。他解释说，现在是外有大敌，内有大丧，正处于人心惶惶之时，而孝宗又做出这样不符合祖制的举动，非常不利于政局的稳定。他认为，太子所处的位置，是处于接近君主的地位，地位一接近，就容易形成"逼"君的形势，这是最危险的，要化解的话只有安静，少理外朝之事，才能不犯错。因为天下的各行各业都可以合作共同成事，而只有君主的职责，是不可以通过合作完成的。为什么呢？因为"天无二日,民无二王",只有这样,万姓百官才会只听从君主一个人,国家才稳。现在皇帝在上,又弄出来一个类似于监国的职位,这不就是相当于弄出了两个"王"吗?这万姓百官是听一个人的呢,还是听两个人的呢?他提醒太子,自古至今,从来不见有出现这种情况而天下不危殆的。因为如果政出二人,那就会有些人党附这个,有些人党附那个,为了谋求私利而离间父子二人,这样一来,父子之间的嫌隙就一定会出现,心里出现了隔阂,就不容易消弭了。因此他极力劝谏太子,面对这样的事,不要以为儿子一定要盲从父亲的命令,而是要"三辞、五辞、十辞、百辞",一定要推辞这个职位,才能安太子之职。

看来,杨万里还是太看得起太子了。太子根本不是出于孝心而"盲从"父亲,而是他本来就对监国的职务跃跃欲试,巴不得早日上朝尝尝参决政事的滋味了。因此,他虽然表示看到了杨万里的上书,"览之悚然",而且也象征性地辞了一下参决之事,但三辞不许之后,他就再也不作声了,什么五辞、百辞,自然是做不到。

与此同时,杨万里又向孝宗引述历史上类似的任命太子理政而父子皆遭遇祸患而国家皆陷于内乱的前例,以及本朝真宗时让年幼的仁宗摄行天子之事后的危机,恳求孝宗收回成命,这样才能让"陛下及太子父子之亲可以无纤芥之疑"。

从杨万里的这两次上书来看,他的确是具有政治敏感的人。他所担心的,日后都一一应验。可惜孝宗不知道是出于对太子的信任,还是出于对自己把控朝局的自信,完全没有采纳。

太常少卿兼左谕德尤袤也早已察觉到了这种危险,早在两个月前就上书太子道:"参决庶务是大权所在,天下趋炎附势之人一定会对您趋之若鹜,这十分可怕!"为了取信于高宗,又防止小人从中挑拨,他建议赵惇事无大小,统统征求过孝宗的意见再施行;涉及到人情厚薄之事,则一切交付给众人议论过后才定夺。这里的众人,其实就是指每日与他在政事堂议事的宰执们了。他又说,祸害的端倪往往潜伏于思虑不到之处;疑隙的萌芽,又常常萌生在提防未及的地方。储君之位,只是侍膳问安而不应交接外廷的事情;抚军监国,历来出于权宜,而且在事权不一的地方,最容易产生嫌隙。因此他又建议赵惇在高宗神主祔庙以后,就恳辞参决,以彰显殿下的美德。太子看到尤袤的上书,感叹道:"太子谕德可谓对我爱护极深了!"但到淳熙十五年四月二十日,高宗神主祔庙时,赵惇一点动静也没有。

不过,无论赵惇的态度如何,他离这个皇帝之位也近了。

淳熙十五年(1188)十一月的时候,当时左相王淮已经被罢,周必大独相。但周必大也请求解除相位。孝宗向他透露了要内禅的意思,请他多留一段时间,帮自己主持完这件大事再走。正巧这个时候前宰相陈康伯的家属把陈康伯当年主持绍兴传位时的奏札呈送给孝宗,于是孝宗就令内侍拿着这些札子送给周必大,让他作为拟定典礼的参考。本来,他们计划等第二年年初金人来驾正旦的接待仪式结束,金人一走,就择日传位,但后来太史局又说,第二年二月的时候会有日食。按惯例,日食是灾变的预示,作为君主顺应灾变的方式主要为避离正殿、撤乐减膳等,如果灾变严重,还要下诏求中外臣庶直言论事,甚至下诏罪己。周必大认为,如果太子登基后日食,那新皇帝就要行避殿之礼,似乎不合适,问孝宗可否把禅位的时间推迟一点点。周必大所说比较委婉,但其含意已经明确:新皇帝登基不久就日食，仿佛上天在预示圣德有亏，这对新皇帝的统治是不利的。孝宗听了大以为然，同意把禅位推迟到日食之后："那样，朕就可以为太子承担这次灾变。"当下决定，把禅位时间改在二月壬戌吉日。

孝宗命周必大先拟定传位诏书，而孝宗这边也为传位做了一些准备。首先是在十六年正月三日那天，晋封已经去世的庆王赵恺的孩子赵抦为耀州观察使，封嘉国公。这个孩子是庆王赵恺在判宁国府的时候生下的，自小聪慧。庆王去世后，孝宗把他接回了临安。至于皇太子的儿子赵扩，之前已经拜了节度使，封为平阳郡王了。

其次是处于政府核心的人事调动。淳熙十六年正月八日，资历尚浅的周必大由右相进位左相，同时又让与周必大"议论素不相合"的光宗潜邸旧臣、参知政事留正超拜右丞相，一方面好让赵惇继位之时有前后两代君主都可信任之大臣在身边，另一方面也遵循了宋代用人要"异论相搅"的祖宗家法。因为如果左、右相不能同气连声，则皇帝容易控制局面。此外，孝宗还将曾被他称赞为"鲠直敢言"的王蔺自礼部尚书除参知政事，曾任八年东宫僚属的葛邲也被孝宗从刑部尚书擢升为同知枢密院事。这样，禅位后赵惇初掌政权之时的辅臣格局也初步布局完成。

在以上人事安排以前，知枢密院事黄洽刚刚被罢免出外。原来，在新年的那几天，高宗向执政们提出了自己的内禅意向。大臣们都交口赞同，只有知枢密院事黄洽沉默不语。这位黄洽，此前为台谏多年，曾劾罢高宋跟前得宠的内侍陈源，备受孝宗看重，任命他担任已经虚位十四年的御史中丞。但自从身居高位以来，尤其从淳熙十年任参知政事以来，已经六年，却未见黄洽有什么大的建议或主张，被同僚讥讽为循默。这时，孝宗见黄洽默默无语,于是特意问他:"卿以为如何?"黄洽答道:"皇太子圣德,是能当大任的,只是顾念太子妃李氏,不足以母仪天下,还请陛下深思。"孝宗一向知道自己这个儿媳是个什么状况,但这次给黄洽直截了当地提出,也不禁惊愕得变了神色。黄洽缓缓地说:"陛下问臣,臣不敢默然,但现在臣既然已经讲出了这样的话,从今以后,就不会有机会再得见陛下您的风采了。陛下日后若想起了臣今天这番话,若想要再见臣一面,也不可能了。"退朝后,他就立刻上章力求去位。孝宗也知道他既然得罪了日后的皇后,也的确无法再留朝中,于是以他为大资政,知潭州(今湖南长沙)。潭州一方面远离朝廷,相当于是对他的保护,另一方面此地又颇为繁剧,正适合由他去施展。当然,日后孝宗退居重华宫后,每次想起当初黄洽的话,总是抚案感叹,后悔当年没有仔细考虑黄洽的话,有时甚至流下眼泪,此是后话。

上元节那天,孝宗又安排皇太后吴氏迁到了慈福宫。这个慈福宫,本来是高宗住的德寿宫正殿旁边的一个大殿。此前孝宗因考虑到自己内禅后也要搬到德寿宫去住,因此请求吴太后搬回大内,但太后认为高宗的灵座在德寿宫,不忍舍去,因此要求留在德寿宫。但她若仍住在正殿,于礼不顺,于是孝宗就把德寿宫正殿旁的一个大殿修葺了一下,改名慈福宫,让太后入住。然后,又把整个德寿宫宫殿群,重新命名为重华宫,作为自己退位后的居所。

把一切安排停当,就等着此前和周必大他们所定的吉日就要宣布传位。

可惜的是,孝宗这边处处为了太子的将来着想,甚至为了身挡日食之"灾变"而推迟禅位,但太子却毫不理解父亲的苦心。

正在太后搬入慈福宫这天,太子身边的红人、主管左右春坊姜特立却找到了周必大,问他:"宫中人人都知道说上元节后就举行禅位典礼,但为什么今天不见动静呢?"很明显,孝宗想要内禅的具体安排还是有部分被泄露出去了,而赵惇早已急不可耐,却把父亲的一片爱子之心当作拖延,还如此露骨地派心腹内侍来向外朝的宰相打听。周必大听到姜特立这样说,心里一定也是非常不高兴。不过他是个有涵养的人,只是回应了一句:"这种典礼的事情,并非外廷所能与闻。"言下之意,即是禅位本是皇帝的个人独断,我们这些外廷大臣是没有资格提意见的,当然,你们这些内臣就更不应该干预了。姜特立碰了个软钉子,十分不高兴,走了。也许,姜特立与大臣们的梁子,就此结下了。

从赵惇的这些举动来看,他与其父亲孝宗的心态完全不同。正因为有高宗的先例在前,赵惇认为父亲的禅位是应当的,完全不顾父死子替才是皇位更替的常态,因此小动作不断,几乎可以算是肆无忌惮地催着父亲让位,毫无做太子的人应有的谨慎。如果父亲再迟一些让位,他恐怕还要生出更多的不满来。正因如此,他就不可能像赵眘一样,对父亲的退位产生丝毫的感激之情,同时就注定了孝宗在退位后不再可能像高宗一样对新君有如此大的影响力。

淳熙十六年(1189)二月二日壬戌,孝宗一早换上了吉服,御紫宸殿,行内禅礼。赵惇终于得遂心愿,成为了皇帝。他死后的庙号是光宗。当然,在坐上皇帝宝座之前,他照例也上演了一番"谦辞"的戏码,虽然前不久才派内侍来催父亲禅位,但真到举行典礼了,赵惇这戏码还是演得很足,什么"内侍执意请新皇帝在御座上就座,新皇帝则执意推辞"等等,以致

"内侍扶掖他上坐到七八次,才挨着坐了下来,内侍一退开,他又站了起来"。宰相们则不管这么多,左右丞相率领百官称贺,行礼,礼毕,枢密院官上前奏事,这新皇帝还站在那里呢,于是就站着听。此时孝宗不知道有没有了解赵惇前几天还派内侍打听内禅日期的事儿。

所有礼仪执行完,大臣们先退下,孝宗又重新穿上了丧服,去到了后殿。这个时候,赵惇一直在旁边侍立,仍然装作很恭谨的样子。孝宗登辇,与赵惇一起到了重华宫,然后,赵惇就回到了大内,宣布赵昚的尊号为至尊寿皇圣帝,因此孝宗又被人称为"寿皇";孝宗此时的皇后谢氏则被称为寿成皇后。至于高宗的妻子吴氏,在高宗在世时,称为太上皇后,高宗去世后,正式被称为皇太后,但现在她的养子孝宗也退位成为太上皇了,于是,吴氏本应再进一级,称为太皇太后,但由于孝宗还在世,因此不能这样称呼,于是被称为寿圣皇太后。尊长们的称谓定下来后,寿皇圣帝,也就是赵昚,诏立赵惇为太子时的原配妻子李氏为皇后。此后,朝贺、大赦、百官升官加禄、赏赐诸军、豁免百姓积年所欠税役,都是照例办事。最后,光宗率领群臣到重华宫,为父亲上尊号册、宝,这个漫长的传位仪式才基本结束。这个由高宗勉力撑起,由孝宗努力维持的偏安一隅的南宋,随着孝宗时代的落幕,已经由它的盛期开始步入了由光宗开启的转折时期。

第四章

◎

皇帝梦圆后

　　一个皇朝的由盛转衰，往往是一个缓慢的过程。在这个过程里，一切都好像和以前一样，但年深日久之后回头看，却仿佛什么都不一样。这是因为，改变往往发生在制度运行的末梢，在一个又一个似乎很偶然发生的事件中。宋光宗赵惇与他亲生父亲的矛盾，还有赵惇自己的心病，是贯穿整个光宗朝最明显的国之大事。但在这些迹象表面化之前，光宗朝的危机却早在他还当太子的时候就已经埋下了。

一、绍熙初政，宜若可取？

　　赵惇继位后立即着手做了三件事。第一件事是开经筵，第二件事是升迁东宫近习，第三件事是求直言。

　　经筵指皇帝为讲论经史而特设的御前讲席。其讲官以翰林学士或其他官员充任或兼任，每年二月至端午、八月至冬至为讲期，逢单日入侍，轮流讲读。由于讲读官员可以隔日即一见皇帝，或借经史而讽喻朝政，或直接规劝，因此成为皇帝广开言路、探求治道，以及讲读官参议朝政的重要渠道。赵惇在即位后的第二天就宣布要择日开经筵，似乎反映了他求知若渴的态度。但实际上可能只是反映了他对皇帝生活的误解。

此前也讲到，赵惇为皇太子的时候，他与东宫讲官们的关系还是比较好的。那其实是因为东宫讲读只是纯粹的谈经论道，讲官只需要引导太子有正确的志向，激励他为日后当个明君做准备，明白一些道理即可，既没有升学压力，又不需要太多的规谏，因此在东宫与讲官相处的那段时光，是赵惇稍可舒展才华、直抒胸臆的时光。他结合自己的想法对经史大作发挥，换来的是老师的惊叹；他偶尔作诗、写字赐给老师们，老师们还深表荣幸。当太子时可以懂得很多道理，对如何当皇帝有很多计划，但这一切都只是纸上谈兵。一旦美梦成真做了皇帝，就会发现，只有实干才能得到臣下的认可。而实干却偏偏是赵惇最不耐烦去做的事情。东宫讲读是皇太子尽情卖弄自己特立独行思想的地方，而经筵却是百官与皇帝博弈的重要场所，而实际上还是公子哥儿一样的赵惇对此应该是始料未及的。因此，兴冲冲开经筵一段时间后，赵惇对经筵的兴趣顿减。一开始时，为表示好学，他还特意在应该休假的日子里特令讲读官入内讲读，但从绍熙二年（1191）初起，则连本来应该常设的晚讲也停止了。其原因除了想减少让讲官进言的机会外，还有一个重要的因素，就是晚上有更吸引他的事情。是什么事情呢？我们从御史台主簿彭龟年一次向赵惇的进言中或可窥见一二。

彭龟年在奏章中指出经筵的作用以及晚讲的重要性。他说，朝廷中关系到社稷天下的重任，只有宰相与经筵。而经筵讲读官由于能影响君德，所以更为重要。但辅养君德的方法又岂是仅仅在隔天与皇帝见面，讲论片刻？还在于晚上的轮值。晚上政事结束，气氛松闲，这时人君与讲读官相对，就不只是为了共同探究经史义理的道理，而更为了约束君主的注意力，使之放在对国家大事的思考上。因为到晚上，在皇宫里，有很多诱惑在等着皇帝。如果晚上皇帝只待在后宫而不出席御经筵，就会慢慢养成逸豫的习性，从而荒疏了朝政。彭龟年对光宗说："臣听说唐朝时，宦官仇士良曾经教他的跟从者说，千万不能让天子闲下来，而要经常用奢靡的娱乐项目让他应接不暇，让他天天新鲜，顾不上其他事，那我们才能成功，随心所欲。千万不要让天子亲近儒生。那些儒生洞见前代兴亡，心里知道要居安思危，如果常常对皇帝讲，那皇帝就开始想着要忧国忧民了，那我们这些人就要被斥逐了。可见小人想把君主拉下水，也是有相当的伎俩的。所以君子和小人的力量是此消彼长的，远离了讲读之臣，就容易给近习小人接近与影响君主的机会。最近听说陛下宣召夜值的讲官，大多是在黎明时分才宣召，臣不知道在幽微深远的夜晚，陛下是如何存养晚上静思所产生的良知善念？"

问题是，光宗晚上根本不会静思。他要做的事情很多。好不容易当上皇帝，无须再装成"无他嗜好"的样子了，正可肆意享受一番。慢慢地，就有朝臣批评他"宴游无度，声乐无绝，昼日不足，继之以夜"。而且新君即位不久，朝臣们已经发现，这位皇帝求治之道不急，但求宫女之进献却很急，六宫之奉已经无法满足他了，还不时宣召各种伶人入宫。于是，市井诙谐之戏，优伶靡曼之容，常常可以在皇宫里看到，还有奏胡戎乐，习斋郎舞，近习、宠臣、优伶、嬖妾、宫女，还有各种皇亲国戚杂处一室，用怪怪的头巾包裹，再穿着奇装异服，用奇特而丑恶的滑稽样子博天子一笑。

本来，宋朝素以宫禁极严、后宫节俭而著称，宋朝的祖宗之法中就包括了对后宫交结外朝的防备与约束。而且当时的人认为，天子禁卫是上应天象，所以宫门禁卫尤其严格。入夜后，如果要开宫殿及皇城的门，都需要"墨敕鱼符"，一边要记录所开之门，同时把记录送给中书门下备案，另一边要由监门卫士、将军等人去阁门司，等到阁门司的值守武臣覆奏得旨，核实无误，才合符、开锁。开锁的过程也需要则监门官司在大门内外列队，点亮火炬把宫门内外照得灯火通明，在火光中校验各种文书、牌令，手续确认齐备，才能放人出入。仁宗朝时，仁宗长女兖国公主作为皇帝十多年里仅有的孩子，受到的宠爱远非其他公主可比，且还是宋朝第一个有册封礼的公主，当她与婆婆闹矛盾，深夜入宫回娘家后，第二天，数名言官弹劾公主宅使、皇城司及公主经过的各门负责人的奏章就送到朝堂之上了。因此，历朝在这方面都非常小心，皇帝们一般不轻易打破这个规矩。但光宗赵惇却玩了个伎俩。虽然他任由优伶与后宫之人杂处已经非常离经叛道，但也毕竟不敢容留他们在宫禁中过夜，那万一宫中玩乐到太晚，宫门已经关闭了，怎么办呢？常开之门要办各种手续才能开，那他就另辟蹊径，让伶人坐船由水门出入。

当然，皇帝这种行为哪有不传遍天下的道理？很快，皇帝的嗜酒与宴乐，就成为临安街头的谈资。大臣们纷纷就此上疏，除了规劝皇帝不要破坏门禁制度外，还希望皇帝能控制酒瘾。

秘书省著作佐郎卫泾所担心的，则是皇亲贵属与内侍宦官的专权和内廷赐予无度的问题。宋代的"祖宗之法"，对这两种人的防范也是非常注意的。而光宗即位后不久，亲近内侍与近习的迹象就已经显露。贵近之人受赐越来越多，尚且因为他们的生活轨迹离百姓尚远，而且他们是亲贵，就算出门阵仗过大，一般市民还不太敏感，但慢慢地，被百姓视为"贱微"的优伶之徒，居然也身穿皇帝御赐的金带，鲜衣靡服，大摇大摆地在街道上显摆，这就让临安百姓目瞪口呆了。

绍熙二年（1191），卫泾应召上封言事，首先就为赵惇分析儒臣与近臣的区别。他说，刚直诚实的人不迎合君主，而谄媚之徒却容易接近。君主一般都知道刚正的大臣未必不忠，只是因为他们不迎合自己而对他们疏远。而君主也知道那些谄媚逢迎的人肯定是不正派的，却会因为他们事事顺从而日渐对他们亲近并委以重任。"陛下对近习的眷恋与宠信，也会使他们借机求取一些他们不应得的东西"，"我们朝廷现在人才未振，都是由于这个。"这是卫泾担忧的第一点，他由此提醒光宗对外戚近属要待之以礼。也就是要按规定的时间觐见，按礼仪与他们交接，仪式结束，就要恩义两尽，这样严守名分，才不至于让他们有干政的机会。

此外，由于这些近臣、优伶出入宫禁，陪同宴侍，还接受大量赏赐，卫泾痛心地说："我们的府库财帛，全部都是百姓的膏血。州县官吏通过鞭挞、关押百姓，锱铢必较地收取赋税，才帮皇上搜刮而来的财赋，本是作为国事才能用的，但现在陛下在欢洽之余，就随便赏赐出去。这还不算，还有假借犒军之名移用封桩之积，但实际上一查，却根本没有犒赏过诸军，只剩下虚券，这又不免令人生疑了。"

这里又说到了光宗的另一桩隐秘之事。

赵惇当上皇帝后，匆匆忙忙要做的第二件事，就是升迁奖赏一众"从龙"之人，也就是他在东宫时的那些亲近的内侍，跟他玩得好的武官、医官之类的服务人员，也就是通常所说的"近习"以及皇后李氏的亲戚。

上节也说到，在光宗还是太子的时候，一个关于近习与外臣之间关系的观点颇有智慧。他说："士大夫是按时晋见的，并不会时时在身旁，但近习就不一样了，他们与君主是朝夕相处，所以能颇能改变君主的性情。"可谓抓住了近习弊病的根源。但是，正如上文也提到，这并不表示这位太子成为皇帝之后就能对近习"免疫"。史料虽然也反映光宗"大恶近习"，"欲诛宦者"，但实际上他所厌恶的，只是孝宗身边的近习。孝宗为政总体上比较谨慎，但有一点非常不好，就是宠信近习。他身边的龙大渊、曾觌朋比为奸，恃宠干政，广收贿赂，权倾朝野，也许由此也曾得罪过身为皇子的赵惇。但也可能是赵惇敏感地觉得，这些孝宗身边的近习有可能是孝宗派去监视他的人，因此对他们十分忌惮。然而当赵惇面对那些一直跟从在自己身边的人，却同样难跳出宠信近习的窠臼。赵惇登基后，第一批受到升迁的，正是他的随龙近习。淳熙十六年（1189）二月二日光宗登基，二月五日为寿圣皇帝、皇后上尊号册、宝的同一天，光宗的春坊旧人阁门舍人谯熙载、姜特立等人就同时被升迁为知阁门事。这可是武臣的清要之选，既有地位又有权力。此外，当时随龙的承受官各转四官，虽遭封驳，却破例如故。

要说这个姜特立，的确不容小觑。他是浙江丽水人，此前靠父亲而荫补承信郎，在福建路兵马副都监的任上，还曾一马当先擒获侵犯泉州的海贼，受到福建帅臣赵汝愚推荐而入朝。此人能词擅诗，作品连大诗人陆游都颇为欣赏，孝宗召见他的时候，他竟能献诗百篇，孝宗由此升他为阁门舍人，充当太子宫左右春坊兼皇孙赵扩的伴读，于是姜特立得到了亲近当时还是太子的赵惇的机会，而他也"恃恩无所忌惮"，人称他与谯熙载两人是"曾、龙再出"，也就是孝宗朝的曾觌、龙大渊的翻版。相较于姜特立，谯熙载比较廉勤，引起的怨言没那么大，但光宗有一次试图使他从遥郡观察使除转为被称为"贵品"的正任观察使，这也是破坏规矩的行为，故此负责起草诏书的中书舍人莫叔光不愿行词，两次上疏反对，光宗也要坚持，后来谯氏自己也知道不应当接受任命，上书辞免，但光宗仍然坚持，并要写个"辞免不允"诏，受到奉命写这个"辞免不允"诏的倪思的抵制，光宗此后还再三要求倪思写诏。

也许是为了防患于未然，光宗当太子时的老师尤袤在经筵侍讲时，对光宗历举唐太宗不偏心秦府旧人的故事。过了几天，讲论管制的时候，尤袤又对光宗说："武臣诸司使中，八阶为常调，横行十三阶算是重要的官阶，而遥郡五阶是美职，正任六阶为贵品，这是祖宗留着专门奖赏在边境立功的武臣的。但近年这些旧规矩逐渐被破坏，那些披着盔甲为国家出生入死的人，累积功劳，仅能得到一阶的升迁，而权要贵近之臣，优哉游哉的，只因与皇帝亲近，就得到这些美职贵品。"姜特立听了，认为这是在议论自己，于是指使谏议大夫何澹示坚称尤袤是旧相周必大的党羽，直至光宗不得已把尤袤罢免奉祠。幸而光宗对尤袤不失信任，后来又找了个机会将他召还，任给事中，仍兼侍讲。但从这些事情来看，姜特立能指使御史把对自己有威胁的大臣罢免，足见已经能量不小。

姜特立的事败，主要与右相留正有关。当时，左相周必大已经去位，而副宰相还没有任命，因此右相留正成为唯一的宰相，也被称为"独相"。

有一天，姜特立来找留正，说："皇上看到丞相您在位日久，想把您升迁为左相，这样的话，执政尚缺人呢。如果在叶翥、张构两位尚书中选其中一个人做执政，您觉得哪位可以？"看到国家名器居然被一名近习拿来私相授受，像差派家里佣人一样商议任命执政这样的大事，留正心里自然非常不爽了，但他也知道姜特立虽然权势极大，却毕竟只是一名武臣，而自己身为宰相，与他当面顶撞，一来有可能不利于自己，二来其实也挺丢份的。当下他就不正面回应姜特立。到第二天，留正见到光宗时，就向光宗复述了姜特立的话，揭发了他想要招权纳贿的事实。在此前后，正好殿中侍御史刘光祖上章弹劾户部尚书叶翥、太府卿兼中书舍人沈揆等交结近习之臣，而这个叶翥正是此前姜特立希望留正推荐的其中一个人选，这更证实了姜特立勾结外臣，想要干预宰相任免的问题。这种架空皇帝，把持这么高级的官员任免的做法，在帝制时期简直是无法无天，若任由其发展，势必严重威胁皇权，光宗听到了也不免大为光火，罢免姜特立的阁职，把他赶出临安，提举江州太平兴国宫。

当然，正因为他深受光宗宠信，因此将他赶出临安也只不过像是割野草，过不了几场雨，它又会生长蔓延。后来光宗患病，想念起姜特立来，居然又声称他是无辜被贬，还执意要由朝廷出路费，召他回临安。此是后话。

宰相留正抓住姜特立威胁皇权的行为，暂时成功地把姜特立清除出朝廷，但殿中侍御史刘光祖弹劾医人吴端就没那么顺利了。

赵惇还是皇太子的时候，一直表现得很有孝心，与其父亲同喜悲。一次其父亲孝宗生病，御医老治不好，于是作为皇太子的赵惇也帮忙在民间到处寻医问药，而这个吴端，就是他找来的其中一名巫医。被召入宫后，吴端帮孝宗治好了病，由此得到了赵惇的太子妃李氏的赞赏，此后李氏对他十分依赖。

上文也说过，李氏一家是非常相信这种神怪巫觋之事的，这一点与赵惇颇有共同语言。赵惇自己也非常迷恋祥瑞之事。据说他还在与庆王赵恺暗中竞争皇太子之位的时候，临安城内有一个流浪汉，杭州本地口音，额角有刺字，说明是曾被征召入伍的人。这个流浪汉老是蓬头垢面，有时几天不吃东西，只要有人接近他，他就会大声骂人，那些想要调笑他的孩子也会被他用瓦砾扔，如果有人给他钱物，他也不会道谢。记录这个人的叶绍翁说，他碰到这个人的时候，叫了他一声，这人只会呆呆地瞪着他看，并没说话。这就是标准的街边疯汉的样子了。但奇怪的是时人居然认为这样的人可能是神仙。有一个叫包道成的人还跑去与他同衾而卧，第二天出来讲感受，说他身体壮热，好像发烧一样，睡到半夜这个包道成实在热得受不了，只能把自己移出他的被窝。有一天，赵惇外出时遇到这个流浪汉。当时他在恭王车驾前拦着不让过，卫士们就去拉扯他，赵惇问卫士谁在前面，卫士还来不及回答，这个流浪汉就大叫几声"三王得！三王得"。当时正值赵惇为父皇储位未定之事惴惴不安之时，赵惇一听这几句，一想，三王是他的排行，"得"不就是得天下么？高兴极了，连忙叫卫士放了他。后来真做了皇帝，还曾命人找他入宫，只是人家没怎么理他，"不拜而出"。

赵惇做了太子，志得意满几年后，又开始不耐烦了，想着早日做皇帝，但一等就等了十几年，孝宗却始终不见动静。他听说一个名清湖陈仙的人，会占卜扶乩之术，于是赵惇就悄悄请了他来做法事。那个陈仙煞有介事地

"请仙","仙人"降临后,在箕上画字,上面写着"皇太子淳熙十六年二月壬戌即大位",黄门一见,连忙抄下"仙人"所写的文字送入内室给太子看,太子则赐给这位陈仙各样酬劳,并请他回去后一定不要对人说起这件事。到光宗即位,日期正对得上,于是就更相信这个陈仙了,把他召入宫,想着凡有什么不明白的事情,问问神仙就好了,不用自己动脑筋多想。但这个陈仙可能也自知这种事干多了会穿帮,于是就借口说,神仙不肯来,辞别了光宗出来。后来,光宗得病早逝,民间就传言,说这个陈仙其实是早就知道光宗会早逝,因此怕把光宗的去世日期写出来会得罔上之罪,故意推辞的。这样一来,他的名气更大了,以致他死了之后,宁宗时,宫内还曾经下诏,令这个陈仙的弟弟小陈仙入内扶乩。可见皇帝若迷信方术,其影响就会很深远。此是后话。

且说这赵惇的府上,伶人、巫医、道士之类的人很多,在赵惇当上皇帝后,他们就排着队地等着捞好处。而这个吴端与其他近习相比,多了两样护身法宝。其一是巫术,其二是李皇后的支持。

赵惇继位后,吴端很快被升为阁门宣赞舍人,这已经是超迁了,但不久光宗又要升迁他为"带御器械",这一职衔属内殿近侍,一般由皇帝非常亲近与信任的内臣担任,是非常显贵的职位,整个朝廷只有十个人能有此待遇。这一决定被提出来时,连一向与近习勾结的谏官何澹都感到不妥,三次上书论列,殿中侍御史刘光祖也上书谏止,光宗却置之不理,一定要给事中帮忙通过任命文书。当时的给事中胡纮也认为过于违反任官的规矩,封还光宗的任命批示。但光宗坚持这个任命,还用御笔"宣谕"这几位中书门下官员,要谏官马上放行,要中书门下马上完成任命的"书读"程序。

所谓"宣谕",字面意思是宣示皇帝的旨意,使人晓谕,但实际上是皇帝向臣下表示自己决定一意孤行的委婉方式。看到圣意已决,何澹、胡纮都无奈屈从,只有刘光祖再次上疏,说:"小人逾越了自己的名分,在皇帝面前请求,导致给事中和谏官都无法行使自己规劝皇帝的职能,使国家用来分别尊卑的官位等级不再显得贵重,又搅乱了朝廷纲纪,亵渎了人主的权力,那些小人就会认为,只要皇帝喜欢我,外廷又能对我怎么样呢?这样一来,祖宗任官的堤防就会开始毁坏,是一天之内蒙受了三重损失呀!"

赵惇看了奏章后,又让刘光祖的上司专门跑去劝他,要他停止进谏。但刘光祖以刚正著称,三个月前光宗任命他为殿中侍御史的时候还因为这个称赞他,他又岂是轻易会放弃的人呢?因为刘光祖的坚持,赵惇开始对刘光祖有意见了。刚好,刘光祖在此前任殿试拆卷官的时候出了点差错,曾经上书自劾。本来光宗已经特命此事不再追究了,但这次刘光祖论列吴端不止,引起了光宗不满,于是就借着这个由头,将他降授为太府少卿,把他赶出了言官的行列。这一任命一出,中外沸腾,中书舍人罗点与秘书监杨万里等馆职学士都纷纷上书为刘光祖抱不平,认为皇帝为了一个近习而压迫、驱逐谏臣,非常不应该;彭龟年也对宰相留正说:"祖宗以来,改易差除官员,都是以伸张台谏之气为原则,从未见有为了近习而改易台谏的,这不完全是反过来做吗?"

但赵惇依然故我,只是解释说,调离刘光祖,并不是因为他进谏,而是因为他拆卷不当。但公论认为,他被外迁的时间,并不在他自劾有罪之时,而在他上书之后,因此这样的借口始终无法释天下之疑。刘光祖感到在朝中已经没什么意思,于是力求外任,光宗于是任命他为潼川路转运使,使他远离了临安。

刘光祖，曾任光宗的儿子，也就是日后的宋宁宗赵扩的老师。当时光宗还是太子，正是要向父皇表现的时候，加上其他孩子夭折后，赵扩成为了他唯一的儿子，他对赵扩的教育也十分重视，因此也时时抽空亲自为赵扩讲学。因此，光宗其实是与刘光祖有过较密切的接触，十分了解他的。到光宗继位后的绍熙元年，殿中侍御史员缺，光宗想要亲自挑选正直之士来充任，于是故意对宰相留正说，"卿监、郎官之中，已经有这样的人了"，让留正猜猜这人是谁。留正深思了很久，忽然醒悟说："不会正是刘光祖吧？"当时刘光祖正任军器少监。光宗笑说："猜对了！这人早已经存在我心里了。"可见赵惇对刘光祖的器重。但这位光宗心目中刚正不阿的好言官，却在被任命后仅仅三个月就离开了朝廷。从朝臣们的这些舆论就可以看出，赵惇对吴端与刘光祖的做法是多么有违公论，而光宗又是多么一意孤行。

但如果仔细观察光宗的家庭则会发现，其实光宗自身也面临一种不能向人明说的压力。这使他即使在前朝面对臣僚的时候还说得好好的事情，回去后宫之后，也能瞬间推翻。这种压力来自他的皇后李氏。

光宗的皇后李凤娘，死后被谥为慈懿皇后。按史书上的解释，"视民如子曰慈，温柔圣善曰懿"，但纵观李凤娘的所作所为，却正好与她的谥号相反。李氏是两宋罕见的心狠手辣而且明目张胆干政的皇后。

上节也已经讲到，光宗皇后李凤娘的父亲李道，本是游寇出身，入南宋为官后，又交结道士，最终由道士皇甫坦推荐他的女儿入宫成为当时还是恭王的赵惇的王妃。这位李凤娘相貌还是非常好看的，只是生性贪婪悍妒。

就在她成为恭王妃后不久,乾道二年四月,她的父亲知荆南李道被莫濛、程逊、司马倬等官员联名举报,说他"所为乖谬",不但政事由胥吏把持,乱花官府经费,还"专意营私,盗贼群起,不即擒捕"。孝宗听后很生气,说:"李道依仗着是皇家亲戚,就胡作非为,可予以放罢。"这一措施阻吓了那些想要怙势作威作福的皇亲国戚,对于国家来说当然是好事,但对于恭王妃李氏来说,却是一个打击。她可能此时已对自己这个公公心怀不满了。

李凤娘当了太子妃后,就经常与赵惇吵架。传统帝制环境下,后宫险恶,一般人坐到太子妃这个位置上都会谨言慎行,即使与丈夫不睦,也会生怕事情张扬出去,但这个李妃毕竟并不是儒臣之后,没受过多少这方面的教育。她才不管这么多,径直跑去找孝宗甚至太上皇赵构诉苦。一开始,两代皇帝还对她耐心劝谕,但过一阵子,她又来投诉。太上皇赵构终于意识到他这次为赵惇选妃是选错了,对吴氏说:"啊!这李氏始终是将门种子,不够贤淑。我被皇甫坦误导了呀!"孝宗见皇后经常欺负他儿子赵惇,也忍不住说她:"你为什么就不能学学你的大妈妈呢?"孝宗所说的"大妈妈",指的是孝宗的养母,高宗的皇后吴氏。有时看见她太过分,孝宗还教训她说:"你只管和太子争吧,再争的话我就把你给废了。"其实当时孝宗只是给她搞烦了,随口说说吓唬吓唬她,谁知道她竟然当真了。当时孝宗还是皇帝,真的对她有生杀予夺之权,她倒不敢对孝宗怎么样,但想到孝宗居然拿她与太上皇后吴氏相比,就怀疑是不是吴氏曾经从中作梗,于是就也恨上了吴氏。

最后，到李凤娘终于圆了皇后梦，这时，谁也不敢把她怎么样了。她第一件事就是为自己的家族争取利益。

按旧制，南宋皇后受册、宝，亲属虽可推恩25人，但孝宗册立夏皇后的时候，臣僚建议减去7人，也就是减至18人，孝宗同意了。夏皇后去世后，孝宗再册立谢皇后。谢皇后是穷苦人家出身，为人非常低调节俭，她认为自己的娘家没有那么多人可以推恩，主动请求再减8人，于是减至10人。现在，谢皇后还健在，是当今太上皇后，是李皇后的婆婆，所以按道理李皇后推恩礼数不宜超过她。光宗即位后，准备册封后族，听到臣僚们建议册封不要超过10个人，他表示可以接受，但李皇后一听就不干了。她让侄子李孝纯以李家子孙众多为理由上书陈请再增8人，即恢复夏皇后的规格，超越了谢皇太后的规格。光宗害怕李皇后，也同意了。但中书舍人楼钥认为不能坏了规矩，因此封还诏书，不同意执行。为了皇后，光宗又出动了"宣谕"这一招。楼钥只好退一步说，既然是宗亲多，那，要不规定那些增加的名额只能用于李氏宗亲吧，既不失厚恩，又不致滥赏。光宗觉得这种办法挺好，于是又颁御笔宣谕道："那就下不为例，特与书行吧！"以为此事就此可以平息了。谁知过了不久，李后又不顾光宗"裁节浮费"的主张，大修家庙，"土木竞兴"，耗费金钱无数，而且还逼着光宗封李后的三代为王，修成的家庙，规模完全逾制，卫兵比皇帝赵氏的太庙还多，搞得当地官府不得不加大搜刮人力物力，正赋都疲于输纳，而民间更是"有愁叹之声"，"军怨民穷"，几乎酿成祸乱。家庙修好后，李后又去归谒家庙，这样一来，李氏一门推恩的亲属就更多了，达到二十六人，比祖制规定的还多一人，完全超过了在生与去世了的所有皇后，还荫补使臣一百七十二人，连从未任官，与李氏完全没有亲属关系的门客，李皇后也为他们奏请补官，这胃口确实令人咋舌。但光宗对群臣的反对声音依然是听而不闻，只对李后唯命是从。

光宗在为自己喜欢的人加官晋爵方面，是与皇后李氏有共同看法的。他们俩对官位之类的国家名器已经不像他的父祖那么珍惜重视。如韩侂胄是嘉王赵扩的夫人韩氏的曾叔祖，算是外戚中的一员。光宗就不管宋代严控外戚的"家法"，多次升迁他，使他在短短四年之内，竟升迁到一个本来需要 27 年磨勘才能达到的官阶，之后光宗还准备超授他四阶，这又相当于 20 年正常的磨勘迁转，后来还是因为给事中尤袤缴驳，方才作罢。至于伶人胡永年就更离奇。他居然因为戏演得好，积官至武功大夫，还仗着光宗喜欢他，想请求光宗允许他恩荫亲族。这在宋代官制中是绝无先例的，光宗居然也一口同意。最后还是吏部尚书赵汝愚提出，以乐艺出身的人不能以恩荫任子，并希望立为定法，才制止了这事。

类似的无故给自己喜欢的近习、亲贵加官晋爵的事，在光宗朝简直不胜枚举。光是给事中尤袤所封驳过的事件就有：召回宦官陈源，给他授予在京宫观职位；用手诏给耶律适嘿授承宣使、给陆安转遥郡、让王成特补官；赏给谢渊、李孝友转官的资格，为吴元允、夏永寿迁秩，足见光宗在官员选任上的任性。无论是光宗还是皇后李氏，对宋朝的所谓"祖宗家法"根本不在意。

正因如此，巫医吴端既然是李凤娘看重的人，那么李后要升迁他，光宗也就不觉得有什么好反对的，于是外朝的儒臣就无论如何也无法阻止了。

除此之外，李凤娘还曾经自中宫假借光宗之名，直接指令外朝大臣为她家服务。如她的姐夫王士廉,想要低价租佃平江府(今江苏苏州)的官田,李凤娘就是直接叫自己身边的宦官杨舜卿、袁佐去"宣谕"两浙西路的最高长官转运使,把平江府的官田强租一空。

这边皇后为自己的亲戚争权益,那边皇帝也为自己的亲戚大肆营建。右正言孙逢吉有一次上章对光宗反映,说皇帝的宗亲到处建宅第,每建一第,又要拆迁居民几百家。京城居民本来安居乐业,十分不情愿离开原来生活的区域,现在房子被拆,被迫迁居,民怨沸腾。光宗听了,才制止了这样的大规模营建。当基建暂停的诏令颁发下来时,浙西转运使漕沈诜跑去见孙逢吉,感谢他说:"若不是正言您提意见,我们这一路的经费都几乎要耗尽了!"可见这些宗亲皇族的宅第,都是用临安所在的两浙路的财赋来修建。

亲王们的宅第算是暂停新开工了,但皇宫内的营造却刚刚开始。绍熙二年四月太学生余古在上书中说,相对于高宗初创时的俭朴,现在大内中的宫殿,已历三朝,逐渐加建之下,其实已经颇具规模,"何陋之有?"但光宗还是不断地新建楼台,以致新的月榭风亭"接于云汉"。

如果仔细算一下,无论是自己喜欢的优伶、近习,还是李凤娘喜欢的亲戚近从,都要违规逾制地封赏,为了享受又大肆修造宫殿楼台,皇室内帑又哪里来那么多钱呢?

本来,在光宗刚即位的时候,他是有志于节约浮费,做个好皇帝的,此前做太子时所写的咏雪诗,也表达了他怜惜百姓,希望通过宫廷节约宽解民力的感情。但当自己真做了皇帝,却把这些志向逐渐忘记了。绍熙二年(1191),秘书郎郑湜恳请光宗明确下令,派遣大臣裁定内外经费,裁定后，上自皇上，下至机构百司，除了供奉宗庙、太上皇及皇帝两宫的用度，还有军费之外，其余支出都尽量裁减。光宗同意。正好此时户部也上章建议朝廷稽考内外财赋，置《绍熙会计录》，说等到会计录造出来，可以看到朝廷收支的大概了，就请光宗委派大臣共同议定支出项目，将所削减的开支，以豁免赋税等形式还输给百姓。光宗当时听了对这些意见都很感兴趣，任命户部尚书叶翥、御史何澹等人一起编造这个会计录。

过了很久，会计录倒是编成了，朝臣借机建议所有的赏赐皆削减三分之一。光宗一开始同意了，但真要赏赐的时候，光宗却又突然降旨，特诏伶人的赏赐要按旧时的额度足额发放，不愿减去三分之一，即使倪思等大臣进谏也没听进去。于是，节约赏赐的事就不了了之。

过了不久，又有臣僚上章说到朝廷的滥予横赐，完全没有约束，建议从今以后宫廷中的赏赐、营造、索取，都要有定额，索取的时候要根据有司的规定来，还要厘正所有滥恩横例。光宗听了也觉得有道理，于是诏叶翥、赵彦逾、何澹等人一同稽考，但后来也不见有下文。

看来，光宗的确有过要节约用度的想法，只是如果这些用度影响到他的玩乐与赏赐，那他又不太愿意了。

既然享乐、赏赐不愿减少，那内廷的钱就必然不够。钱不够怎么办呢？于是光宗又想了一个办法，就是假造名目，拿外朝的钱。

之前在孝宗皇帝当政的时候，在三省设立了一个封桩库，每当外朝经费有一点结余，孝宗都会把它们放到那里，作为日后"恢复中原"时的军费，并立下规矩说："非奉亲、非军需不支。"也就是只有供奉太上皇帝赵构以及军需，才能支取。到淳熙十年的时候宰执曾做过一次结算，发现积存的钱物已经达到了三千多万贯,当时孝宗还不无得意地说:"朕创此库,是用来备缓急之用的,所以从不敢拿来私用,当然能积存这么多了。"不过,从那时开始,随着孝宗发现恢复无望,意志日渐消沉,于是也出现了以犒军或造军器为名,将这些钱物拨入内库等行为,只是情况尚不严重。但到光宗登基后,这些本来立法禁止皇帝私用的封桩钱物就开始被他以各种办法搬入内廷的皇室小金库。

楼钥任中书舍人的时候,曾对光宗上了一道奏章,里面所说的内容,一方面反映光宗对朝廷财物的滥用与浪费令人触目惊心,另一方面也反映了当时朝臣对这位皇帝的无奈与对国事的忧虑。

他说:"祖宗以来,建立各种府库,多只为军需,所以在本朝,从来只听说皇帝把内藏的财物拿出来帮补外廷财政的不足,却少见以外廷的经费拿来补充内藏。今天我们的国力比祖宗的时候已经不及十之三四,全靠东南的财赋来立国,对江南的索取已经几乎是竭泽而渔了。再加上去年水旱灾害频仍,江上漂下来,路上也塞满的,都是饿死的百姓的尸体,陛下即使尽力救济,也不太济事。现在又是青黄不接的时候,我们又没什么其他的生财之道,只有靠着陛下身体力行地去恭俭节约,爱惜财物,惩治贪暴的官员。即使这样,我们的财政经费还不够呢。但现在我们听到的,是内廷无时无刻不在宴饮玩乐,费用支出无度,因为不经有司,因此我也不知道具体用了多少,只知道陛下屡次下诏取用祖宗所建的封桩库里的钱物。我的职责是分管财政的,每当看见陛下用御旨在封桩库拿钱物,数量那么大,实在非常担心害怕!现在民力已经耗尽,百司的经费又无法裁减,整个朝廷唯一的备用金就都放在封桩库里了,但如果又竭尽封桩库的钱物以供奉皇室使用，那我们国家岂不是很危险了吗？我本来早应该论奏的，但只因陛下每次拿钱，都说是为了供奉太上皇、太上皇后和太皇太后三宫，我作为臣子，又不敢说什么。现在外朝议论纷纷，都说陛下所拿的钱，根本不是尽孝之用，只不过是赏赐乐工和近习之类的人，而且一天比一天赏赐得多。如果再这样下去，就是钱积得有江海那么多，也要漏尽了啊！就像前几天吧，陛下连发两道诏令的草稿，第一道说是要调拨封桩库里面的银八万两，会子二十万贯，准备供奉皇太后与寿皇用。陛下自从今年正月一日行庆寿礼之后，都没有起过驾去看寿皇，我们内外正企盼着陛下过宫看一下寿皇呢，现在陛下说是拿钱尽孝的，我们能不放行吗？但仅过了一天，我们又得旨说要在封桩库拿金二万两，银五万两，那这就简直是无名之费了。我们的钱，夸张一点说，其实是通过朝廷逼监司，监司逼州县，而州县又去剥贫民的皮，取他们的膏血这样凑回来的，索取的时候，那真是锱铢必较，一点一滴地积累，好不容易凑够数目，送到朝廷。这两万两黄金，五万两白银，陛下是富贵之极的人，感觉它好像不多，但如果是百姓小民，那就不知道是多少户中产家庭的全部财产，多少万下层百姓的生活费，州县要打断多少条棍子，令多少人户破产才收集得来的，我们都觉得珍贵无比，但陛下您用的时候，却当它们是泥沙一样，实在是令人太痛心了！"

可怕的是，不只楼钥遇到过光宗偷拨封桩钱物，权中书舍人倪思也驳回过光宗这样偷取封桩库的诏旨。当时他下诏要调拨十五万贯钱物入皇室所用的内库，也是说要犒劳军队，但倪思早看出这只不过是滥用外朝财物的又一次借口而已，于是对赵惇说，封桩库往日每年有四百六十四万贯入库,而支取只有不到两万,经历这么多年,才积存了这么多,现在陛下如果再不加以节制,它很快就会被清空了。几经与皇帝博弈,光宗终于答应每年以四十万贯调拨封桩钱物为"犒赏军队"的上限。这算是稍稍限制了一下他的无限贪欲,但孝宗时的每年划入内库不足两万与之相比,则是小巫见大巫了。

赵惇不但调取封桩库的钱物,他对朝廷的其他财赋也一样虎视眈眈。如南宋另一个专门收藏朝廷宝物的府库中的财物,他也经常用"宣取"的方法拿进宫里去。御史台主簿彭龟年在进谏时就揭露过光宗的这些贪婪可笑的举动:"这些宝物,都是皇家的东西,放在内府与放在外府有区别吗?只是,如象牙席子之类,是没收违法大臣家的东西;而四圭、有邸之类的器物,那是祭天的用具呀,这些哪是应该用来摆在皇宫里使用的东西呢?陛下一旦将它们纳入宫中,这不是有损陛下的圣德吗?所谓天子无私财,现在州军里的经费,也分军资库、公使库,州县官员可以用公使库里的钱物作为办公经费,而军资库里的钱物是要上送朝廷的,一丝一毫也不能用。地方官府尚且要求分得这么清楚呢,而陛下又如何以身作则呢?宫廷里的花费不去裁减,反而靠在封桩库那里挖墙脚,可以吗?"臣下们对皇帝这种行为真是哭笑不得。

二、"任贤"和"纳谏"

不过,话说回来,这光宗虽然即位后做了不少荒唐事,但他却有一个长处,就是选用人才方面做得不错。光宗一朝,皇帝的私生活虽然混乱,但外朝却尚能说是人才济济,不但出现了敢言直谏的卫泾、刘光祖、彭龟年、倪思、楼钥、孙逢吉等侍从、台谏,像光、宁间的宰执赵汝愚,"事亲孝,事君忠,居官廉,忧国忧民,出于天性",只是因为他是宗室,受到宋朝不许宗室干政的家法所限,一直难以得到重用。但光宗在用人上倾向于打破常规,不顾谏官的反对,一定要任命他为知枢密院事,于是赵汝愚才得以在光宗后期成为主持大局的股肱之臣。

还有一位"才气超迈"的陈亮,他在孝宗时就多次上书,提出"中兴""复仇"等一系列建议,认为孝宗不应该"委任庸人,笼络小儒,以迁延大有为之岁月"。只是当时孝宗已经不是盛年时想要有所作为时的孝宗了,对于陈亮的上书也就听不进去。陈亮没有得到朝廷重用,反而因为上书中触到了既得利益者的痛处,被当权者诬陷,两次下大狱,九死一生之后才拖着伤病累累的身体出狱。就是这样的一个不为当权者所喜爱,却被广大百姓与普通官僚景仰的陈亮,在绍熙四年(1193)时,以五十一岁的年龄参加科举,得以晋级到殿试阶段。当时礼部奏名列为第三,光宗那时正在发病的间隙,思维比较正常。他阅读了陈亮的策文之后,非常喜爱,立即将他擢为第一。后来,试卷拆封,去掉糊名,光宗得知自己亲自选拔的这个第一名是陈亮时,并不因他几次身陷囹圄而予以歧视,也不因有众多廷臣的恶意中伤而视他为"狂怪",反而大喜道:"朕擢果不谬!"不无得意地说:"天下英才,这次为朕所得了。"也许,他是从陈亮的傲然中,看到了自己羡慕的东西;从陈亮策论里务实而不务虚名的主张中,看到了他期待而又不敢实践的处世方式吧。

永嘉事功学派的代表人物陈傅良颇有治世之才,他虽登乾道八年(1172)进士甲科,但在孝宗朝只做到福州通判(正七品),其中还受劾闲居八年，后来，还是光宗起用他为吏部员外郎，不久升任权中书舍人。

光宗看重的刘光祖，在孝宗乾道五年（1169）殿试中被孝宗擢为一甲第四名，但始终得不到重用。反而是在光宗受禅后，被多次升迁直到成为殿中侍御史。黄裳与刘光祖同年进士，人称他"文词迥出流辈"，但直到孝宗朝末年，历时二十年，也只做到国子博士（从八品）。光宗登基后，接受群臣建议，授黄裳秘书郎兼嘉王府翊善。黄裳在嘉王府前后六年，对嘉王赵扩的学业极为用心，自天文、地理、人事之纪以及三代、汉、唐治乱得失之数，本朝制度典章、人才议论之要，全部都一一为赵扩解说，随时随事以事理规劝、指导赵扩，赵扩的进步，连孝宗都发现了，专门表扬他说："嘉王学习进步很大，这都是你的功劳啊！"光宗后来把黄裳升为迁起居舍人、中书舍人、给事中，无论官如何升迁，总是兼着嘉王府翊善。到绍熙四年六月，黄裳在给事中任上，因为封驳光宗的一个任命而被光宗移去做兵部侍郎，同时剥夺了其做嘉王府翊善的资格，赵扩还因此向光宗请求让老师留任。之后光宗虽然还是把黄裳调离了有封驳权的给事中一职，但还是将面子给了自己的儿子，仍旧让黄裳兼翊善。

此外，光宗还将曾经为东宫僚属的葛邲由同知枢密院事擢为参知政事、知枢密院事，绍熙四年三月再进拜右相。

而且，光宗也很少迫害那些对他进谏的人，因此我们才得以从大臣们的谏言中看到这么直白描述光宗荒诞行为的内容。至于为什么大臣们会在他即位的初年较乐于去进谏，这就不得不说到光宗初即位时做的第三件事——求直言。

光宗在登基的当月就连下三道诏令，第一道颁给内外臣僚，要他们指陈时政缺失，但同时强调不接受四方献上来的歌颂之文；第二道诏书颁给曾经担任宰执、侍从这些能接近皇帝的清要之官的人，向他们征求关于朝政得失的意见；第三道诏书颁给中书、门下两省官员，这些官员是负责朝廷政策制定之人，因此赵惇要他们仔细考察审定朝廷内外的臣僚通过密封方式送上来的奏章，挑选最切中时弊的呈上给皇帝。

这原是新君即位的例行公事。当然，臣僚一般都会稍作观望，要看看这位新君的脾气，看看是不是有纳谏之量，是不是真心求言，因此求言的诏书颁布下去后，一般不会立竿见影地获得臣僚们推心置腹的建议。于是光宗又想了个见效更快的办法，就是要求职事官轮对，迫使臣僚们逐日挨个发言。

这个通过让职事官逐日面对皇帝亲自读出自己的奏章，讲出自己想法的措施，曾经在高宗的绍兴二年和孝宗刚登基的绍兴三十二年实施过，后来都多年没再进行。现在光宗再次启动了这个与百官的对话渠道，内外百官开始振奋起来。

当时的百官，无论是在朝还是在外，当政者还是致仕官员，也不论是召对时当面指陈，还是通过上疏言事，赵惇都非常耐心地聆听与阅读。东宫旧臣罗点使金回朝，赵惇对他说："你本是东宫旧僚，和他人不同，如果有什么想说的，千万不要有所忌惮，要直言相告。"亲自任命另一位有清正之名的刘光祖为殿中侍御史时，也勉励他说："正是因为你刚强正直，所以把向君主进谏的责任交给你。"这都表明赵惇求言若渴的态度。

赵惇登基后不久，边臣来报，金使入界的时候，使名不合外交礼节，左补阙薛叔似认为，如果使名不正而又轻易让他入境，只能让敌人轻侮，称"谋国者不能过分畏敌"。赵惇听后"奋然开纳",似乎他对金人也并不主张一味退让。

即位求言的当年夏秋之际,光宗还下诏,让侍从官们多讲时政得失。

光宗这种反复要求群臣直言的姿态本来应该会带来群臣踊跃建言献策,同时使孝宗后期逐渐消沉的朝政气象一新。而当时群臣对光宗也正是这样期望的。可惜的是,光宗所作所为的一些细节,逐渐令群臣失望了。

首先是对直言极谏之臣的外调。例如在光宗初即位求言的时候,时任秘书郎兼权吏部郎官的郑湜首先在转对时进言。他对光宗说,"三代以还,本朝家法最正",其一为"事亲",其二为"齐家",其三是"教子"。而且,本朝对皇后家族的待遇也非常有节制,禁止后宫干预朝政,妃嫔进御有序,这些都使得本朝外戚不会恩宠过于隆盛,后宫不会妒忌横行,并且能杜绝那些侥幸小人通过贿赂外戚而获利。这三大原则的坚守,是汉、唐所不及的。当然,这其实也在暗示光宗在这些方面尚有提高的空间了。郑湜之所以不去议论平常政务,而是着重讲述对皇帝如何齐家的建议,是因为他"听到市面上的各种消息,有说宫中宴饮不断,花费极大,而那些能说会道,善于迎合的宠臣、亲信,又往往与陛下十分亲昵"。不但这样,而且光宗还只顾着宴饮而不办公,导致中外章奏送入朝廷后,处理决定往往很久都不见出来,所以郑湜才会力请皇上"奋发乾刚,一洗旧习"。这个"旧习"是什么?分明就是赵惇还在做太子的时候就已经有的习惯。这说明赵惇身为太子就已经宴饮无度、亲昵宠臣、后宫不整,他的"无他嗜好"的形象只是表演给孝宗一个人看而已。至于郑湜所指出的祖宗的"齐家"之法,要求光宗要严家法,正内治之纪纲,则分明针对李后。此外,他希望光宗重视对皇子的教育,使他多接触讲读官,不让他过于亲近内侍之类的近习,这则是针对赵宋统治的长远考虑。据说此疏一出,"四方盛传",足见光宗的这些问题已经早已引起外朝侧目,而郑湜的奏疏正讲出了群臣的心声。

面对郑湜这么直白的进谏,为树立纳谏好形象的新君赵惇又不便发作,于是找了个机会外放他去做浙东提举,免得他再在身边奏对多言。

其次是对谏言的选择性听从。而这选择的标准有两个。对于某些不影响其"旧习"的建议是言听计从的,这正好可以树立纳谏的好名声;而对那些切中其统治根本性弊端的意见,大多数就是听而不闻。赵惇的东宫旧臣刘光祖上书被采纳的情况就最能说明光宗的选择性听谏。

在赵惇还是皇太子时,刘光祖兼皇太子宫小学教授,是赵惇的儿子赵扩的老师。后来刘光祖因丁忧去任,守孝期满后受命知果州(今四川南充),得到当时的四川安抚制置使赵汝愚的赏识,辟其为四川制置司参议官。赵汝愚入朝后推荐刘光祖,于是刘光祖也被召入朝。奏对时,这位东宫旧臣对光宗说了三件事。首先是防微杜渐之道,认为自古祸乱之萌有四,一是强臣擅兵,二是外戚干政,三是宦官当权,四是朋党交争;其次是保护宗社之本,举措有一个,就是谨慎为太子选择师傅;其三是节俭以宽解民力。与此同时,他也以自己为官四川的经历,向朝廷明言四川盐和酒专卖制度的一些弊病,提出减免四川百姓负担的意见。结果光宗对刘光祖所说的祸乱之萌、节约宫廷花费那几样置若罔闻,但对另一些意见,如为太子严选师傅、减免四川赋税的建议则马上执行,除挑选黄裳为嘉王赵扩的翊善外,又把四川按例要起发调运入湖广的经总制钱物暂停三年,用来代百姓交纳当地繁重的盐、酒税额等。

绍熙二年（1191）二月，本来正是初春极寒之时，但那年天气却燠热异常，到二月底，突然一阵惊雷急电，之后又劈头盖脸地下了一场冰雹，两天后气温骤降，纷纷扬扬地下起了江南多年罕见的大雪。光宗因此非常忧虑，给侍从、台谏、两省、馆职等下诏，让他们直言时政缺失，这年五月又宣布今后将随时宣召侍从、经筵、翰苑官入对，以便广开言路，"以补治道"。这时太学博士彭龟年就上书，一针见血地指出了光宗的这种有选择地纳谏的特点。他说："近日台谏所说的话，效果不明显。陛下虽然有些也听进去了，出台处理办法了，但没采纳的也不少。不但如此，那些上书的人还受到了陛下的训诫或宣谕。"

此后，秘书省著作佐郎卫泾也上书说："自古最令人担忧的就是人主不容纳接受进谏。现在臣僚每次奏对，所说的语言虽然亢直，但陛下都每每对他们优厚宽容，可谓有容受之量。然而，陛下受言之名很美好，采纳这些意见的成效却看不到。为什么呢？不就是因为听得虽多，却不是带着诚意去听，所以陛下一开始看起来很喜欢纳谏，但最终所作所为却被发现违背了百官的建议，这就是表面遵从而内心抗拒。在朝堂之上，陛下与臣下应对周旋，让人错觉自己的意见正合主上的意思，但退朝后，却寂然不见所建议的有所放行，于是自然地就会对陛下有点看法，而如果这些看法被小人听见，于是就成为小人在陛下面前中伤他们的把柄。长此以往，不知不觉间士气就慢慢被消磨，陛下与臣下之间又会无故生出一些隔阂，这其实是在暗暗地压制士气，鼓励因循缄默的陋习啊。"此外，卫泾所指的绍熙以来的"阙政"，无一不深中光宗的痛点。于是，卫泾也就同样被慢慢找了些由头，外放为淮东提举，远离了光宗。

赵惇在用人、纳谏方面的特性，就是对无关痛痒的事情上，他乐于纳谏，以宣示自己的美德，但若是触及自己的痛处，他就置之不理；如果进谏的人稍稍伤害了他的自尊，他就把这个人调离言职。

从以上种种光宗的行为可以看出，可能由于长期在强势的君父的压力下，光宗形成了非常明显的内向型人格。这种人格的其中一种表现就是，当他面对强势之人，如其父亲孝宗、其妻子李皇后的时候，就一味顺承，但内心却非常压抑，一心想着找机会反叛，遂出现他对寿皇与李后的阳奉阴违。看看他和孝宗的对话就可以看出，他接话时，往往不是认同就是进一步阐发父亲的想法，而这种做法往往得到赞扬，因此就强化了他的这个习惯，即使他对对方所说的话不以为然，他也会表面认同。这种情况在面对比较强势的大臣时，或者大臣的进谏他一时无法反驳时，也会出现，就是表面"深纳"，甚至赞扬、感激这些大臣，但实际上一转过身就把他们的话当作耳旁风。这个在他面对尤袤建议他力辞参决庶务时的态度上已经可见一斑。他表面称赞，只有老师最爱护我了，但实际上仍是我行我素。

表现之二是，在他可以掌控局面的情况下，他就倾向于充分利用，甚至滥用自己作为皇帝的权威，不惜打破多项宋朝的"祖宗之法"，以达到一种宣泄与自我肯定的快感。如让伶人与宫人杂处，甚至夜出宫门，破格起用近习等都是这样。

表现之三就是，他在面对一般大臣时的独断专行。他在强者面前太弱，不得施展，而且外朝也早知他惧内，如上次震雷雨雪的时候，就有一大堆臣僚上书说这是"阴胜阳之明验也"，搞得他很没意思，因此他就想在臣僚面前展示一点"刚断"之气。但正如太学博士彭龟年所说的,所谓"刚",并非独擅威福,不听规劝,而是不被欲望所牵制与蛊惑,立定原则,不冤枉好人放纵坏人,那才叫"刚"。但光宗的"刚",有时是好的,如斥逐武臣李楝,这种决断正是皇帝所需;但又如为了一个医人吴端就赶走自己曾非常赞赏的刘光祖,一众大臣都无法劝阻,或是让一些近习得到极高贵的官阶,"全台论之而不回",这个"刚"就简直是"硬刚"的"刚"了。正如起居舍人黄裳指出的,那个光宗一意要升迁他为知临安府的潘景珪,其实光宗也知道他才能一般,一开始也只是给他普通的待遇,后来一时起意要升迁他,却被台谏论奏,于是激起了他要与台谏争胜的忿心,台谏论列越激烈,他就越坚持。其实他最初也并不是非要把潘景珪放到临安知府的任上不可。所以,他明为维护潘景珪,实际上是要维护他认为被伤害了的自尊。这些行为最终导致皇帝与台谏之间的激烈冲突,更导致朝廷舆论后来日趋黯淡。从这些迹象看来,光宗为政,即使是在他尚未发病的时候,都已经是以意气用事为多。也正因如此,他给臣下的感觉就是,他并非不想奋发有为,开创属于自己的时代,但是每当这种成功要以勤奋、自我控制、创新以及雷厉风行的救弊为基础时,他又马上失去了动力。所以卫泾才会说他是"受言之名甚美,用言之效蔑闻",希望他能"应天以实不以文,动民以行不以言"。如果说,孝宗是几经挣扎求治后,发现朝廷内外早已被垂暮之气充塞,从军政到民事的改革都要触一发而动全身,因此凌云之志逐渐消沉的话,那么光宗则是一想到改革的艰辛,就直接放弃了。

　　光宗这样的性格,使得光宗初期的政局不但无法革故鼎新,而且具有越来越多朝代暮年才有的特色。而他面对孝宗时无法直言的情状,也使得父子二人在立储问题上在沟通失灵之后，误会与嫌隙丛生，最终导致了孝、光二代皇帝的人生悲剧以及南宋立国后的第三次内禅。

三、父子情仇

与高宗内禅孝宗的情况不同，光宗即位之前，已经深深埋怨父亲不早日让自己继位了，因此对于孝宗的内禅，光宗非但毫无感激之心，反而心怀不满。这个不满，光宗自然是不能明确表露出来的，但他对孝宗的反感，却早在登基之时已经悄悄出现。表现之一就是毫不顾及太上皇帝孝宗还健在的事实，一登大宝就下诏让臣僚对时政得失各抒己见，颇有让臣僚议论上皇之失之嫌；表现之二就是倾向于重用孝宗不太重视甚至不愿重用的人。而对于宰执的人选，他也有自己的想法。

在赵惇即位的那天，他亲眼看着周必大哽咽着对孝宗说："今日能重现盛典，确是我们作为臣子的幸运。只是，从今以后却不能每天都见到陛下的天颜了。"当着新君的面表达对旧君的留恋，光宗自然十分嫉恨了。更何况孝宗还安抚周必大说："只赖卿等协赞新君。"这对于敏感的光宗而言，这不正是叫周必大帮他好好看着新君吗？于是，登基之后他就开始等着，看周必大会不会像之前对孝宗所说的那样，提出辞呈。谁知等了两个多月，周必大居然毫无动静。光宗越发不放心了，觉得周必大肯定是孝宗特意留下来监视自己的。于是他悄悄找到自己做太子时的另一个侍讲罗点，请他推荐一些可以任台谏官的人选，想等任命了新台谏，就示意新台谏把周必大给弹劾下台。谁知罗点完全不知道光宗的意图，只是列举了一些当时有名望的清正之士，如叶适、郑湜等。这些人的风格与周必大类似，自然不合光宗之意，因此他一个也没有任命。正踌躇间，正好权兵部侍郎何澹因为曾对右相留正有恩，在留正的推荐下改任右谏议大夫。这个何澹，与周必大的关系本来不错，但在周必大任宰相期间，何澹做了两年国子司业却不见周必大提拔他，于是就对周必大开始心存不满。留正任右相后，就马上建议升他为国子祭酒，他感恩在心，于是在升任谏臣后，立即上书，历数周必大不公、不平、不正的十条罪状。按惯例，宰相受台谏弹劾，就只好先上状力辞宰相之位，而皇帝为表示用人不疑，也将会对宰相屡辞屡不允，即使真想外放他，也要等他力辞十次以上，给足他面子，才放他去外面任地方官。但光宗正等着周必大上状辞位呢，来不及等他"十辞"了，只在他第一次辞相时，虚应故事挽留了一下，到他第二次辞职，就马上批准。

至此，光宗自认为自己拔除了父亲放在自己身边的一颗重要的棋子。但这还不够。光宗还把留正升任为左相。留正独相之初，曾作出姿态请光宗复命新相，光宗对他说："古来多任一相，现在正以此期望你，你应了解朕的心意。"让留正独相，就是为了防止孝宗再有机会在他任命新宰相前后以提意见的方式再在自己身边安插耳目。也正因如此，这个才能一般的留正在光宗朝居然独相了将近四年。同时，由于当时的御史台主官御史中丞谢谔不愿弹劾周必大，因此光宗马上把他调任，而让去周有功的何澹升任御史中丞。但问题是，宋代历来的规矩是，前任宰相去职，后任宰相拜除之后，就会提拔前任宰相信任与推荐的人为台谏。因为台谏可以对皇帝的任命进行论奏，又可以弹劾在位的大臣，对朝廷的人事布局影响颇大，只有台谏不是宰相一党，这样才能保证宰相不能借台谏结党营私，威胁君主。

这个规矩在秦桧任宰相时曾被打破，已经留下深刻的教训了。但现在光宗为了防止父亲的干预，却以留正为相，又以留正一党的何澹为御史台之长，于是大开宰相与台谏合谋的先例，其影响直至宁宗以后各朝，成为南宋后期难以治愈的痼疾，不可谓不深远。

光宗即位后，与其父亲的各种较劲，不止选任宰执一端。即位当月，他下诏五日一朝寿皇所住的重华宫，寿皇则仿效高宗之例，表示新君治国要紧，无须频繁进见，谢绝光宗五日一朝的安排。次月起，光宗就改为每月四朝，这也是当初孝宗最后确定的朝见高宗的频率。但当年五月，光宗下诏规定宰相率领百官每月一朝重华宫，这就比孝宗时减少了一半。因为孝宗时的规定，是宰臣率百官于初二日、十六日赴德寿宫起居，也就是每月两次去德寿宫见高宗。

其实，宰执率领百官去朝见太上皇，是太上皇继续掌握朝中大事，对朝政提出指导意见的重要途径。减少宰执朝见太上皇的频率，显然就是不想父亲与朝臣接触太过频繁，对他生出掣肘。

由此我们不禁要问，这光宗为太子时，能"因为父亲的喜而喜，因为父亲的悲而担忧"，那么，为何一当上皇帝，他就对其父亲如此忌惮，多方防止父亲插手自己的政务呢？究其原因，大约有以下几个。

首先是光宗的秉性与孝宗明显不同。光宗喜欢宴饮、听歌看戏，而宋孝宗晚上的娱乐以看书、写字为主，有时练习一下骑射。他俩真没有什么共同兴趣。而且，孝宗孝顺宋高宗，那是发自内心的。即使是在这对养父子在治国理政方面产生较大矛盾的那几年，孝宗还是能够出于维护皇室与朝廷稳定的责任感和知恩图报的心，对宋高宗事事迁就，尊重高宗的意见。

但光宗在做皇太子时对宋孝宗的所谓的孝顺，其实并非出自真心，而只不过是想好好表现，凸显他能成为合格的皇帝的一面，好让孝宗快点让位。所以当他做了皇帝之后，陪伴在父亲身边的时间对于他来说简直就是一种折磨。

第二个原因就是，寿皇很可能是由于受到儿子假象的干扰，一直高估了他的这个儿子的品行，所以对光宗有非常高的期望。而且，有高宗退位后不放权的先例在前，他每当发现自己儿子在某些地方做得不够好的时候，就总会忍不住要提点一下。这对于自尊心非常强，而且很有个性的宋光宗来说，是难以接受的。但他又不敢当面顶撞父亲，最终的结果就是逐渐倾向于回避与父亲在一起的时光。

一开始的时候，光宗也曾努力过想要讨三宫——吴后、寿皇与谢后的欢心。时人说他"凡一话言，一举措，必视太母慈颜，禀寿皇慈训"，也就是一举一动都要征求太皇太后吴氏和寿皇赵昚的意见。而且，因为知道父亲与伯父赵伯圭感情好，就特意升迁他，还请了文辞极佳的倪思为赵伯圭起草制书，连寿皇看了都连连称赞；太皇太后吴氏的亲侄子吴琚，本为"庶官"，但也在光宗即位后骤然升迁为兵部侍郎，虽然因倪思等大臣反对而作罢，但也可见光宗想要对吴氏有所表示。而寿皇对光宗的人事任免，其实也经常发表意见。如有一次光宗到重华宫朝见，寿皇就问光宗，倪思现在是什么官了？光宗回答说是权中书舍人。寿皇就发了一句："还是'权'吗？"过了没多久，倪思的"权"字就被去掉，成为了正式的中书舍人，仍兼直学士院，还兼实录同修撰。绍熙元年（1190）的时候，新任签书枢密院事胡晋臣按惯例去重华宫谒见寿皇，寿皇对他说："新君擢任二三大臣，深合朕意，听说外廷也没有异议。"从中也可见寿皇对光宗这位新君的人事任免等问题一直在密切关注着。

第三个原因也跟光宗朝的那些大臣，尤其是那些经历过孝宗和光宗两朝的大臣有关。孝宗在比较长的时间里都希望能成为一个有为之君，因此相对自律，前期对臣下的意见也比较能听进去，尤其是在处理太上皇帝与皇帝这两宫之间的关系的时候表现得体，这些都使臣僚们对孝宗钦佩，对他的离位十分怀念。不经意地，臣僚们就总是拿宋光宗和寿皇相比较。无论是从治国理政、勤俭节约还是孝顺方面都以寿皇为标准来量度宋光宗，这就与父母天天在孩子面前表扬"别人家的孩子"一样的情境，反而导致宋光宗对自己的父亲心生嫉妒，对规劝他要向父亲学习的臣僚特别不满。如刘光祖就曾对光宗说，听说寿皇退居重华宫之后，各项花费都厉行减省，寿成皇后也极其节约，愿陛下效法两宫，也极力裁减内廷用度。这是叫光宗学习孝宗节俭的。倪思说，光尧皇帝（即高宗）禅位的时候，光尧与寿皇父子之间亲密无间。现在陛下对寿皇应该比寿皇对光尧时更殷勤才好。孝宗对高宗的承迎是珠玉在前，这意味着即使光宗很守孝道，那也是应该的，不显得他有多突出，但如果他稍稍做得不足，就会备受指责，这对于光宗来说，自然压力甚大，于是也就不利于激发他尽孝的动力。

有一次，光宗手诏授予身边一名宠臣耶律适嘿承宣使的加官，尤袤认为耶律适嘿完全没有资格得到这种殊遇，于是多次缴奏，不肯为光宗起草诏书。光宗多次内批出来，要尤袤遵照自己的意愿起草，惹毛了尤袤，他上书说："这天下是祖宗的天下，爵位和俸禄是祖宗的爵位和俸禄，寿皇以祖宗的天下传给陛下，陛下哪能用这祖宗的爵禄送给那些风评极差的人呢？"这又是以寿皇对光宗的恩典来说事儿，因此奏章送入皇宫后，光宗"震怒"，直接把它撕了。

一次又一次，一方面寿皇时常去干预儿子的政事，另一方面臣僚们又时时提醒光宗要效法寿皇，而偏偏光宗并不是那种温顺随和的人，而是那种内心不服气，又不敢把矛盾表面化，只好通过别的手段反击的人。因此他对寿皇积怨愈深，就愈失去对父亲的信任，于是愈发不肯向父皇直接提意见，年深日久，父子间本身就已经误会重重，光宗对其父皇的戒心与防嫌就更甚了。

光宗曲折表达对寿皇不满的一种方式就是，对他的供奉远远不及寿皇自己对高宗那么慷慨。之前孝宗在位时，对高宗的德寿宫调拨的钱物，动辄就是几十万贯，人员配备尽量优厚，升迁也快，而宫室修造就更是不计代价，远远优于孝宗自己住的南内。现在轮到孝宗自己做太上皇了，自己的亲生儿子又是如何表现的呢？

寿皇所住的重华宫本是由高宗皇帝住过的德寿宫改建而来，年深日久，总会有些地方需要修缮。当初寿皇做皇帝的时候，不等高宗提出，就会早早拿出大笔的银子帮养父修整，因此准备修缮的时候，内侍就跑来问寿皇，是不是也按这个惯例，把这个需求告知朝廷，让朝廷出钱，让临安府、转运司负责找工匠来承办，但寿皇也许是出于疼爱自家孩子，不舍得让他多花费，也许是知道光宗的德性，只说，我这里没什么用钱的地方，积存在重华库的钱很多，只在那里拿钱出来修缮就行，不用惊动皇帝与朝廷。问题是这样一个修缮的工程在进行，光宗又有什么理由不知道？但他的举动却是，一方面以奉亲为名不断调拨朝廷封桩钱物，另一方面却不但对重华宫的这类工程不闻不问，而且对三宫长辈们的奉送也完全不到位。那些"奉亲"之钱，几乎全部用于为自己修造宫室、赏赐优伶近习。

最后，重华宫修完了，没有动用过朝廷、临安府的一贯钱、一工匠、一民夫。寿皇对光宗夜夜笙歌、优赏伶人的事情一定也早有耳闻，只是不知道他心里会是什么滋味。

此外，寿皇在位时，经常陪太上皇钓鱼、赏花、游湖、观潮、纳凉、玩月、观舞、听箫等事情，在光宗一朝，即使是光宗未发病的绍熙初年，也是屈指可数。

绍熙初，有一年的元宵过后，寿皇宣召他的亲哥哥赵伯圭入宫与他闲聊。这位赵伯圭，当时已经继承了父亲秀王的封爵，为嗣秀王。嗣秀王治郡有政绩，而且"性谦谨，不以近属自居"，与寿皇赵昚兴味相投，是寿皇晚年比较聊得来的人。伯圭那天留在皇宫里参与家宴，他见月色不错，笑着问寿皇道："陛下今年有尽情领略过这良辰美景吗？"寿皇说："十四日那天，嗣皇帝是来过一下，家人一起饮宴，到十五日，他没有来，我也就没有喝酒了。晚上正鼓琴两曲，左右随从告诉我说，月色很好，我就走到屋外，站在回廊的檐下赏了一下月。回屋后喝了点汤，就睡觉去了。"正月十五，本是阖家团聚之时，寿皇却一人弹琴，独自赏月。虽然他自己解释了一通，什么喝酒不可连日喝，不然会神思不清呀；什么人主没人敢制止，如果自己不自制，任意放纵就不行呀之类的，但语气间的落寞情态，却是难以掩饰。

史称寿皇为人恬淡，退位后时时独坐在重华宫的一个净室中，案几上只有一些书籍与笔墨纸砚等。有些亲近的内侍问他："高宗皇帝留下很多宝物和图画呢，陛下何时取来观赏把玩一下呀？"寿皇却说："先帝是中兴圣主，功德盛大，这样享受一下没什么，我怎么敢与他相比呢？"所以那些放宝物的府库居然长年上锁，并不去打开。也许，在退位后面对这样一个忽然变得疏远而冷漠的儿子，每当出游、宴会就相当于提醒自己，儿子不愿来陪自己，最终，他的恬淡，就更多地变成了消沉，以致最终连赏玩、游玩的兴致也失去了吧。

两宫皇帝的矛盾，很快就被他们各自的贴身侍从们发现，这些人平日里就靠传播小道消息、挑拨皇宫内各派主人的关系来巩固自己在主人心目中的地位，如今鸡蛋既然裂开了缝，他们就更像苍蝇一样叮了上去。

宋光宗在当太子的时候，眼见自己的父亲非常宠信近习，心里很不满，继位后一度想要把这些内侍近习铲除干净。只是光宗继位的时候，寿皇最宠信的近习中，龙大渊与曾觌分别在乾道与淳熙年间已经去世，因此两宫关于近习的矛盾暂时没有爆发。卷入光宗清除近习的旋涡的，反而是高宗宠信的宦官陈源。这个陈源，在孝宗时曾任提举德寿宫，也就是高宗禅位后所住的北内的事务的总管。高宗非常宠爱他。也许是为了让高宗开心，孝宗曾想过给他一个浙西副总管的军衔，但负责审读诏令的给事中赵汝愚说，按规矩内侍不应该干预军职，于是孝宗才作罢。但这个陈源恃恩骄恣，在宫外作威作福。他的书史徐彦通，本是他家的管家，但没几年，就因为陈源的关系，被迁转到至武经大夫，这是正七品武阶官，属大使臣。还有一个甄士昌，本是陈源的仆役，因为理发理得好，陈源居然也为他要了一个承信郎给他做。后来，为了能刺探都城临安的政务，他又专门帮临安府的一个吏人李庚谋了一个官职，让他帮忙窥伺临安府的大小官员。这件事终于被孝宗知道,孝宗非常震怒,但又碍着高宗的面子,于是只能下诏,说陈源应奉高宗日久,特让他在官阶上升级,但在职务上却把他调离了皇宫,让他提举临安的某个寺院。这实际上是剥夺了他的实权。只是他平日恃恩枉犯的事太多,大家只是敢怒不敢言,现在一众言官见其终于失势,马上趁机上疏,历数他的罪行,而孝宗实际上也不想他留在京城,于是也借机谪降他为建州(今福建省建瓯市)居住,但这还不足以平息众怒,于是孝宗只好又把他贬为郴州(今属湖南)编管。可能为了向养父暗示这陈源仗着高宗之势,搜刮了很多财产,孝宗还特意查抄了他的家产,把这些家产全部进贡到德寿宫,送给高宗。陈源还有一个园子,名叫"小隐",制度恢宏,比皇家园林还高级,孝宗也把它送给了高宗。高宗收到这些"礼物",不知作何感想。他后来把这个园林送给了后宫的王才人。

陈源家产被没收,人被外放到福建,还失去大部分人身自由,这无疑是从天堂掉下地狱了,于是当然就对孝宗衔恨在心。光宗继位后,不知道出于什么原因,居然又把这个陈源召回了京城。有一个可能是,因当时光宗正"大恶近习",准备诛杀一两个为首者以儆效尤。所以陈源被召还后,光宗就突然出了一个内批,交付给内侍省,说要取近习里最狡猾那些人的人头。当时的人都知道,这个"尤黠者"就是陈源了。于是陈源的党羽吓坏了,奔赴重华宫恳求太上皇帝保全性命。寿皇这时似乎已经淡忘了这些宦官当年所造成的危害了,于是叫人传谕光宗说:"吾儿息怒。"要知道,光宗所谓的"大恶近习",那本来所厌恶的只是父、祖们的近习,却并非他自己的近习。现在寿皇出面为前朝近习讲情,他自然更加愤恨,但又不好发作,因此看了寿皇手谕后脸色更不好看了,悻悻地说:"等着吧,过些天把这些家伙全杀了。"旁边内侍听了,面面相觑,非常害怕。从此,这些宦官就开始天天在皇太后、太上皇和皇帝面前尤其是寿皇和光宗之间搬弄是非,希望两宫不和,他们可以从中作梗,一表忠心,二可渔利、自保。光宗本来对寿皇就有不满,渐渐地,这个不满就日益增加。而光宗对父皇的不满,又引起寿皇对光宗的失望,父子俩的关系就陷入恶性循环。

有一天,光宗兴致不错,带着两制侍从官们一起去聚景园游玩,准备到荼蘼花下赏花、赐酒,与众同乐。这个聚景园在城西清波钱湖门外,皇室与侍从大臣们这样浩荡出宫,京城百官自然也都知道了。当台谏官员发现这次出游并没有邀请寿皇时,他们进谏的上书就"飞章交至",送到了聚景园。大体都是质问太上皇当年做皇帝的时候,每次出宫去游玩,总会恭请光尧皇帝(也就是宋高皇),为什么陛下现在只是独自行乐,不管父亲呢?光宗感觉自己好好的兴致让这些上书搅黄了,简直无名火起,忍不住对身边的侍从大臣道:"太上皇帝当年也有不请光尧皇帝的时候吧?"恰好这个时候,寿皇因为听说光宗去赏花喝酒,觉得这活动挺好,于是命几个宦官拿了一个玉卮,盛了美酒来助兴。来到的时候光宗正气得手都发抖呢,要接过玉卮的时候,就没接住,不小心把它碰掉在地上。这时这些宦官就来劲了,回去马上添油加醋禀奏太上皇,说:"皇帝一见到太上皇您的传谕,就大怒,把玉卮都摔在地上了!"却完全不提光宗被言官激怒之事。想想这寿皇听了会如何想。本来,父子同游是要建立在家人感情融洽的基础上的,对父亲的邀请也应是发自内心盼望与父亲见面,这个出游才会快乐,才能更加增进彼此的感情。但赵昚与赵惇所面临的情况是,他们不是普通人家,他们是两代皇帝,家事就很难成为纯粹的家事,反而关系到朝政的稳定。如果光宗每次没邀请寿皇，都会受到朝臣这样的批评，那么这父子同游就质变成政治应酬，对于光宗来说就成了一种道德负担。相信以光宗这样叛逆的个性，就一定会通过故意不再邀请寿皇来表达对朝臣事事规管的不满。

其实在绍熙初年，史书上说光宗"每太上游幸，上必进劝"，也就是说光宗还是基本能做到陪同父亲游玩的。只是内侍们也时时窥视着这两父子的一举一动，寻找一切机会来离间两人。例如一次，寿皇约上太皇太后吴氏去东园游玩。东园离皇宫颇近，而且附近有热闹的街市，是高宗为太上皇时，孝宗为他修建的。高宗去世后，寿皇仍然每隔十天半月就陪同吴氏去东园赏花、游船、宴饮等。此前，每次这样的活动，光宗总会出现，但这次光宗不知道为什么却把这事儿给忘了。这时，内侍们瞅着了机会，故意放了几十只鸡出来。这些鸡一被放出，就满园地飞跑，寿皇左右近侍又故意叫那些小黄门到外去追它们，装成一副抓不到鸡的样子，然后他们就在寿皇旁边故意相互大叫："今日捉鸡不着！"原来，临安话里，等人来吃饭叫作"捉鸡"，内侍们搞这么一出，就是为了激怒寿皇。寿皇听到他们这样闹，表面上不说什么，但脸色已经微变。在内侍们的反复刺激下，父子之间的疑忌终于越来越深。

到此，不禁要提一下高宗生母韦太后在这方面的智慧。她还朝时，因为与高宗已经分别多年，她担心宫人会利用太后与皇帝之间的陌生感来造谣生事，因此对高宗说："我们两人的仆从不要分开，最好彼此通用，这样的话，内侍与宫女就不会因为分属两宫而产生两宫仆之间的竞争关系。如果一分彼此，利益不一致，就会有奸佞之人察言观色，制造闲言。自古以来,两宫有矛盾,没有不因为这样的。"史载韦氏聪明而有智虑,若以孝宗父子失和过程中左右仆从所起的作用与韦氏的话相印证,则她这一种防微杜渐的做法确可算是有远见。

四、立子还是立侄?

如果说,宦官搅动的只不过是一些鸡毛蒜皮的矛盾,外朝大臣的规劝也只不过是加重了光宗的逆反心理;那么光宗皇后李凤娘的所作所为,对孝宗、光宗的关系则起到更严重的负面影响。不过,最后压垮两宫关系的那根稻草,却是孝宗、光宗两人关于"立子还是立侄"的冲突。

这李凤娘,自从做了皇后,骄奢妒悍日盛一日,导致外朝大臣人人侧目。绍熙二年春天天气反常,震雷雨雪交作,光宗求直言朝廷过失以应天时,当时上书的大臣,大多提到了阴盛阳衰,暗指皇后干政,大封亲党,辖制光宗之事。光宗对此嗫嚅不语,而李后则由此更讨厌这些大臣了。

此前,李后就因为孝宗曾吓唬她要废黜她的太子妃一事而怪上了皇太后吴氏。但实际上,由于她是高宗介绍给赵惇的,因此孝宗当时根本不敢把她怎么样。但后来她当上了皇后之后,更是专恣骄横。她的婆婆太上皇后谢氏,对吴氏非常恭谨,但李后无论是对婆婆谢氏还是对太婆婆吴氏,都非常傲慢无礼。有时,她去朝见太上皇时,甚至乘着肩舆直至重华宫内殿才下来。谢后对她稍稍劝诫一下,她就昂起头骂道:"我可是官家的结发妻子,有什么不行?"意思是讽刺谢后是从嫔御册立而来,有何资格说自己这个以正妻之礼聘娶的中宫?谢后和当时也在场的寿皇听了非常气愤。这时高宗已经去世,寿皇这才真正有了要废黜她的想法。

寿皇的老师史浩年纪已老，但寿皇还是把他召入宫中，商议废后之事。但史浩听了之后却极力劝止孝宗，认为这样做的话，定会导致朝廷震动。不过，由于这属后宫之事，"事秘"，因此其中关系到什么事情，外人也完全不知道，史书上也没有记载。只知道经过这一次后，李后更加肆无忌惮了。

光宗是在淳熙十六年（1189）春天继位的，按宋朝的规矩，新君即位不久，就应当册立太子。因此，到绍熙元年（1190）春天的时候，恰逢光宗唯一在世的皇子嘉王赵扩染疾，右丞相留正借着独自留身奏事的机会，对光宗说："陛下只有一子，隔在宫墙之外，照顾起来很不方便，不如早日正储君之位，让嘉王入居东宫，这样就可以朝夕相见了。"

光宗当时的想法可能与孝宗当年刚登基时的想法差不多，碍于太上皇帝仍健在，这么快建储，太上皇会不高兴，因此就推辞说，不急。

过了一个多月，留正又提起此事，说："本朝皇子，如果是嫡长子，有未出阁就正位东宫的，嘉王既然是嫡长子，又出阁很久了，正应该早正储位，以定天下本。"光宗仍然回应说："慢慢再来商议。"

光宗认为，正如留正所说，赵扩作为自己唯一的皇子，立其为太子一定是板上钉钉的事，因此无须太急，故此反而非常着意培育他，希望他能成为一个及格的储君。他不但把自己在东宫时所收集的藏书全部赐给了嘉王，而且还选择了一众名贤大儒担任他的老师。此前光宗未继位前，赵扩的小学教授就有杨辅和刘光祖，光宗受禅后，又聘请了罗点、邓驿、莫叔光、沈清臣、黄裳、孙逢吉、陈傅良、章颖、沈有开、彭龟年等，皆为当时的名儒。

嘉王赵扩，自幼尊师而好学。如罗点入讲时，往往到天色向晚仍不停下来，有人建议休憩一下，罗点说："国公向学不止，我怎能停讲呢？"讲官黄裳不但为赵扩讲读《春秋》《左氏》，每遇到诞节，还作应景的诗去鼓励他。一天，嘉王去北内见祖父，寿皇问他近来读什么书，他一一列举之后，寿皇有点担心，说："数量是不是太多了？"嘉王说："讲官说得明白，我也喜欢读书，并不觉得太多。"寿皇听了很高兴，鼓励他说："黄翊善一片至诚，他讲的应该认真听。"后来还因此当面称赞黄裳，说："嘉王进学，都是你的功劳啊。"还有一次，赵扩侍宴宫中，为光宗背诵《酒诰》，说："这是黄翊善所教的。"这可能也是黄裳想借赵扩所背的《尚书》的内容来劝谏光宗吧。

赵扩每次听课，总会及时复习，把复习的内容令人记录下来，如果遇到讲官有大段的议论，赵扩也必定将它们抄到这些册子里，他把它们叫作"日记"。见赵扩好学，黄裳也非常用心，他还亲自作了八幅图，还有一些仪器，好让赵扩可以直观地理解有关太极、皇帝王伯学术、九流学术、天文、地理、百官、三才本性、帝王绍运等知识。如他制浑天仪、舆地图，配以诗章，让赵扩看到天象就想到要像天运不息那样学习不止；披览舆地图则回想祖宗国土半陷于敌手未能收复。这些图在当时可谓集一时知识之大成，后来，其中四幅在淳祐七年（1247）的时候，被苏州著名石刻师王致远刻成石碑，今仍存《天文图》《地理图》和《帝王绍运图》，藏于苏州碑刻博物馆。

高宗出殡的时候，赵扩已经19岁了。他极力请求让他护送高宗灵柩到攒陵。在护送途中，他看到路边的农田里，百姓耕作的辛劳之状，对随从的人说："我在禁宫中长大，哪知道这些艰辛呢？"由此力诫自己要注意俭约，爱惜民力。从中也可见他本性比较善良。

只是，无论是光宗赵惇还是当时的皇子赵扩均万万没有想到，赵扩的太子之位居然并不理所当然。

绍熙二年夏天，左丞相留正又请光宗建储。这时光宗可能觉得时机差不多了，于是对留正说，等到过宫的时候，再和寿皇商量一下吧。但没过多久，在又一次过宫与寿皇相聚之后，光宗却对留正说："问过寿皇了，他也说不急，要等一段时间再说。"说话间神色很不对劲。留正一看，知道事情没那么简单，从此不敢再提起此事，只是心怀忐忑，时时观察着。那么，光宗那天到底与寿皇讲了些什么呢？

原来，当日光宗去见寿皇的时候，寿皇居然对他委婉地表达了想立光宗已经去世的哥哥赵恺的儿子为皇储的意思。他说："按例，本该立你二哥魏王的，但因你英武像我，才越位立你，想让你成一番王业。现在你二哥虽已去世，但他的儿子嘉国公还在。"

前文也说过，其实立光宗为太子，是否真的出于寿皇本意尚应存疑，而且寿皇的二儿子魏王赵恺治郡有政声，与光宗相比又居长，寿皇不立他而立了光宗赵惇，本来内心已经有些歉疚，而赵惇继位后，其声色犬马的行为开始不再掩饰，寿皇也一一看在眼里。赵恺去世的时候，留下了一个儿子名叫赵抦，这是他在明州任上才生下的，史称他性早慧，寿皇非常喜欢他，在他父亲魏王赵恺去世后，特意召他母子回临安居住，到内禅以前，又破格升他为耀州观察使，封嘉国公。此时寿皇是不是已经存有等日后让光宗再把皇位还给赵恺的后人赵抦的想法，连南宋时人也已经有此怀疑。

尤其是在光宗自己的亲生儿子赵扩"不慧"的情况下，寿皇希望让"早慧"的孙子赵抦为太子的意愿应该就更强烈了。

原来，赵扩虽然很尊重师傅，心地不错，而且好学，但其智力实在有点问题。光宗为他精选了那么多的老师，不但有一代名儒，还有像黄裳那样上知天文，下知地理的老师，而皇子的日课，也当然先要了解本朝典章制度，但一次黄裳在讲读的时候说："我们现在领土不及祖宗之时，但也仍有二百州守臣管理民事，九都统管理军事……"赵扩还很疑惑地问："什么叫九都统？"按理，南宋在沿边设立九支驻屯大军，其最高统帅为都统制，这是南宋典章制度中最基础的常识，而二十多岁的赵扩居然还不知道。按赵扩那些老师的水平，很可能并非老师没讲，而是赵扩忘记了。因此黄裳不禁感叹："唐太宗十八岁就起兵反隋，平定祸乱。现在大王您年纪已经比他大了，而像我们国家有九都统这样的说法都不知道，可以不更加勤奋学习吗？"话语中的忧心显而易见了。

还有一次，直讲彭龟年对赵扩说到北宋元祐、绍圣年间的"君子""小人"之争，赵扩可能没听懂，于是心心念念想着这件事，在自己宫室之内写了"知人难"三个字在书桌右侧。彭龟年听说后问他是不是有这回事。赵扩说："是的呀。究竟怎么才知道一个人是好人还是坏人呢？君子说小人是小人，小人也说君子是小人呀。"言语之下，极为迷惘。彭龟年只好安慰他说，"尧舜也认为这个很难"，然后与他说了一通如何辨君子与小人的诀窍。但很显然赵扩一直都无法领悟。直到他成为皇帝后，有一次忽然想起自己的老师陈傅良，想召回他委以重任，对当时权臣韩侂胄说："陈傅良现在在哪里呢？他可是个好人。"韩侂胄骗他说："台谏曾经说他心术不正呢，恐怕并非好人。"赵扩于是点头说："哦对喔！心术不正，那就不是好人了呀！"从此不再召用陈傅良。

赵扩一方面不能辨别陈傅良是好人还是坏人，但另一方面又把他的教导铭记于心。史载他当了皇帝后，每次出行或赴宴，总是叫两个小黄门，背着两个小屏风在前面引路，到了目的地坐下后，就把这两个小屏风立在他面前。屏风上写着两句话，第一句是"少饮酒，怕吐"；第二句是"少食生冷，怕痛"。如果去到某个后妃的院落里，遇到后妃苦劝他喝酒或吃生冷的东西，他就指着这两个屏风示意，因此每次喝酒都不会超过三爵。而平时穿着打着补丁的旧鞋，洗得发白的绸衣，一点不以为意。有随从用言语挑逗他，希望他能穿戴奢侈一些的服饰，他都回应道："你们不要自作聪明，乱了旧规矩。"人们都说，这是因为他以前曾跟着陈傅良，陈傅良教他要这样做的，他就"终身不忘"。陈傅良作为赵扩的老师，赵扩曾日夕与之相处，终身不忘老师所教，却忘了老师是不是好人，只听别人一句话就作判断，可见他不但自始至终未能掌握分是非、辨忠奸的能力，而且很明显智力不佳。

赵扩的"讷于言"和"不慧"，在朝堂之上也屡有传闻。如他继位为皇帝后，每逢金人来使，他也无法正常与使者对答，而只能偷偷由内侍代他对答。

智力如此低下，完全可以推断寿皇、吴后以及光宗对他的特殊"宠爱"，其实也可能是担忧的反映。

史称淳熙十一年赵扩年满虚岁十六的时候，按规矩应当出阁就第，独立管理一个王府了，但太上皇寿皇与太上皇后吴氏"怜爱他，不舍得让他搬到皇宫外面"，于是，又在东宫的旁边建了一个府第，让他居住在那里，到当年的十月份，实在不能再拖了，才让他迁出皇宫。留正在赵惇登基后不久就请求立储，也是以立储后方便照顾为理由，恐怕也是考虑到赵扩的"不慧"。

但无论赵扩如何，作为父亲的光宗也不会想到除了立独子赵扩为储君外，还有什么其他选择。因此他显然对寿皇要让赵恺的儿子赵抦继立的这个想法毫无心理准备，一听之下，仿如五雷轰顶。但寿皇所说的，又似乎句句在理。既然为了大宋基业，高宗可以放下太宗一脉的亲属而让太祖的后人来继承自己的皇位；寿皇也可以越次立光宗为太子，但为什么光宗就不能立自己的侄子为后，以保证大宋江山掌握在一个智力正常的人手中呢？

事到如今，光宗又发挥了他在强者面前阳奉阴违的本能，一边对寿皇的建议唯唯诺诺，一边却暗自盘算。他决定把立太子之事拖下来。因为只要一天不提立太子之事，寿皇就一天无法对此事插手，这和他宁愿让留正独相四年也不另立宰相的做法如出一辙。因此，在见完孝宗后，他对留正所说的"寿皇也想暂缓此事"等说法，其实就反映了他的这个心思。直至他去世，册立太子之事都没有最终完成，也是为此。

此外，正由于父亲对赵惇提过立侄为储的心思，导致赵惇从此开始怀疑父亲对自己的心意。此前，他一直以为父亲越次立自己为储，是因为特别欣赏与宠爱自己，但从这件事看来，自己却反而成为赵宋皇室得以顺利传承的工具，这使他对父亲从不满到疑惧，生怕如果父亲得知自己不想把皇位传给侄子后，会干脆废掉自己而去立赵抦为新君。而这一疑虑又由于李皇后与内侍们的合力,而似乎得到了证实。

自从光宗心启疑窦,他就开始找借口不去朝见寿皇。自从绍熙二年的夏天开始,不知道是因为这次父子在关于立子还是立侄的事情上的分歧而诱导了光宗精神问题的出现,还是他当时只是以"心疾"为借口而不去朝见寿皇,反正光宗就是"心疾"发作,"久缺定省",也就是很久不去朝见寿皇。寿皇完全不知道其中关节,非常忧虑,到处为他求医问药,终于在民间访得良方,合成一颗大药丸,听说一吃就能好。于是寿皇就准备赐给光宗吃,但又怕李后从中作梗,于是决定等光宗再次过宫问安的时候就给他吃。谁知这时内侍们看到这是离间两宫的好时机,连忙悄悄跑去找到李后,说太上皇帝已经配了一个大药丸,准备一等皇帝过宫就给他吃,然后假惺惺哭诉道:"万一陛下有何不测,这宗庙和社稷该怎么办呀?"李后大惊,借故去寿皇的宫内偷偷察看,发现真的有药,于是内心愤怨得不得了,决定要向寿皇发难。

不久后,寿皇请光宗夫妇到北内家宴,李后于是在席间故意请求寿皇立嘉王为太子,一方面试探寿皇态度,另一方面也是不甘心像光宗一样对寿皇的决定采取隐忍的态度。结果寿皇直接拒绝了。这无论对于李后还是光宗来说,都是一盆冷水,说明寿皇要立赵扩的心意已决。于是李后就发作了,大声质问道:"我是你们六礼所聘的皇帝的原配妻子,嘉王是我的亲生儿子,为什么就不能立他为太子?"寿皇听后大怒,家宴遂不欢而散。

寿皇之所以大怒,不仅因为李后的不恭不敬,更因为李后一句质问,含沙射影地讽刺了寿皇与谢后二人。因为寿皇并非高宗亲生,而谢后则是由嫔妃擢升为皇后的,并非"六礼所聘"的原配,李后已经不止一次以这一点攻击她了。

回到南内，李后怒意难平，又去把儿子赵扩拉到光宗面前，把丸药之事讲给光宗听，哭诉道："寿皇不同意立嘉王为皇太子，就是想废你；之前又想给你服那颗大丸药，就是为了让嘉国公好早点继位！"光宗听了，对自己的父亲更加猜疑，担心到北内后真的会被害，从此再不肯主动去见寿皇了。

其实，正因为寿皇在立太子事情上支持赵抦而反对立赵扩，才客观上导致李后之害难除。因为赵扩的太子之位难定，那么废李后意味着赵扩连嫡子的地位都失去，立储之事就更没有希望了。而如果真是立了赵抦为太子，对于光宗来说，就意味着有一个正在成长的、受太上皇帝宠爱的后备力量在威胁自己的皇位。这些可怕的联想使光宗必然要站在李后一边，她已俨然成为捍卫自己和儿子地位甚至生命而出头的重要人物，他们两夫妇已经组成了命运共同体，因此无论她如何悍戾无礼，光宗仍只能忍让甚至倚重李氏。而李氏也就更加肆无忌惮，最终酿成了南宋由一个精神极度不稳定的皇帝统治了数年，最后开始进入衰世的严重后果。

第五章

◎

悍后、疯皇与又一次内禅

一、皇帝疯了

光宗因为"疑惧"而引发的精神病,其导火线却不是因为与寿皇的关系,而是因为李后。

史称李后悍妒,并非言过其实。

宋代皇帝的嫔御,较多是从宫女升迁而来,当皇宫中侍候的宫女得到皇帝青睐,被封为郡夫人后,就可以有自己独立的房院,成为正式的嫔御,从而由宫女升为后宫主人之一。光宗即位后,后宫嫔御渐多,其中他最宠爱的黄贵妃,就是他还在东宫为太子时,高宗所赏赐的宫女。光宗册封皇后不久即升迁黄氏为贵妃。因此李皇后若要防止光宗身边有新的女人争宠,首先就从宫女那里下手。例如一次,光宗洗手的时候,看到为他端盆子的宫女双手白如凝脂,非常喜欢,多看了两眼。过了几天,皇后就送给光宗一个食盒,光宗还以为是什么好吃东西,结果打开一看,赫然摆着那个宫女的一双断手，这下可把光宗吓得面如土色。须知当时光宗已经有了一些疑惧之症，很害怕出现意料之外的事情，因此还呈现出某种情感冷淡、行为退缩的症状，现在又眼睁睁看着一桩原本带来美好遐想的事情瞬间转变为可怕的场景，光宗连对李后责难的胆量也没有，压抑之下，病情顿时加重。

在后宫里，除了饮酒作乐，与伶人厮混在一起麻痹自己外，可以安慰他的感情的只有黄贵妃。他俩情意欢洽，光宗曾把宫中收藏的南宋画梅名家扬无咎的《红梅图》赐给黄贵妃，在图上题诗一首："去年枝上见红芳，约略红葩傅浅妆。今日亭中足颜色，可能无意谢东皇？"以红梅喻贵妃，以东皇自比，过去是红葩浅妆，今天在我东皇的照拂下，你已位进贵妃，颜色十足，还不谢谢我吗？足见光宗与黄贵妃之间的情意与狎昵。

光宗多看了宫女几眼，李后尚且要对这个宫女下此毒手，黄贵妃得到光宗如此眷顾，李后又怎么容得了她？只是由于光宗一天到晚不离开黄贵妃，李后苦苦找不到机会铲除她而已。到绍熙二年冬天，这个机会来了。

按宋代的礼制，皇帝需要每三年一次亲自到郊庙祭祀天地，其余年份则可派遣官员代为行事。绍熙二年（1191），正是皇帝亲郊之年，也是光宗登基后的第一次亲郊，人称"初郊"。初郊相当于是祭告天地自己即位之事，祈求得到天地对新皇帝的护佑，因此特别隆重。为表示对祭祀对象的诚意，初郊那年的元日就要宣布当年要"有事于南郊"，夏天开始就要命有司装修郊坛，以青幔布置青城、斋殿等屋宇。南宋时，为表示不忘恢复故土，因此规定数百间郊祭时所用的屋宇都不能用土木搭建永久建筑，而要用苇席、青布等搭建临时性建筑，以表示这里只是临时使用，不忘要回到故土祭祀的意思。亲郊以前，还要差官兵修路。自太庙至泰门筑泥路，自临安的南门嘉会门至皇宫南门丽正门，全部以潮沙铺路，以备大量的仪仗与百官队伍平稳出入。提前一个月开始演练祭祀仪式，提前三天由皇帝率领百官在大庆殿致斋，提前两天到景灵宫行礼，行礼之后，不再回皇宫，也不能再近女色，而是要直接到太庙斋殿宿斋。到前一天四鼓，皇帝穿戴衮冕，到祖宗诸室行朝飨之礼。卤簿仪仗军兵在御路两旁分列，举着焚烧松柴的火盆、火把，从太庙到郊坛泰门，辉映如昼。不远千里赶来的百官公卿也带着家人随从，在路旁分列，所谓"珠翠锦绣，绚烂于二十里间"；而临安百姓也倾城而出，到这里来找地儿瞧热闹；"歌舞游遨，工艺百物"赶着这当儿"辐辏争售"，通宵不歇。等到五鼓后，皇帝登玉辂，整个郊祭的队伍浩浩荡荡向郊坛行进。到达后，就在郊坛旁边的青城宿斋。因为这个青城是由苇席、布幔搭成，因此为了保卫与安全，四面皆由三衙诸军巡守，到处是甲胄旌旗，布列前后，卫士以十人为一队，举烛互巡，相遇时就要相互喝问口号，自报番号。当晚苇棚帷幕连绵数十里，军队往来如织。到三鼓响，先由执事陪祀官进入郊坛排立。在黑夜里为了方便辨认各人的职务，所举的灯笼外各自画了一些符号。如捧俎官就在灯笼外罩上绘上一个人，捧着俎豆的样子。大家排列齐整后，就鸦雀无声地等着丑时一刻，戴着通天冠、穿着绛纱袍的皇帝乘着辇车出来，开始仪式。

由此可见，这个仪式极度繁复，从皇帝到大小官员都要精神高度集中才能确保毫无差错，否则就被认为会受到天地的惩罚。而且整个过程要消耗非常多的体力。从郊祭前两天开始，皇帝就不再回皇宫，这也正是李凤娘久盼的对付黄贵妃的绝佳时机。就在光宗在太庙宿斋的那个晚上，李凤娘已经杀死了黄贵妃。到光宗抵达青城的那天，李凤娘居然跑到青城旁边的玉津园"行幸"。就在光宗在青城宿斋的那个晚上，史称李凤娘让光宗犯了"玉女宓妃之戒"，可见他们夫妻当晚很可能住在一起。但就在当晚，黄贵妃"无疾"而"暴薨"的消息也传到了青城。想想光宗这次郊礼，正是他即位后的第一个盛典，从大庆殿到太庙再到青城，一路上万姓百官处处簇拥，他享受到了一个皇帝的极致的尊荣，那天晚上，本来风光霁月，一切非常顺利，他的心情应该是愉快的。谁知黄贵妃噩耗传来，而那个罪魁祸首，这晚特意赶来"陪伴"的皇后，却正在自己面前观察着他的反应，仿佛在等着欣赏自己杰作的效果，这对于本来就精神不正常的光宗来说，又是多大的一重打击。原本光宗一直以为，等当上皇帝后，就会万事如意，为所欲为，将会享受到"稳稳的幸福"，没想到内有皇后控制，外有朝臣进谏，上有寿皇掣肘，下连自己亲生儿子的太子之位也不能保证。现在还加上最心爱的黄贵妃，不但不知道受了什么折磨而暴毙，而且还因为大礼未成，不能回宫马上探视，而眼前那个凶手，自己还完全不敢对她发作。还有一个可怕的可能。因为有史书称黄贵妃是"以子故殒"，那李凤娘所杀的，就很有可能是已经怀孕的黄贵妃。因为李凤娘的儿子赵扩不慧，这是寿皇一直不愿立他为太子的原因，那么，如果黄贵妃真的怀孕，万一生下的是男孩而且智力正常，那将会如何？也许这也是李凤娘下定决心杀黄贵妃的原因之一。但无论如何，这一切突然爆发的事件，使光宗惊骇、悲伤与愤恨交织在一起，光宗开始"哭泣无节"，以致祭天地的时辰到了还无法好好站立。眼看三更快到，星月皎皎，参与祭祀的百官开始就位，随侍们好不容易扶着光宗来到准备祭祀的大篷帐里，为光宗穿戴好衮冕，拿起殿中监奉上的大圭，此时忽然狂风大作，撕裂帷幄，霹雳一声惊雷，闪电击中了御幕，顿时几处火起，大篷帐仆倒，帐里帐外的人们大惊退避，自救不暇，场面一片混乱，光宗吓傻了，僵立在那里，继而惊雷夹着暴雨、冰雹当头淋下，虽然大火逐渐被浇灭，但同时把火把蜡烛也通通浇灭。夜黑如墨，暴雨如注，众人在黑夜中惊慌奔窜，完全顾不上找到光宗并且照看他。等到大家稍稍镇定下来，雨雹逐渐停住，天色已经拂晓，吉时已过。此时才发现，光宗已经晕倒在地。这时各式神位、玉帛、祭祀用的牲畜之类的，狼藉一片，刚才殿中监已经拿给光宗的那片镇圭也不见了。郊祭自然无法成礼。

不久，光宗虽然醒过来了，但回想昨晚、刚才种种变故，觉得这一定是获罪于天才有这样的异象，只是不知道上天是因为李后杀贵妃的事，还是容留李后夜宿青城的事，抑或其他什么事而怪罪他。除了上天的惩戒，可能要遭受的严父的责备也令他"忧惧不宁"。他已经完全无力善后，只得暂时回到青城斋宫里躺着。

寿皇接到光宗忽然发病的消息，马上亲自坐轻车奔赴青城看光宗，想对他进行一番劝慰。到达时光宗已经睡着，他就叫左右侍从不要作声，让他好好休息一下。但不久光宗又一下惊醒，小黄门就禀奏他，说寿皇在此。光宗一听，吓坏了，曜地惊坐起，翻身下床跪在地上胡乱磕头请罪。寿皇看了十分心疼，反复劝解他，但似乎无济于事，他仍然又惊惶又伤心的样子。

大家没办法，只得委派宰执到斋宫继续主持望祭仪式，而其他人则护持光宗的车驾火速返回皇宫治病。

到皇宫后，光宗腿都几乎迈不开了。他一直对黄贵妃尚抱一丝希望，希望之前听到的消息是假的，但回到皇宫，大家再也无法隐瞒，他也可能已经看到了黄贵妃尸体的惨状，顿时精神病发，从此喜怒无常，再也无法上朝了。

寿皇又亲自进入南内去看望儿子。只见光宗说不出话，也认不得人，张口发出谁都听不懂的呓语。这时李后也知道事情弄大了，瞒住了黄贵妃的死讯，只推托说光宗是酒喝多了导致的。寿皇平日也听说过光宗嗜酒如命，果然信以为真。寿皇见儿子变成这个样子，又忧心又愤怒，叫过李后来数落她，说："宗庙社稷之重，你却不恭谨照看皇上，使他搞到这种地步，现在你说怎么办好呢？"一时越想越气愤，又骂她说，"如果他有什么万一，看我不灭了你全家！"

离开南内回到北内，他又召见宰相留正，责备他说："我让你做宰相，你不极力谏止皇上，这是干什么？"留正非常惶恐无奈，对寿皇说："我不是没说啊！皇上他不听我也没办法呀！"可见留正也被蒙在鼓里，以为光宗是饮酒所致的风眩。寿皇见留正这样说，只好道："你日后也是要苦苦进谏，如果他真不听，你就告诉我，等我见到他的时候，留下他，仔细劝他。"之后，他就开始天天在重华宫焚香祝天，祈祷儿子早日病愈。

光宗这一场大病，从绍熙二年十一月，到绍熙三年正月才有些好转，渐渐认得人了。可能是出于愧疚，光宗才暂停服药没几天，连登楼都没力气，却还是抱病冒雪前去重华宫看望太上皇帝与太上皇后。临安百姓见到这个情景，都感慨天子之孝前古未有。寿皇见到光宗抱着病弱的身体过宫，十分不舍得，还对他说，还是身体要紧，病体还没恢复以前，不必过宫问安了。

但是，李后非常害怕光宗与寿皇两父子见面，怕他俩说话时间一长，讲到了家庭琐事，两相对照，就会把她害死黄贵妃，以致光宗得病的真相说出来，于是一边绝口不再提黄贵妃的事，诱导光宗感觉自己是因为喝酒才发疯的；另一方面又加紧在光宗面前进谗言。她哭着对光宗说："我都曾经劝哥哥你少些饮酒，你又不听。你最近病了，寿皇几乎想灭我们一族呢！我家什么时候辜负你了？犯了什么错了？要承受这些？"同时，她还把宫人从北内传回来的寿皇对留正说的话，改编一番讲给光宗听。寿皇本来只是叫留正，如果劝谏不听，就告诉他，他自然会想办法留下光宗来进行劝导。这本是一个做父亲的正常反应。但在李后的嘴里，就成了："我听留正说，寿皇说了，一等到你过宫，他就会坚决把你留在那里，从此不能回大内了！"

光宗本来所得的已经是疑惧之症，神情恍惚了，一听李后这样说，非常害怕，从此终生都畏惧见到他的父亲，有时整整半年不愿过宫，有时甚至寿皇生日去上寿的典礼都缺席，最终导致了从绍熙三年二月开始持续数年的"过宫风波"。

二、过宫风波

光宗在尚未发病时已经不太情愿去北内进见寿皇了，只是当时他还是正常人，能控制住自己的情绪，基于理性的考虑而勉强自己去北内与寿皇应酬一下，以免受到天下人指责。但现在他已经完全是个精神病人，被李后所激起的疑惧被无限放大，又怎么肯再去北内呢？问题是每月四次朝见的规矩已经成为南宋对嗣皇帝的礼制性要求，如果他做不到，朝臣们又只能通过不断劝谏，希望能达到促使皇帝去朝见太上皇的目标。于是，光宗与朝臣的矛盾也逐渐激化。寿皇一方面顾惜儿子的身体，另一方面也怕影响儿子的名声，虽然十分想念儿子，但看到光宗不肯过宫，也只能一再传旨，让光宗不必过宫，以此洗脱光宗不想过宫的不孝之名。

其实，光宗的心病是有迹可循的。虽然他不喜欢寿皇对自己事事干预，但毕竟他也可以通过如不新立宰相、阳奉阴违等方法对冲。他对寿皇的误会，主要来自于寿皇在立太子一事上的分歧。他出于对寿皇一直以来的畏惧，又不敢表达自己的真实想法，只是一味表面顺从，因此寿皇只知关心儿子的身体与治国行为，却并不知道光宗的症结所在，还以为光宗也同意立赵抦为太子呢。包括李后与内侍们在内的人利用了这一点，恐吓光宗，说寿皇为了让赵抦早日继位，准备害光宗，这种话语激起了光宗的被害妄想，因此就更不愿意去见寿皇。父子两人见面机会的减少，又使阻隔两人之间的别有用心之人有了更多的机会。

偏偏当时的朝臣，却是以留正这样的无远见卓识而怕事的人为众臣之首。作为外廷中与皇帝接触最多，也是唯一有资格经常入北内去接触太上皇的官员，宰相留正对调护两宫几乎不起作用。起作用的，只有光宗那些在东宫时的讲读官如彭龟年、倪思等人。而他们却因为较少机会去接触太上皇帝，因此也不清楚两宫之间的症结所在，劝慰起来就未免隔靴搔痒。

光宗也曾对陈傅良、黄裳等人透露过自己害怕历史上的某些典故会发生在自己身上，就像舜被父亲焚廪、浚井暗算，唐肃宗被父亲猜疑那样。陈、黄二人听了当然觉得匪夷所思，陈傅良说："陛下难道不记得寿皇当年疏远魏王的事吗？"意思是孝宗当年为了让他当太子，就让光宗的哥哥魏王赵恺离开国都，可见寿皇对光宗的情意。此外，陈傅良还提到了光宗忧疑的另两个原因，其一是害怕"不得爱于寿皇"，他认为这是因为怕寿皇责备而导致的。其二是怕"失天下"，陈傅良认为这是因为光宗以为寿皇"吝权"，不肯放手让他治国。陈傅良以一介外臣，观察到这些症结，已经是很有洞见了。光宗对寿皇的芥蒂，正是先由寿皇对光宗治国理政的掣肘，再由寿皇对光宗的求全责备而来，在光宗病后，光宗对其父亲的这两个问题的反感达到了病态的疑惧的高峰，因此陈傅良就开解他说，寿皇其实只想陛下成为圣皇，因此陛下只需要好好当皇帝，做到天下归心，则寿皇就对你无法责备了，你的地位也巩固了。而且，陈傅良提到魏王，可见他已经靠近问题的核心了。但问题是，陈傅良并不知道如今寿皇却想着让魏王的儿子继承光宗，光宗就认为，寿皇当年可以为自己而疏远二哥，现在同样可以把自己赶出国都甚至杀害，为孙子的继位清除障碍的呀。如果寿皇立意要清除自己，那么自己就算做得再好，那也不能保有天下。这就是光宗的心结所在，而陈傅良等外臣却无从知晓。

　　黄裳则以光宗病重的时候，寿皇天天焚香为光宗祷告为例，想要说明寿皇自始至终都非常爱护光宗。他还开解光宗说，肃宗即位灵武，并非唐玄宗的意思，所以唐玄宗才会猜忌他。但寿皇是主动退位，亲自把陛下送上皇位的，那是相当于尧舜揖让的美事，怎么可以同唐玄宗父子的事相提并论呢？黄裳也点到了光宗对其父的猜疑之心，但光宗对他们的说法，总是当面表示感动或赞许，而一旦回到大内后，一切又如同风吹过耳。渐渐地，外臣开始察觉李后在光宗不肯朝见寿皇一事上所起的关键性作用。

东宫旧臣罗点，有一次趁着光宗在便殿召见的机会，仗着当年与光宗的旧谊，问光宗："近来，朝廷内外都相传，说陛下内有所制，不能遽出，因此心情不好，溺于酒色，不恤政事，真有这回事吗？"光宗漫声应道："没有这事儿。"罗点又说："我就说呢。宫禁之间，有些不愉快是会有的，有点争吵姑且借酒浇愁而已，街市上的匹夫被老婆骂了也会这样啊。但皇帝是人主，宰制天下，这些尘虑应该不会放在心上的。"这样直白地点出光宗的问题，也只有罗点这样的东宫旧人才敢如此。他最后也不免恭维一下光宗，目的也只不过是为了鼓励他摆脱李后的摆布而已。光宗儿子赵扩的老师彭龟年也借自己编辑的一本《内治圣鉴》来讽喻光宗。他进呈这本新书后，光宗问了新书的大略内容，不禁感慨："祖宗家法最善，汉唐所不及，对待外戚尤其严格。"彭龟年就故意激他，说："臣这本书，大部分都是写祖宗如何防范宦官以及宫中嬖宠的女子干求请托、干预政事的，如果是书中所指的这些人见到这本书，恐怕就不会给陛下御览了。"光宗那段时间神志较清醒，居然听出了彭龟年话中有话，连忙对他说："不至于如此。"彭氏又说："陛下误以臣充任嘉王府的讲读官，正是想臣等教他一些君臣父子之道。但陛下您的车驾长期不过宫朝见父亲，真是难以为后世所垂范。臣听说教育孩子有身教，有言教，现在正应该由陛下以身教，而由臣以言教者。但言教又怎能及得上身教呢？"光宗听了，连连称是，但过后又寂然不见有所行动。

李后对光宗过宫一事的钳制在绍熙四年九月达到高潮。绍熙四年九月，在光宗生日重明节之前，宰执、侍从、台谏连章累牍地请光宗过宫朝见寿皇，言辞激烈，甚至把本朝比为"夏、商末造"的话都说出来了。但光宗不为所动，或者说，这更激起了他的逆反心理，偏偏不动。后来，有个平民士子叫谢岳甫的，是福建人，他来到临安后，上书皇帝，说："父子是至亲，父子相爱自有天理所在，哪用等群臣苦谏才行动呢？这么多臣僚乱劝，白白给了近习们离间父子的机会。只是太上皇帝年事已高，他爱陛下，就像陛下爱嘉王，万一太上皇帝万岁之后，陛下又曾经做过这样的事，那不知陛下拿什么来见天下百姓呢？"光宗看了上书，十分感动，下诏说决定明天就过宫。于是京师耸动，谢岳甫由此名动京城。他是当朝大臣谢深甫的同宗兄弟，谢深甫甚至想着等光宗真的过宫成功了，就推荐他代替自己的职位。

到第二天，大队仪仗从皇宫一路排到北内，百官班列朝中，只等皇帝出来，就簇拥皇帝举行过宫的仪式。终于，光宗从御屏后款款行出，百官正欢喜间，忽然看到一只纤手从屏后伸出，挽住了皇帝，然后是李后娇滴滴地叫了一声："天色冷，官家且先进来喝点小酒吧。"然后，群臣就眼睁睁看着光宗要向后朝走去，百官与侍卫大惊失色，却不敢说任何话，只好面面相觑，准备抬辇车过宫的人员全部定住，场面一度死寂。

这时，中书舍人陈傅良大步出来，在光宗完全隐没在屏风后面之前，拉住了光宗的衣角，恳请他不要进去。光宗一边被李后拉着，另一边又被陈傅良拉着，转眼间已经走到了屏风后面。李后瞪起凤眼，对着陈傅良骂道："这里是什么地方？是你能进来的吗？你们这些秀才是想斫了你们的驴头吗？"陈傅良被迫返回朝堂，一时不知道如何是好，于是跪在殿下大哭起来。李后派了个内侍出来问："这又是为了什么？"陈傅良说："子谏父不听，只好号泣而随之。"李后更生气了，命内侍传旨"已降过宫指挥更不施行",随后押着宋光宗回到后宫去了。

此后,这类情况就反复出现。先下诏过宫,但当百官卫士都准备好了,列队等待皇帝时,又传旨说今天不过宫。有时是前一天在臣僚的恳请与进谏声中不得不传旨过宫,但到第二天,百官、卫士、仪仗、后勤、车驾、旗帜用具等全部列队从南内排列到北内,清空街巷,百姓在戒严圈外围观等待,但大内之中却寂寂无闻,宰相催促的奏章传入大内后如石沉大海。从太阳升起到日薄西山,到宫门都要关闭了,还没有一点声息传出。最后,大家就只有在夜幕中自行解散。东宫旧僚罗点当时就对光宗说:"从天子到庶民,逢年过节去拜望双亲都是不可或缺的,关系到三纲五常。陛下已经说过要过宫看寿皇,寿皇想必已经引颈盼望陛下。普通人对朋友尚且不可以无信,何况是人主侍奉双亲之事呢?寿皇想见您而不可得,万一忧思成疾,陛下将拿什么对天下人解释呢?"确实,当时已经有流言说,光宗由于黄贵妃暴毙而发病时,无论是光宗还是孝宗,都或因病、或因忧愤而责罚过宫人,很多宫人就"归过君父",每遇过宫的日子,就故意引诱光宗喝酒作乐,流连至天明都不散,导致过宫的时刻到的时候,光宗往往宿醉未醒。逐渐地,"国势人心,岌岌摇动",以致边疆、金人,都开始听到了关于光宗失德的传闻。

真正在孝宗、光宗之间起到一点调护作用的,还是赵氏宗室、后来被光宗力排众议而升擢为同知枢密院的赵汝愚和孝宗的亲哥哥赵伯圭。在绍熙三年(1192)时,赵汝愚任吏部尚书。光宗在绍熙三年的年底有一段稍稍清醒的时间。可能因为想到赵汝愚与自己有亲戚之情,因此有一次在赵汝愚入对的时候,光宗就请他代为向孝宗致意,隐隐透露出自己既想过宫看看父亲，但又担忧惧怕的心情。赵汝愚当下也十分为难。因为宋朝家法规定，除了宰执之外，其他官员在平日里是不能进入重华宫奏事的。光宗于是说："没关系。你可封呈奏疏。"赵汝愚于是想到了孝宗的哥哥嗣秀王赵伯圭，便请赵伯圭帮忙往返两宫传达情意，调护开解。终于，在绍熙三年十一月冬至过后，皇帝终于启驾入朝重华宫，皇后李氏过了一会儿也去了，临安百姓知道后，都十分欢喜，纷纷出来看热闹。此后，绍熙四年（1193）正月、三月，光宗朝见重华宫的频率稍稍多了起来。尤其是绍熙四年三月，不但月初时带着皇后一起去了一次，到月末时，光宗还陪着寿皇和谢后一起去聚景园玩了一整天，父子二人从容交谈，竟然有点恢复到往日的欢洽的感觉。这也是光宗发病以后唯一的一次奉陪父皇出游。

也许是为了感谢赵汝愚调停两宫有功，光宗在绍熙四年三月时，拜赵汝愚为同知枢密院事。赵汝愚这就进入了宰执的行列，可以直接进入重华宫奏事了。此前，宋高宗就曾经对赵鼎说，唐朝的时候，会用宗室做宰相，但本朝防止宗室、外戚干政，因此赵氏后人虽有贤才，为官最高的，不过是侍从官，不会再给他更高的官职了，这是为了社稷的安全。故而不以宗室为宰相其实是宋朝的家法之一。因此，赵汝愚的任命一出，监察御史汪义端就举奏，认为这个不合规矩。赵汝愚也立即上书恳辞。但给事中黄黼却有不同意见。他认为赵汝愚从小就非常孝顺，对国君忠心耿耿，为官清正廉直，忧国爱民，至诚恳恳，出于天性，只有没见识的人才囿于成规而不拜赵汝愚为相。光宗于是把汪义端调往外郡，坚持要除授赵汝愚为执政。但赵汝愚始终不肯拜命。这时，光宗又做出了他发病后唯一的一次就政事向寿皇请教的举动。寿皇于是命令宰执召当笔学士过来，帮他申谕圣意，解释说，高宗之所以这么说，当时主要是为了要挫折秦桧的奸谋；同时表达了寿皇对这个任命的支持。寿皇这时其实已经是作为整个宋朝的精神领袖存在的了，他的解释就真的能一锤定音。赵汝愚由此才受命，成为赵宋宗室的一个特例。其实，赵汝愚当时在乾道二年（1166）参加科举的时候，殿试就本来能拿第一，结果也是因为自己是宗室，不可以与平民百姓竞争，因此考官才把他降为第二。现在他被破格升任为宰相，可能光宗自己也没想到，这居然为一年多后的又一次内禅准备了一个中流砥柱的角色。

光宗的病是间歇性发作的，而且即使是在清醒的那段时间里，他的精神状态也堪忧。例如他上朝时，经常"目瞪不瞬，意思恍惚"，也就是瞪着眼睛，却不会眨眼，精神恍惚，对朝臣讲的话都无法反应，"御朝爽节，章奏不下"，也就是有时上朝，有时等半天不见皇帝来上朝；臣僚的奏章，即使是例行公事，也时时得不到批准，这都是常事。除此之外，还有一些一反往日常态的事情。首先一件事就是对陈源的重用。

他此前召回内侍陈源，本来是想着找个机会把他杀了的。但发病后，居然突然把陈源升为入内内侍省押班。入内内侍省押班可是皇宫中的总领，是可以天天随侍在皇帝左右的要职，陈源经过被孝宗抄家，又被光宗威吓，早就对这两个皇帝怀恨在心，但由于当时只能在京奉祠，还不敢怎么样，现在居然骤然被委以重任，无论是出于报复还是出于自保，也需要极力离间孝宗与光宗两人。而极端惧怕其父的光宗，这时一听到陈源说孝宗的坏话，就不再有理智去判断，只凭情感去觉得，陈源是站在自己这方，帮自己抵抗孝宗控制的，因此越来越依赖与信任陈源。从此，以陈源、杨舜卿、林亿年为首的内侍就终日围在光宗身边，"日夜交牒其间"，极大地激化光宗对孝宗的疑惧之情。有一次光宗不过宫，被臣僚逼急了，也曾自己说出来，说是"内侍杨舜卿告诉我不要过宫的"。

除此之外，光宗还有一样荒唐的事，就是忽然想念当初被他贬逐的东宫旧人姜特立，先是任命他为浙东副总管，不久后又召赴行在，还赐给他二千贯钱作为行装。这个姜特立，当年凭借着光宗的信任结党营私，干预朝政，本来就是一个野心极大而且危险的人物，如果此人真被光宗召回，就必然又会兴风作浪。这时，宰相留正感受到了姜氏将要还朝的威胁。因为他就是当初揭穿姜氏阴谋，使姜氏得以被贬的主要人物。因此，于公于私，他都要极力阻止姜特立回朝。他一开始采取了一般官员都会做的办法，就是进谏。但光宗没有道理可讲，他已经完全忘记了姜特立是为什么被贬的，只一味地说，姜特立是东宫旧臣，无辜被贬，真是可怜，请给事中破例放行自己召回姜特立的诏令。留正感觉大事不妙，于是出了一个狠招，就是辞官出城到六和塔"待罪"，摆出与姜氏势不两立的情态。在宋代，这本来是宰相与台谏等近臣的特殊待遇，或者说是终极杀招。当这类官员用辞官"待罪"来表达对皇帝某个决定的强烈不满，皇帝一般都会劝慰一番，终止此前的决定。但光宗又不是正常的皇帝。他居然对留正说："我的命令已经下了，一定不会反悔的。你自己看着办吧。"于是留正下不来台，只好更进一步，"缴纳出身以来文字"，也就是把从中进士、任官开始的一切档案都还给朝廷，表示从此放弃做官的资格，然后走出临安郊外，到范村佛寺中去"待罪"。留正在当时是朝廷官员中地位最高的左相，但光宗居然这样的面子都不给他，任由他就在范村整整待了一百四十余日，创下了有宋一代宰相"待罪"时间最长的纪录。

光宗患病后，还有一个影响他政治决定的新问题，就是不再相信任何讣告。这可能是黄贵妃暴死给他留下的心理阴影导致的。朝廷内外，任何大臣去世，消息传来，要求朝廷加恩子女、另派官员，光宗都认为是骗他的，"宗戚大臣以薨卒闻，多不信"。

尤袤是光宗的东宫旧僚，光宗本来对他不错，经常向他请教问题，他的话光宗一开始还比较能听得进去。但由于光宗后来一直不肯过宫，尤袤感觉国事多舛，积忧成疾而死。一般来说，朝中重臣去世，其家人奉上遗表，也就是临终对皇帝说的遗言后，皇帝一般都会赏赐、追赠甚至荫补他们家族的一定数额的后辈，以示对这位大臣的抚慰。但这位光宗一度非常信任与尊重的老师死后，家人上表，光宗居然把他的遗表摆到一边，好像没有收到过一样。当然，这种情况最多只是得罪了大臣的家人，使朝中大臣寒心，但光宗对吴挺的死讯的反应，则间接导致了日后的四川之乱。

吴挺是抗金名将吴璘的儿子。这"吴家军"是绍兴和议前夕高宗削夺兵权时唯一没有受到波及的部队。其原因主要是四川孤悬西南，而且面临的军事压力极大，因此尚需要借助吴家兄弟的力量镇守。后来，吴玠、吴璘相继去世，而吴家军仍掌握四川兵权，逐渐坐大，俨然成为世袭的川王的感觉。到绍熙四年（1193），帅蜀十九年的吴挺去世，吴挺的儿子吴曦位望尚低，知枢密院事赵汝愚、同知枢密院事余端礼等认为这正是遴选重臣镇蜀，解决吴氏世袭问题的好时机，因此联名举荐张诏代吴挺。谁知光宗居然又认为"传闻失实，屏申奏而不信"，坚决认为吴挺还活着。赵汝愚、余端礼两人身为枢密院长官，所举荐的利州西路安抚使竟不获皇帝首肯，致使大宋西边屏障长达半年没有统领军队的人，这次，连赵汝愚、余端礼都只能居家"待罪"了。看来，光宗时期的宰执群体，还真没谁能逃过"待罪"的命运。而吴家三世近八十年的贡献与功业，以及南宋多少将士牺牲得来的川陕间的防线，最后由于吴曦在开禧北伐期间叛宋、降金、称王而付诸东流，而这一切恶果，早在这个国家由一个精神失常的人来负责治理时，就已经种下了。

光宗从绍熙二年十一月首次发病，之后间歇性地出现各种问题。总体来说，越到后来，越是严重。例如阅试御前当值的禁卫军时，"班直待试于殿庭"，皇帝却忘了这回事；或是因某些典礼而安排了侍从官员在郊外待命，到头来却完全不记得。

光宗的身边人也是越来越苦不堪言。宋代的早朝往往在日出之前就要班列完毕，所以宫廷仪卫不论雨雷雹雪，都要一早就列队静候在大殿之外，其间直到早朝完毕，都必须要纹丝不动，当然无法吃、喝、解决内急甚至休息了。但自从得病以来，光宗经常晏朝，因此那些一早就列仗等待的卫士、内侍、百官，等了半天，才忽然听到传谕出来说"皇帝不上朝了"，仪卫们只能撤班。长此以往，卫士们的不满愈演愈烈，甚至出现排到早班的禁卫军员对着长官吐口水，然后径直走掉的事情。此外，以前在光宗面前受宠的内侍，现在日子也不怎么好过。传闻阁门、御药院的首领都不敢靠近光宗，因为喜怒无常的光宗有时一日驱逐数十人，搞得人人自危。更有甚者，光宗的儿子赵扩在出阁后娶了韩氏为妻，现在已经生了孩子，皇孙诞生，本是朝廷大事，光宗居然像没听到一样，什么庆典都没主持；后宫有人去世，也不发丧。这样一来，无论是重华宫、禁卫、近侍还是后宫，光宗都基本得罪遍了。当时的人对精神病并没有今天这么普及的知识，并不知道这些反常行为完全是病患所致，因此朝廷内外对光宗的流言与指责就越来越多，连陈傅良都担心会产生"肘腋之变，萧墙之祸"，而监登闻鼓院杨大全则觉得，光宗什么坏事都不信，即使真的出变故光宗也必然会以为不可信，"坐受其亡"。

当然，在这场乱局中，李后几乎成为了唯一的得利者。她多次借着光宗的名义，打破宋朝不给外戚封王的二百多年祖训，封自己祖、父等三代为王，拜自己的侄子为节度使，外朝大臣无论如何谏阻也无济于事。

无论这些忧国忧民的大臣如何防范，最严峻的时刻还是到来了。

绍熙五年（1194）新年过后，寿皇病了。本来，这年的正月初一，光宗还能升大庆殿举行发病以来的第一次元日大朝会，之后还先后赴重华宫和慈福宫行庆寿礼，大家都以为他病情好转，正高兴呢，谁知寿皇患病的消息一通报给光宗，他却突然又再发病，不肯去看望寿皇了。

寿皇听说皇帝不肯来看他，非常伤心。他本来病并不重，现在外间已经盛传他为免儿子疑心与忧虑，准备到吴、越之间找个地方，"欲泯其迹"了。这就更激起臣民对光宗不孝行径的不满。大臣如留正、黄裳、孙逢吉等，每次朝会或入对时都找机会劝他过宫。但之前因为光宗不肯过宫看望父亲，黄裳一次急起来拿朝笏拦住光宗，对他说："寿皇已经病了，陛下请升辇看他一下吧！"而当光宗过宫看到寿皇后，却发现父亲并无大碍，因此就起了疑心。这次寿皇真的病了，光宗也不再相信臣僚们的话了。

外廷发生的事情，寿皇当然不会不知道。一日，他百无聊赖间，爬上朝堂的露台去看风景，听到外面巷子里小孩子们打闹争斗，有个小朋友在吵闹间大叫："赵官家！"他不觉叹道："朕呼唤他，他尚且不来呢，你们真是白叫了吧。"越想越凄怆,本来不太严重的病情也因为心情终日怏怏不乐而日渐加重。

到绍熙五年三月,太上皇后生日,本来,趁着上寿的时机去看看寿皇也是顺理成章的事情,但光宗又宣称太上皇后因为看到自己有病,所以传谕说免过宫上寿。但过了不久,光宗自己却带着皇后和后宫嫔妃大张旗鼓去玉津园游玩。罗点听说后连忙劝他,现在陛下很久没尽做儿子的义务了,外面议论汹汹,都快要生出祸乱来了,不如先去重华宫,再自己出去玩吧。光宗居然说:"你们可以帮朕调护一下呀!"旁边的黄裳忍不住插话了:"父子是至亲,还需要等别人调护吗?"罗点也点头道:"陛下一出宫去看寿皇,就什么误会都可以释然了!"光宗沉吟道:"朕心里未尝不想念寿皇啊!"罗点开解他:"本来,陛下与寿皇之间就没什么,主要是陛下患病的时候,寿皇过南内,看到陛下病重,一时心急,斥责了您身边的人,导致他们天天在您面前进谗言,陛下不应该因此而疑心寿皇的。现在陛下已经很久没尽定省之礼了,虽然有思念寿皇之心,但如果不去见他,又如何能自白呢?"光宗点点头。等这些东宫旧臣前脚刚走,光宗后脚就与嫔妃们一起去玉津园玩了。

这件事深深刺激了从小被教育要守孝道的一众士大夫。上自宰执侍从,下至太学生,都开始纷纷通过上书、入对等方式去劝光宗。尤其是太学生,他们在北宋末年开始的伏阙上书时就展现过很大的舆论威力。现在,先是以汪安仁等为首的太学生二百余人在登闻鼓院投匦上书;但龚日章等百余人则认为投匦上书太慢了,一定要伏阙上书;最后,监登闻鼓院杨大全看见后十分愤慨,他说:"我管的这个院以登闻为名,就是为了让那些无法通过一般渠道上书的官吏士民能有上书议论朝政得失、公私利害的方便，借此通达民情，现在太学生居然只能采取伏阙上书这种激烈的方法，岂不是把我这个登闻鼓院视为具文吗？那我有什么面目还充任这个职务呢？"于是愤而上书光宗，力谏过宫。但他的上书当然也同样泥牛入海。光宗只是一再上演先宣布过宫，到时又称病不过宫的把戏。从陈傅良以降，侍从、馆学官与其他职事官一百多人愤而上书，请求皇帝罢免他们，同时居家"待罪"，而台谏弹劾内侍陈源、杨舜卿、林亿年离间两宫的奏章也雪片似地送上朝廷。光宗通通不当一回事，只发了个诏书，表示不许辞职。

到五月，寿皇病情加重。一天，光宗御后殿，丞相率领参与朝会的官员进入大殿，请求光宗到重华宫探望一下寿皇。光宗当然不同意，于是没轮到入对的从臣和台谏在殿外着急起来，相继想要进入后殿，负责守殿门的阁门吏人按规矩阻止他们。罗点见状十分激愤。他斥退吏人，进入大殿。光宗被吓了一下，更疑心了，自己起身想要跑进内廷，却给宰相留正拉住衣角无法摆脱。罗点上前泣诉说："现在寿皇已经病重，陛下不去见他最后一面，日后将会追悔不及的啊！"光宗执意要起身跑回内殿，留正与黄裳等人虽然已经拉住了光宗的衣角，却也不敢用力扯，于是一行人就一边哭，一边跟着光宗，拉拉扯扯地直到他的寝宫福宁殿。光宗躲进了殿内，内侍们"轰"地关上了殿门，留正以下众位大臣只好大哭而出。

黄裳经过这件事，非常失望。他接连上章，希望能把他调往外郡，说："臣的职责有三，一是待制，二是侍讲，三是翊善。待制应当日夜奏对，以补救人主的过失，现在陛下不过宫，子道有亏，我多次进谏都不蒙重听，这说明待制之职可以废掉了。那侍讲呢？应该引经据典，劝诱人君行孝道。

第五章 悍后、疯皇与又一次内禅

现在陛下不问安,不探病,已经丧失了大义,我又能讲什么书呢?可见侍讲一职也可以废除了。要我担起翊善的职务吗?那我得讲义理,教皇子孝的道理。但皇子的父亲都不能尽孝,我怎么劝皇子尽孝呢?所以这个也可以废了。"章奏送上去,光宗照例不准许,但黄裳不管了,也和其他大臣一样,出城待命。

之后两天,宰相请求入对,又上待罪札子,表示既然进谏不蒙皇帝听从,那就恳请皇帝允许自己罢政出外。光宗不肯出来见他们,只是叫知阁门事韩侂胄出来传旨,要求"宰执通通出去"。于是,留正以下,朝廷的高级官僚们几乎倾巢出城,到浙江亭待命。如果加上已经居家"待罪"的那一百余名侍从、职事官,朝廷的官僚体系都快要崩溃了。光宗对此无动于衷,反而是孝宗听到了这件事后非常忧心,派遣嗣秀王到浙江亭传达孝宗的意旨,希望宰执们可以重新入城治事。知阁门事韩侂胄是皇太后吴氏的外甥,又是嘉王妃韩氏的曾叔祖,一直与光宗相处得很好,光宗多次破格升迁他。韩侂胄见自己传旨后又被指责,事情几乎到了无法转圜的地步,于是对光宗说,前些天传旨,令宰执出殿门,谁知他们都出了都城门,请求光宗让他去把宰执们宣押入城。这其实是给了双方一个台阶。光宗同意了。留正、赵汝愚等人这才入了城,回到自己的宅第。

又过了几天,留正看光宗实在是无法被劝动,决定带领朝臣,代光宗去重华宫看望寿皇。这时,寿皇已说不出话,好几次环顾左右,希望能见到儿子,却终于失望。起居舍人彭龟年见状实在受不了了,回来后连上三书请求光宗让他入对,但没得到批准。一天,在光宗上朝的时候,彭龟年不离开他在朝班中的位置,只是伏在地上磕头,磕了很久,直到额头上的血都染红了地砖。光宗唯有回应他，问道："我素来知道你忠直，你想对我说什么呢？"彭龟年抓住这个机会对光宗说："今日之事，没有比不过宫更大的了。"光宗又敷衍他说："是得要去才行。"彭龟年抓住光宗不放："陛下已经对臣许诺很多次了，但一旦入了后宫，就又变卦。现在是内外不通，臣实在是痛心！"同知枢密院余端礼也趁机说："彭龟年用额头磕丹墀，也是为了表达他的忠悃之意，臣子做到了这样的地步，岂是为了自己吗陛下！"光宗又开始不耐烦了，只回应了一句"知道了"。

就这样，无论是谁，无论用什么办法，始终没能劝动光宗。

在以儒家立国的传统时代，皇帝作为天子，是天道的代表人物，天子居然死活不肯去看望病重的父亲，甚至对宰相百官的恳求和自求罢黜等行为置若罔闻，这对于宋代的子民来说，也是前所未闻的。因此，不但"朝士日相聚于道宫佛寺集议"，连在百司服役的吏役，因为也对朝政有所耳闻，于是也参与到谣言的流布中；京城内的学舍，是关心时政的学生们集中的地方，这些年轻人更是群情激愤，"争相伏阙"。

为了安慰病重的寿皇，也更为了安抚民心，无奈之下，嘉王的僚属们想到请嘉王代表他的父亲去重华宫问疾。来日无多的太上皇见到皇孙，略觉安慰，但皇孙的身后，却依然不见光宗的身影。从这一天后，他就已经处于弥留状态了，但神志仍然比较清醒。他悲伤地拒绝服药。绍熙五年六月九日，这位一生孝顺奉养父母，南宋时期唯一比较有为的君主，在绝望中去世了。

寿皇的去世，却是又一场危机的开始。

三、又一次内禅

绍熙五年六月九日，五鼓刚过，也就是现在的凌晨四点左右，宰相留正府第大门被重重地敲响。当家人跌跌撞撞跑进内室叫醒留正的时候，他已经意识到发生什么了。果然，急匆匆穿戴出外堂，提举重华宫的内侍关礼悲伤又凝重地向他通报了孝宗驾崩的消息。留正连忙派人通知所有宰执汇集都堂商议此事。知枢密院赵汝愚首先提出，先不要通知皇帝，以免光宗生疑，连早朝都不上就麻烦了。因此大家决定暂时先扣下关礼所呈送的札子。等到天亮，光宗上朝，赵汝愚才把申状呈上，左丞相留正、知枢密院事赵汝愚、参知政事陈骙、同知枢密院事余端礼一起力请皇帝过宫去主持丧事。大家也许还记得，光宗病情的其中一个症状就是坚决不相信身边任何人去世的消息。这次寿皇去世，他也坚决不相信，又转身试图跑进内廷。于是群臣又拉着他的衣裾哭谏，一行人同样拉拉扯扯来到福宁殿前。光宗也哭了。他说："这不是你们的去处。"说着，用力一扯衣裾，袖子裂开了，光宗跑进殿内，内侍关了门，宰执手里只剩下那一片衣角。

无奈的群臣只好又出动嘉王。嘉王在光宗面前哭泣着请求过宫时，光宗一度表示同意。但百官仪仗站着等到太阳西斜，大内的宫门却仍然紧闭。

最后，宰执只好找到太皇太后吴氏。这一年，吴氏已经年近八十，她可能也没想到自己会又一次站在皇朝交替的关键时刻。她从慈福宫中发出御札，说天色已晚，请宰执率领百官赴重华宫发丧。这样，暂时把这当务之急的发丧仪式先应付过去。

寿皇的遗诰里，命改重华宫为慈福宫，由太皇太后居住，在宫后为太上皇后谢氏建寿成皇后殿，以便皇帝省觐。

到六月十二日，第二天就是大殓的日子了，留正与赵汝愚商议，请吴太后的侄子吴琚去请吴太后垂帘，暂时主持丧事。但吴太后不答应。留正只好又附奏请吴琚入宫劝太后，说："臣等连日去南内请对，但不获皇帝批准，我们的奏疏送进去，也没反应。按规矩接下来就得要率领百官在宫门外恭请了。如果恭请后皇帝还不出来，百官悲恸之下，一定会有很多人在宫门外哭泣，那就更加人心惶惶了。"因此恳请太皇太后降旨，以皇帝有疾为由，让皇帝暂时就在宫中成服，也就是穿上丧服。留正还说："现在大丧不能无人主持。因为宣读祝文的人要自称'孝子嗣皇帝'，宰臣是不敢代替皇帝读祝文的。但太皇太后是寿皇的母亲，则可以暂时主持丧礼。"参知政事余端礼也引唐肃宗朝群臣发哀太极殿的先例，请内侍王公昌带入慈福宫给太后参考。当时，宰执们还有一个计划，就是当太后垂帘主持丧礼的时候，宰执们就可以直接与太后对话，到时他们就向太后建议立嘉王为太子。毕竟这是事关宗庙社稷之事，如果要通过各种传递，就容易生变。宋代历来有太后在皇帝无法掌管政事之时垂帘听政的先例，如果立太子之事，由垂帘的太后发出，再由宰臣们在庙堂之上形成诏令，那么就好办很多。但宋代又历来有后戚不干预朝政的传统。太后的侄子吴琚虽然贵为少傅，但他一向怕事而谨慎，认为自己是后戚，越过皇帝言论立储这种大计，他断断不能与闻。通过吴琚往来四次传递太后与宰执双方意见后，太后终于同意亲自为孝宗临奠，却不同意垂帘，同时颁旨说："因为皇帝有病，无法出宫为上皇执丧，听任他在南内成服；太皇太后代行祭奠之礼；宰相率百官到重华宫成服。"

礼仪的问题解决了，但光宗竟然无法为父皇执丧礼的消息一再从大内中传出，不管这到底是失德还是因为病重造成，也预示着这个皇朝已经面临失控危险。一时间中外舆情汹涌。那些有钱的近习、贵近人家，纷纷打包金银细软，一车一车地辇运出城，去偏远村落里躲藏避祸；朝中大臣如项安世等竟然不辞而别，如李详等，直接就像躲避战乱一样举家回乡；朝廷最重视的位居侍从的官员，也准备相约出城逃难；甚至连后宫妃嫔都打点细软送回娘家，应付即将可能发生的社会变乱。富贵之人一走，临安城内气氛更为紧张，不明就里的百姓们也纷纷跟着逃难，城内居民清空了大半，都城内外，大有祸在旦夕的气氛，这已经是从高宗末年金人入侵以来没有过的了。

但他们的担心确实不无道理。因为不但临安城中守军"籍籍有语，变且不测"，就连远离临安的京西南路襄阳府，士人陈应祥听说光宗未能为寿皇发丧的事后也非常激愤，开始悄悄联结邓州的叛党，准备杀守臣张定叟，穿缟素代光宗为太上皇帝执丧，并且以襄阳为基地起兵。后来还是因为嘉王登基的消息传来，他才终止了这个计划。因此，在绍熙五年六月这个燠热不宁的夏天，临安君臣所面临的，的确是一个祸福在旦夕之间的危局。

吴太后御札中说是让光宗在南内"成服"，但实际上光宗完全不肯相信自己的父亲已经去世，因此也就不肯穿上孝服。他在宫中还是穿着常服悠游自处，时不时还宴饮、召唤俳优入宫取乐。宫内大张旗鼓地布置与服丧有关的装饰、用具，他就在旁边看着，就像是看别人家的热闹。寿皇的死对于他来说唯一的影响就是，他加深了对一切事物的疑惧，手里时时拿着弓箭，怕人来暗算他。

处于政治旋涡中心的留正则越来越紧张。一天，大内降出一个布衣草泽的上书，估计是经登闻鼓院上送的，里面讲到了立储之事，留正想，既然是大内中降出，那么说明光宗对立储一事持肯定态度。于是连忙把这封上书放在袖筒里入对，准备取旨施行。谁知光宗见到留正拿出这封上书，居然勃然大怒，说："储位是不能预建的，一建就会来取代我。我为什么降出给你们看呢？那是为了让你们知道，像这样的建议实在是荒谬！"显然光宗想到了自己天天想早登大位的那些日子。

光宗的态度吓得大家大气都不敢出。但问题是，太后御札虽说是让光宗在南内成服，但他明明就没有穿丧服，有时还穿着常服上朝听政，实在不成体统。到六月十八日，宰执们按惯例到和宁门等候皇帝的召见，见光宗又没出来听政，留正于是壮起胆，率领宰执联名上书，说："近日中外流言太多，人心惶惶，我们考虑，平息谣言的办法，没有比立国本更重要的了。皇子嘉王仁孝夙成，学问日进，正应当早正储位，以安人心。"光宗这次是没有反应。既没见生气，也不见同意。之后，过了一天又一天，大臣们觉得事情越来越急迫，因为向金国告哀的使节已经派出，对方不久就会派来吊祭使，按照礼节，吊祭使将会在大行皇帝梓宫的素帷前受到皇帝的接见，如果那时光宗仍无法主持这样的礼节活动，那么整个大宋的脸面都会丢光了。到六月二十四日，留正又硬着头皮再送入札子，说相同的内容。这些居然得到了御批说"甚好"。宰执们大喜过望，连忙商量着草拟了诏书，二十六日把它送入大内，请求皇帝批准，以便付学士院拟成正规的制文。这次光宗反应非常快，下午就送出批文，写着："依付学士院降诏。"大家正稍稍安心一点了，谁知当晚光宗又送了个御批出来，留正一看，大

第五章 悍后、疯皇与又一次内禅 239

惊失色，不敢拿出来给同僚看。知枢密院事赵汝愚逼他快快告诉大家，他不得已拿给他们看，批文中只写着八个字："历事岁久，念欲退闲。"

这一下简直不得了了。

原来留正一开始时，曾与宰执、侍从们商议过，说光宗无法主持丧礼，应该立皇太子监国。如果到终丧的时候，皇帝身体恢复了，就让他重新当政，如果他无法执政，就建议内禅，让太子即帝位。当时郑湜的想法与留正一致。后来赵汝愚建议与吴太后商量内禅的事，留正觉得应该谨慎一点，先建议建储。如果嘉王的太子之位未正，就马上说内禅，日后一定很麻烦。因此才有宰执上疏求立太子一事。但现在他们的计划只进行到"建议立太子"这一步，皇帝就弄出了"退闲"这样的话，这是光宗敏感的神经被激惹了故意以退为进，将宰臣们一军吗？

留正作为左相，责任最大，他越想越不妥，回到家后，猛然想起他还未飞黄腾达的时候，曾经找人为自己算过命，那个会轨革卦影之术的人搞了一幅图给他，上面画有"兔伏草、鸡自焚"的景象。当时的人都迷信这类东西，留正也不例外。他想起光宗是卯年生，属兔，而自己则是酉年生，属鸡——"天啊，这不正是说，光宗要'退闲'，也就是伏在草中不动时，我就会自取灭亡吗？"他更加惴惴不安了。

第二天，为谨慎起见，宰执们覆奏，也就是请中书、皇帝都再核实一下此前的决定。其实这是他们想皇帝把意图讲清楚一点。谁知光宗批出来的御札又是一句没头没脑的话"可只今施行"。究竟是马上施行立储，还是"退闲"？宰执们更疑惑了。

到六月三十日，他们上奏，申请与皇帝见面，希望光宗能当面告诉他们自己的决定。当晚,宰执们的覆奏被批出来,但题封好像有些异样。留正又不敢启封了,直接把它投送到内降房。宋代内降是指皇帝或垂帘的太后违背封建政府正常行政程序,绕开三省和枢密院,直接由内宫下达给有关部门的行政命令。光宗这个御批,明明已经下达到中书,而留正不拆封直接把它投放到内降房,分明就是想表示这御批中无论提及的是什么事,宰执们都毫不知情,无疑是把所有责任推给光宗。但到七月一日,知枢密院事赵汝愚却又去内降房把文件拿回来启封了。留正无奈地跟着一起看,一边忧形于色,心中渐渐萌生了退意。

第二天,大家好不容易等到了光宗临朝,大家正想与他讲立储的事情,希望能得个准信,谁知留正也不知道是精神恍惚踏空了,还是故意的,就在朝堂之上摔了,整个人扑倒在地,扭伤了脚走不了路。他趁机连忙向光宗申请罢相,光宗不批准。

消息传出,京城内顿时大哗,人心更加浮动。赵汝愚看到这个情形,虽然他只是班位尚在参知政事陈骙之后的知枢密院事,但自己是赵氏宗室,且是光宗当年冲破重重障碍,打破宗室不得任宰执的祖训而提拔他到这个政权的核心位置的,现在国事日危,一向以范仲淹、韩琦、司马光自期的他感到自己无论如何都得承担起这个安定宗社、抚慰民心的责任。但是要力挽时局,就要涉及敏感的皇位继承问题,加上自己身为宗室的身份,外间早有"嘉王出判福州,许国公判明州,三军士庶推戴赵相公"的传闻,如果现在插入继立之事,更是瓜田李下难以说清楚,因此忧心如焚。

这时,左司郎官徐谊写了封信责备赵汝愚,说:"自古人臣,为忠则忠,为奸则奸,一个人如果既忠又奸,却能成大事的,从来没有过。你心里虽然忧心时局，但行动上却是作壁上观，这不就是夹杂了忠与奸吗？国家安危，在此一举啊！"一言惊醒梦中人，赵汝愚连忙找徐谊商量计策。徐谊说："这是大事，非有太皇太后之命不可！"但太皇太后不肯垂帘，又能如何呢？

七月一日晚，中郎将范仲壬、太常少卿詹体仁等人都因为此事聚集在赵汝愚的私第商议对策。这时，同为赵氏宗室的工部尚书赵彦逾因为被任命为山陵按行使，将要渡江去绍兴主持卜葬事务，临走前也造访赵汝愚私第与他告别。几人见面后，赵彦逾对赵汝愚说："最近国事危急至此，知院您是与皇帝同姓的公卿，岂能坐视不理呢？应当想想救国之法啊！"赵汝愚沉默了很久。毕竟兹事体大，他还不知道赵彦逾说这些话的真实意图，因此决定试探试探赵彦逾。他故意唉气说："现在有什么办法呀？如果真急起来，只有拿把刀去朝天门，叫几声，自刎而死罢了！"赵彦逾一听，皱起眉，压低了声音说："与其那样死去，不如这样死吧！听说，皇帝御笔写有八个字，有没有这回事呢？"赵汝愚心想，这小道消息传得可真快！见赵彦逾想要讲的，似乎正是自己想要做的，于是豁出去了，道："留丞相叮咛过不要说出去的，现在事情紧急，与尚书您说说不妨。"于是把那八个字的事情与他讲了。赵彦逾说："既然有这个御笔，为什么不干脆就拥立嘉王呢？"赵汝愚听他这么直白地说出来，更吃惊了，对赵彦逾说："之前商量建议皇帝立储的时候，还担心皇帝会生气呢，何况是内禅？这样的大事，谁敢担当呢？只能看看慈福、寿成两宫的意思如何了。"他所说的慈福、寿成两宫，指的是居住在慈福宫的太皇太后吴氏与孝宗的皇后谢氏。赵彦逾有点着急了："留丞相借着脚伤要辞职，这是上天把这一段事业赋予知院您呀！您还有什么好犹豫的呢？眼看禫祭的日子快要到了，就定在那一天内禅就对了。"禫祭，就是除去孝服时要举办的一种仪式。赵汝愚说："这可是大事，恐怕不能仓促行事，要择一个好日子。"于是几个人拿了官历来查，发现禫祭那天正是吉日。赵彦逾说："帝王即位，就是好日子，更何况官历也写着是吉日，有什么好疑虑的？刻不容缓，以免夜长梦多啊！"

赵汝愚于是说起，内禅这种事情，如果没有军队的支持，万一有什么变故，恐怕注定会失败。当时，担任殿前统帅的是郭杲的部队，但赵汝愚与郭杲只是点头之交，亲自去找他恐怕难以成功。于是范仲壬及詹体仁自告奋勇去找郭杲。赵汝愚心知赵彦逾与郭杲关系很好，只是这次他却没有主动提出为赵汝愚牵线搭桥，估计也是碍于自己的宗室身份，既然有范仲壬等人请命在先，他就没有请缨。赵汝愚对范、詹二人能否劝动郭杲，心里也没底，于是拿话去挑动赵彦逾，故意道："殿帅郭杲掌握着兵权，这件大事，如果他不同意，那又怎么办好呢？"赵彦逾说："如果他们没有成功，我就承担这个任务。"

却说范仲壬连夜去找郭杲，范仲壬是中郎将，与郭杲比较熟，因此入见时就直接给他分析时势艰难、局势危殆的道理，希望郭杲能主动提出支持内禅，但郭杲非常犹豫，没有正面回应他。范仲壬于是以作为将领应有的忠义之道触动他，但郭杲还是不为所动。最后，范仲壬只有请郭杲屏退左右，他起立拱手，告诉他这是知院赵汝愚的意思，但郭杲还是不答应。范、詹二人大失所望，只好回到赵汝愚的府第。

虽然已经有了一些心理准备，但当听到两人的汇报后，赵汝愚还是有点慌了。毕竟这个事情已经泄露到了郭杲那里，万一郭杲另有目的，那就是牵连极大的死罪呀。赵彦逾能否当其重任呢？看到赵汝愚紧张的神色，赵彦逾说："我曾有恩于郭帅，我去和他说。"这时门外夜色已浓，范、詹二人告辞先走了。赵彦逾看了看天色，准备明天再去找郭杲，于是约赵汝愚明天告诉他结果。赵汝愚连忙说："这种大事，已经从大家的口里讲了出来，那怎么还能等呢？"谁也不知道这个晚上郭杲会不会就去光宗那里告密了。因此赵汝愚请他马上就去找郭杲。赵彦逾走后，赵汝愚怕自己神色紧张，若被家人仆从看见容易走漏风声，于是也不敢走入内室，独自退到屏风后面静等赵彦逾的回复。

赵彦逾星夜赶到郭杲私第求见，对郭杲讲述了他们的计划，然后说："彦逾与枢密只是能出出主意而已，太尉是国家之虎臣，真要行动起来，还真只能靠太尉您了。"郭杲之前已经拒绝了老友范仲壬的请求，他一见赵彦逾来访，就已经猜到了其来意，只是赵彦逾与范仲壬不同。赵彦逾曾对自己有恩，拒绝起来就更难开口。正犹豫间，赵彦逾已经变了脸色开始责问郭杲了："我知道太尉顾虑什么。您所虑的，只是你百口之家的性命而已。彦逾已经对您坦诚相告，而太尉竟然完全不回应我，莫非太尉别有所图？"郭杲惊得伸直了腰板，对赵彦逾拱手道："请代我致意枢密，郭某领受钧旨！"随即到各处布置军队与警卫。赵彦逾回到赵汝愚的府第向他报告，军队的事情终于定了下来。

到第二天，是大祥祭礼的日子，左丞相留正在五更早朝时间一到，就以伤病为由申请致仕，也就是要告老还乡。然后，也不等光宗批准了，一出朝堂就换了肩舆，一溜烟地跑出了城，被他留在身后的，是更加动摇的民心。

大祥之后两天，本来是成服的日子。成服的意思就是，从这天开始，百官就不需要穿丧服，而只要改穿常服了。这天晚上，白气贯天，占书认为主兵象。那些还留在朝中没有离去的大臣，因为激愤于皇帝尽废纲常，都不肯换上常服。

不过，在动荡的局势中，有几个人的计划正在有条不紊地进行着。赵汝愚取得了殿前军的支持后，又开始寻找可以与吴太后沟通的人选。自从吴琚不肯与闻内禅之事，而且又通传了吴后不愿垂帘的话之后，赵汝愚也想过请求吴太后的另一名侄子吴环去做这件事，但吴环也推辞了。

正焦急间，左司郎官徐谊与吏部员外郎叶适来见赵汝愚。原来，他们都是永嘉人，有一个同乡蔡必胜是武举进士，现在在阁门做事。前几天叶适去找蔡必胜，问他说："国事到了这种地步，您是天子近臣，能坐视不理吗？"蔡必胜向他表达了愿出全力的意愿。这蔡必胜与知阁门事韩侂胄关系非常好，因此叶适与徐谊就过来，向赵汝愚建议，让蔡必胜请求韩侂胄作为赵汝愚与太后往来沟通的信使。这个韩侂胄，不但是太皇太后吴氏的外甥，还是嘉王夫人韩氏的曾叔祖，而且他还与慈福宫内侍张宗尹是好友，这样一来，就有了多重方便。赵汝愚欣然同意。蔡必胜马上找到韩侂胄讲明了他们的计划。韩侂胄说："我世受国恩，情同肺腑，愿意效力。"慨然应允。

但按规定韩侂胄也不能直接进宫面见太皇太后吴氏。于是他就找了提举慈福宫张宗尹，说："事到如今，我们这些人也死到临头了。"宗尹问："现在该怎么办？"韩侂胄就告诉他内禅之谋，说："必须太皇太后主张才可行。"宗尹答应代为转达。谁知太后平日里一向简严，谨守后宫不得干政的祖训，听了张宗尹通传的关于内禅的计划，并不赞同，只说："此岂可易言！请赵汝愚耐心等待。"韩侂胄垂头丧气回去找赵汝愚。但赵汝愚却从太后"要耐烦"中听到了一丝希望。他请韩侂胄第二天再去一趟，以"谢太皇太后宣谕"为借口求见，到见面后再提内禅建议。

到七月三日，韩侂胄又去了一趟重华宫。请宗尹通传后，又没有得到吴太后首肯。韩侂胄非常失望，在宫门外的走廊那里徘徊逡巡，十分狼狈。这时，正好提举重华宫关礼出宫办事，看到韩侂胄，于是问他有何事。这位关礼，高宗的时候就已经在宫中侍候，到淳熙末年的时候已经积官至亲卫大夫、保信军承宣使，是孝宗亲信的人，因此在孝宗内禅后就命他提举重华宫。他虽然是内侍，却颇有大局观。他见韩侂胄吞吞吐吐，于是当即指天立誓，说自己决不走漏消息。这样韩侂胄才向他言明赵汝愚等人的计划与难处。关礼知道事关重大，请韩侂胄先别离开，他则马上入见慈福宫。

慈福宫其实就在重华宫里，是重华殿旁边的一个大殿。一进殿门，关礼就开始哭泣。太皇太后吴氏见状问他哭什么。关礼说："小臣无事，只是天下可忧啊。"吴氏皱着眉不说话。关礼又道："圣人您读书万卷，有见过像现在这样的情况却能保住朝局不乱的吗？"吴太后说："这种事情，不是你能明白的呀。"关礼说："这事人人都知道。现在丞相已经逃跑，朝廷所依赖的，只剩下赵知院，但他也将要离开了。"一边说，一边流泪。吴太后听了很吃惊，问："知院是宗室，情况与其他人不一样的，难道他也要走吗？"关礼说："知院之所以还没离开，不但因为他是赵氏宗室，还因为以为太皇太后可以做他的后盾。现在他请太皇太后一起商定大计而不获批准，这形势之下，他就不得不离开朝廷了。如果他一离开，那这个社稷宗庙、天下苍生该怎么办呀?"吴太后也意识到严重性了,不禁问道:"怎么办好呢?"关礼说:"现在,宰执们令韩侂胄在宫外,想要禀报内禅的事,请圣人三思,早定大计啊!"吴太后沉吟很久,这事她知道,她刚刚才回绝了韩侂胄呢。于是她问关礼韩侂胄现在在哪里。关礼说:"臣已经请他留下在宫门外候命了。"吴太后沉吟了很久,终于道:"我前些天倒也听吴琚说过这件事。如果事情顺利,倒是可以试一下。你去令韩侂胄,叫他们多加谨慎,好生去做。"原来吴琚虽然没有答应赵汝愚等人请他致意太后的请求,但其实已经默默在太后面前做了一些铺垫。他提醒吴后:"今日之事,的确是要早定大策,以安人心,而至于垂帘之事,则只可以实行十天半个月,不是长久之计。"这个观点也影响了吴后,使得太后对内禅之事至少已经有了心理准备。

关礼得了太后旨意,匆匆出来告诉韩侂胄,并且转达太皇太后的意思:"明天早上,太皇太后将在寿皇的梓宫前垂帘,召见执政。"

韩侂胄飞报赵汝愚,赵汝愚这时才敢把这件事告诉同列的参知政事陈骙、同知枢密院事余端礼,同时会商明天要做的事。另一边,赵彦逾去联络郭杲及侍卫亲军步军都虞候阎仲,当晚就开始调兵,拱卫南内与北内;关礼请他的姻亲阁门宣赞舍人傅昌朝秘密改制黄袍。

这时,内禅的主角嘉王却毫不知情,而且这几天正好有病告假,因此赵汝愚给起居舍人兼嘉王府直讲彭龟年送去一封信,说"明天的禫祭是大事,嘉王不可不入北内",彭龟年马上领会内中意思,也悄然做好了准备。

一切准备停当,就等着第二天的到来。

绍熙五年七月四日,这天是禫祭的大日子。百官都到重华宫,嘉王因为彭龟年的敦请，也到了寿皇的梓宫前。执政率百官在寿皇的梓宫前奏请太皇太后临御。过了一会儿，内侍垂帘，太皇太后坐在了帘后，先请关礼召嘉王赵扩、许国公赵抦进入帘内，同时请执政与韩侂胄一起在帘前奏事。赵汝愚等再拜，在帘前启奏说："皇帝因为有疾病，至今不能执丧。臣等多次上书，请求立皇子嘉王为皇太子，以安定人心。皇帝已经批出'甚好'，继而又批'历事岁久，念欲退闲'。现在正要取太皇太后旨处分。"吴太后说："皇帝既有御笔，相公自当奉行。"汝愚等又奏："这事很重大，须请太皇太后降一个指挥才可以。"吴太后说："好！好！"赵汝愚于是在袖筒里拿出之前已经拟好的指挥呈给太后。指挥里说："皇帝以疾，未能执丧。曾有御笔，自欲退闲。皇子嘉王，可即皇帝位。尊皇帝为太上皇帝，皇后为太上皇后。"吴太后拿来读过后，说："甚好。"赵汝愚等人于是到几筵殿前当众宣读了太皇太后圣旨及内禅诏书，众人这才知道，皇帝已经换人了。顿时"欢声如雷，人心始安"。

赵汝愚等回奏吴太后道："从今天开始，臣等有要上奏的事，就不再经过上皇，而是要听取嗣君的处分了。但这样又怕两宫父子间因此就难以相处，须烦请太皇太后主张。而且，上皇的疾病还没好，骤然听到这件事，一定会惊疑，请任命内侍都知杨舜卿提举上皇的本宫，帮忙承担调和处理的责任。"吴氏于是把杨舜卿召到帘前，仔细交代了注意事项。一切定下来之后，就该举行内禅大礼了。

原来，此前吴氏在帘后见到嘉王与许国公后，就先请内侍拉他们到后殿预先铺垫。她对着两个曾孙恸哭失声，对赵抦说："外面的议论，都说要立你。但我思量着，万事都应当先从长。嘉王比你年长，这皇帝先叫他来做，他做完了，你再做，这在祖宗时也有先例的。"原来虽然光宗一直没有立太子，但孝宗支持立赵抦的消息早已风传到人尽皆知，因此赵抦对皇位并非没有希望，只是宰执与吴太后一致拥立赵扩，赵抦在朝中并没有什么后援。当时赵抦并不知道这段时间内的各种关节，他这次入宫，就已经做好要做皇帝的准备，当吴太后对赵抦说了朝廷的决定后，赵抦顿时脸色惨然，怏怏地拜别了太祖母，出宫去了。嘉王同样毫无心理准备，听到这个决定，惊慌失措，想要离开。这时，吴太后特意命韩侂胄也上前奏事的意思就显露出来了。吴氏见嘉王要走，马上命韩侂胄进入帘内扶掖着嘉王，使他跑不了。嘉王没有办法，只好哭着说："禀告大妈妈，臣做不得，做不得！"然后又对着帘外的赵汝愚等人喊："我无罪，我怕身负不孝之名啊！"关礼呈上黄袍，赵扩却死活不肯穿，甩开要帮他穿袍的内侍们。吴太后命令韩侂胄："把黄袍拿来，我亲自帮他穿。"谁知赵扩绕着殿柱跑，韩侂胄一时还抓不到他。吴氏生气了，高喝了一声，叫嘉王站住，赵扩这才站定了。吴太后责备赵扩说："我亲眼见你曾祖父继位，又见你祖父继位，再看着你父皇，现在又看着你……"没讲完，已经泣不成声。赵汝愚等隔着帘子劝赵扩："天子当以安社稷定国家为孝。现在朝廷内外，人人忧乱，万一生出祸乱，陛下您要置太上皇于何地呢？到那时，还可以有机会尽孝吗？"韩侂胄在旁边也以天命所归之类的话劝他，光宗旧僚、同知枢密院事余端礼也很激切地加入劝说的阵营。但最关键的还是太皇太后。嘉王瞄了瞄吴太后，知道她态度坚决，而且已经很生气了，他一向敬爱这位大妈妈，知道此事肯定无法推辞，只好妥协。他刚顺从地穿上了黄袍，又跪在地上磕头无数，嘴里兀自还轻轻地喃喃着："做不得……做不得……"韩侂胄把赵扩搀扶出帘外，大家扶赵扩坐上御座，但赵扩很快又站了起来。到赵汝愚等率领百官再拜，新皇帝则站着受宰执跪拜。

接着，吴太后宣布授新皇帝传国玉玺。原来，前一天晚上赵汝愚安排赵彦逾去请郭杲布置部队的同时，还请郭杲预先派五百名卫士到祥禧殿前祈请传国玺。负责保管传国玺的是内侍羊驯和刘庆祖。郭杲说明来意后，二人私下里议论道："现在中外汹汹，怎么知道谁是好人？虽说是为了内禅之用，但万一这玉玺落到他的手上，而他拿去给了另外一个人，这岂不麻烦？"于是悄悄把传国玺拿了出来另外收好，却把原来放玉玺的盒子密封，打上封识，拿给了郭杲。等郭杲一走，他们就抄小路从南内跑到北内，把玉玺给了吴太后。因此，到授玺仪式开始后，赵汝愚正想拆开封识拿出传国玺奉上，吴太后却说："不必了。"然后在帘后叫内侍把玉玺拿出来给赵汝愚。众人惊叹之余，也不禁佩服这两位内侍的智识与谨慎。

梓宫内的事宜办妥后，赵汝愚就传宣殿帅郭杲、步帅阎仲和韩侂胄一班起居，内侍又引导赵扩到太皇太后帘前行谢礼。韩侂胄与御史们走出殿门，传唤百官分班列队到重华殿东廊，又对昨晚就宿卫在南内、北内的殿前诸军宣谕皇帝已即位的消息，同时命人起草贺词。赵汝愚则请新皇帝出来重华殿东廊的素幄里与百官见面，之后赵扩就开始执行嗣皇帝的义务，到孝宗的几筵殿行禫祭礼。就这样，在宋光宗毫不知情的情况下，他的儿子赵扩成为了南宋的第四任皇帝，也就是宋宁宗。

当日，赵汝愚等还帮助宁宗颁旨，一是要建泰安宫，用来安置父亲光宗及母亲李后，而杨舜卿就被任命为提举泰安宫。赵汝愚还请求宁宗派内侍二人，分水陆两路出发，宣押出逃的留正回都堂治事，以保证宁宗初政的平稳过渡。

第二天,太皇太后颁旨册封原嘉王妃崇国夫人韩氏为皇后。同一天,韩侂胄侍候宁宗去光宗的寝殿中问起居。光宗当时躺在床上,恍恍惚惚地问:"是谁?"韩侂胄回答说:"嗣皇帝。"光宗瞪着赵扩,很久才反应过来:"是我的儿子吗?"又问韩侂胄:"你又是谁?"韩侂胄回应说:"知阁门事臣韩侂胄。"光宗于是木然地转过身子,背对着他们两个,不再说话了。什么消息都不愿接受的宋光宗,又迎来了一个他更难以接受的现实。

七月六日,新皇帝大赦天下、百官升迁、犒赏三军。正是这一通赦书,及时熄灭了襄阳士人陈应祥的起兵图谋。新皇帝顺利登基并开始为孝宗执丧的消息从宫中传出,临安城内外的居民才开始放心,慢慢地,开始有百姓从城郊回到自己的家中。

就在内禅典礼举行的那天晚上,宁宗住进了皇宫,他自己的嘉王府,已经被临安百姓哄抢一空。原来宋代有个习俗,就是当新君即位的那天,京城的百姓就会争相跑进皇帝的旧邸,见到什么就拿什么,被称为"扫阁",相当于是新君的一次与民同乐。因此如果储君有什么东西不愿被拿的,就应该预先做好准备,或事先运走,或收起来。但当时由于传闻皇位会传给许国公赵抦,赵抦的府邸反而做好了被"扫阁"的准备,而赵扩却一直以为自己会出判福州,因此整个王府一点准备都没有,所有的东西被一扫而空。

原本熟悉的环境、喜欢的旧物通通没有了;面对新的环境、新的责任,赵扩快快不乐地呆坐着。原来的嘉王府翊善、讲读官沈有开、彭龟年等人请求面对奏事,新皇帝面对他的老师们,表情惨然,过了很久之后才对老师们说:"之前只听说宰执们有建储的建议,说这个可以息浮言,安人心。谁知现在忽然做了这个,对大妈妈哭诉,她又不答应。我到现在还心悸不安呢!"

的确,这位宋宁宗虽然平日尊敬老师,学习勤奋,却智力堪忧。他作为光宗独子,在当时的情势下,只有选择他做皇帝,才名正言顺,容易平息外议。问题是,南宋这艘航船由这样一个自己也承认不会辨别忠奸的人来掌舵,其逐渐偏离正常的航道则几乎是必然的。不久后,随着赵汝愚被贬,韩侂胄掌国而成为新一代的权臣,南宋王朝的衰世,早在赵扩登基这晚的惨然垂泪中,默默被揭开。

尾 声

◎

内禅——家事与国事

内禅，本指君主尚在世的时候，就将君位禅让给自己家族中的人，因为皇位是在本家族内传承，因此被称为"内禅"。"禅让"一词本来反映了中国人对远古圣王推位让贤的美好想象，而君主制下的所谓"内禅"，却只不过是对某种情况下皇位的非典型传承的美称而已。内禅的对象还是"家内人"，而内禅的君主，大多数不是失去执政能力被迫退位，就是为逃避君主的责任而弃国，其"禅让"背后往往反映一个时期政局的昏暗。

南宋前四帝，除了高宗其实是自立为皇帝外，其余三帝均是通过内禅而获得皇位。高宗在还是皇子的时候也曾亲历过一次内禅，那是他的父亲宋徽宗为了躲避金兵而内禅给他的哥哥宋钦宗。北宋、南宋之间的这四次接连的内禅，最早一次是由于君主的弃国，而最后一次又恰是因为君主的失能，只有中间两次可算是皇朝内禅史上较为另类的类型。这两次内禅均是皇帝在健康且执政能力不弱的五六十岁的年纪就让位给儿子，而且老皇帝在内禅时，均自信有能力在卸下部分政务重担的同时又能在一定程度上掌握朝局，这在中国历史上都是不常见的。但若具体到这两次内禅的背景与效果，却也是各有不同。

高宗的内禅，是建立在对孝宗这个养子的充分了解的基础上的。而且高宗在继承人的选择上有较广的范围与充分的自主权。由于他没有亲生儿子，所以意外地摆脱了历代皇帝必然面临的只能在自己儿子的范围内选择这样的包袱，因此得以从太祖一脉的众多子孙中选择天性与天资较佳的孩子进宫。这样择优选择的继承人，从概率上说，也较易找到最优的继承人。此外，由于太祖后人大多已经成为普通平民，而成为高宗养子却能享受最好的生活与教育条件，还能封荫父母，甚至有了成为皇帝的机会，养子们内心对高宗的感激就不同于亲生儿子对上述条件所感受到的理所当然。而且，高宗在重视对养子的教育同时又反复试探、观察与考验。事实证明最终其结果是理想的。而高宗选择内禅的时机，也是他精心选择与算计的结果。他在位后年，武备废弛，士卒懈怠，金主完颜亮的一次南侵，又使国人再一次重温了高宗的恐金本性，使他的威望触及低点，再加上群臣对他期望很高，而他却只想待在西湖的秀山丽水间过些"小确幸"的生活，因此，在确认养子赵昚十分可靠的情况下，把皇位传给赵昚，自己只保留每月两次与高级官僚的会晤，那就可以既把繁杂琐碎的日常公务甩给养子，又不失对朝廷大方向的掌控，还可以有更多的娱乐时间。从日后高宗的晚年生活看，他这一次的"内禅"可算是成功。

但为什么亦步亦趋地跟随养父内禅步伐的孝宗，同样是谨慎择嗣、同样是精心培育、同样是充分地观察与锻炼，却未能获得同样完满的结果呢？首先也许和孝宗的家庭有关。

在君主制的传统社会里,皇家从来就不是私家。虽然人们都期待甚至默认皇帝就应该是国家道德标准的最高代表,包括皇帝与宰执在内的最高决策阶层就应该是内圣外王的典范,但上自皇帝,下至宰执、侍从,都不会真的是圣人,他们都有自己的个性、弱点与局限。而作为天下第一家,内廷主要成员的个人特质对外朝的影响更为强大。

我们来看看孝宗的家庭情况。孝宗自己的整个执政期间,几乎都处于高宗的阴影之下。但作为高宗的养子,他的一切权力与财富都是高宗所赐,因此在面对高宗的决策时,他天然处于绝对的下风,而且即使有不满,出于道德的约束,也完全不敢有所表露。孝宗的三任皇后,郭氏早逝,夏氏与谢氏出身寒微,均是以高宗吴皇后宫中侍女的身份被赐给孝宗的,尤其是第三任皇后谢氏,因为自幼孤苦无依而成为翟氏的养女,直至封后才回归本姓。因此夏氏、谢氏都对吴后非常恭谨孝敬。在高宗与孝宗的关系中,高宗夫妇是绝对的主导。

至于孝宗,虽然也想打破君主制立嫡立长的常规,以立贤为建储的标准,但他的选择范围又怎能与高宗相比?仅有的三个成年儿子,大儿子早逝后,只剩下两个选择。而又由于高宗的主导,他只能选择赵惇为继承人。即使可能对赵惇嗜酒胡闹的本性也有所耳闻,也只能硬着头皮,希望通过后天的培养来纠正他的坏习惯。但问题是,宋代皇家的另一体制,也就是皇子成年必须出阁的制度,又使赵惇在十五六岁最叛逆的年纪就搬离了父亲的家,住到了自己的王府里。从此,皇子的教育就只能托付给皇子的老师及内侍,自己对皇子的监控与观察也就更弱了。

站在赵惇的立场,他只看到祖父的提前退位,让爹爹早做了二十多年皇帝，却没留意到高宗在退位后对朝局的把控，也没有把父亲的尽孝和对高宗在政策上意见的尊重看在眼里。因此在希望孝宗能早日放手方面效仿高宗，却没想到授受内禅是否也意味着接受父亲对自己的指导。而站在孝宗的角度，则看到养父提前退位后，父慈子孝其乐融融的快乐画面，而且深刻感受到高宗对自己的处处提点，因此也期望在自己和父亲之间能继承这种关系。两人对孝宗禅位后父子皇帝间关系的期望值偏差，是导致两人矛盾的最深层次原因。

而在孝宗与光宗这对父子的关系中，孝宗明显想要效仿高宗的强势，而且他似乎还是一个比较注重细节的人，事事对赵惇关怀备至，耳提面命。但偏偏赵惇并非如赵昚那么和顺善良、节俭自谨。他是一个性格叛逆，即所谓有"英气"的人，也是喜欢享乐、视皇室规矩如桎梏的人。作为皇帝的亲生子，又有高宗更早地内禅先例在前，他也不具有孝宗对高宗那种感激与道德限制。赵惇只是由于前有哥哥赵恺的竞争，后有自己想早日继位的渴望，因此才愿意在孝宗面前装模作样，一旦继位，孝宗对他的一切基于权位而非基于认同的约束就不复存在。因此父子之间的矛盾就猛然爆发。

在孝宗仍想掌控朝局大方向，而光宗只能阳奉阴违的绍熙初年，光宗皇后李氏和孝宗、光宗身边的近习、内侍也起了相当大的消极作用。尤其是光宗的皇后李氏，其家教本来就差，再加上光宗在继位前在强势父亲面前的长期自我压抑而激发的强烈逆反心理，使得李氏的泼悍反而像是讲出了赵惇长期想讲而不敢讲的话，做出了赵惇长期想做而不敢做的事，包括她为自己的儿子赵扩争取继承权而在家宴上发作的那一次，估计光宗看在眼里，心里是十分痛快的。而光宗对李氏的纵容，也最终反噬自身，造成了黄贵妃之死和自己的精神失常。因此，虽然孝宗也想在立储一事上效仿高宗，对儿子的继承人选加以插手，但最终却不但没能达到目的，反而使立储一事成为父子二人抱憾终生的矛盾爆发点，还使其媳妇李氏有了制造父子矛盾并借机揽权的机会。

由此就要说到孝宗内禅失败的另一重要因素——内禅前人事布局的失算。内禅前，孝宗为绍熙初政安排好的两位丞相，左相周必大德才相对较佳，但仅仅在位三个月即为何澹弹劾去位。所谓"周相之门多佳士"，这些较为清正的官员也因为周必大的去相而相继离开朝廷。御史中丞何澹很明显是个睚眦必报的小人，却执掌台谏，一直得以在朝廷之内兴风作浪，此人却是孝宗一手提拔的。至于几乎伴随光宗朝始终的宰相留正，更因为一己之私，对孝宗、光宗之间的误会从不开解，面对光宗得病之后的危局也一直无所作为，甚至从中渔利；一见形势对自己不利，又直接弃国出逃。这样的人，却是孝宗临内禅前特意超拜的宰相。

如此看来，表面上孝宗在内禅问题上每一步都在效仿高宗，但无论从择嗣、为王储择妃还是为嗣皇帝择宰相等这些关键问题上都不可与高宗同日而语——或是受到多方掣肘，或是做了错误的决定，最终导致了孝宗、光宗间的人伦悲剧，同时也致使光宗朝成为南宋前期稍微振作的朝政的尾声。

而光宗的内禅，则更凸显了皇帝的家事对国事的影响力。宋代后妃，往往在皇位更替的某些特殊时刻起着重要作用。在南宋前期，本书中曾提到的，就有孟太后、吴太后等出色女性，韦太后这样的慧黠之人及李后这样的悍后。

哲宗皇后孟氏在北宋轰然倒塌的时局中临危受命，毅然担任起拥立高宗的责任；在苗刘之变中再次垂帘，与苗刘周旋并护佑高宗与皇太子赵旉；在金军南侵中又分领文官与六宫南下江西避乱，所起的是类似中流砥柱的作用。

徽宗贤妃韦氏在高宗朝的影响力及其与秦桧之间心照不宣的默契，不但加剧了高宗朝对金妥协的程度、阻止了太宗系宗室近属的归国，还间接导致高宗不得不考虑以太祖系子孙为嗣，也大大推迟了高宗太子人选的确立。

光宗皇后李氏利用光宗的心病频繁干政，但也挑明了光宗夫妇要立赵扩为皇嗣的意愿，使得孝宗欲立赵抦为太子的愿望没有得以实现。只是她也由于过激的悍妒行为而逼疯了自己的丈夫，虽得一时风光，却无意间促成了光宗的退位，加速了自身影响力的衰落。史称她在光宗内禅后的岁月里，时时独自在一间经室里默默不语，最后也在那里去世。也许在那丈夫失常，众叛亲离的岁月里，她也感受到了一丝悔意。

而在光宗内禅中扮演重要角色的，还要数高宗皇后吴氏。这位有胆识，饱读诗书而又简严自谨的皇太后，年轻时在危难中身穿戎装守护丈夫；在孝宗养母去世后又能接纳孝宗为养子，并且后来也能做到一视同仁；最后还以太皇太后的身份，承担起主持孝宗丧事、参与策划光宗内禅，保障光宗与宁宗之间皇位顺利过渡的责任；一生经历高、孝、光、宁四朝，在后位长达五十五年，却对自家亲戚始终注意严加约束，其谥号为"宪圣慈烈"，可谓恰当。

国家社稷、宗庙百姓，均是皇帝内禅时冠冕堂皇的理由。而内禅背后皇帝、皇子、皇宫、外戚、朝臣围绕各方利益而进行的算计与博弈，才是内禅的实质。

后 记

直到今天,我还能清楚地记起去年受邀参与辽宁人民出版社和耿元骊老师联手打造的这个出版项目时,自己的惊喜与期待。作为一名"大龄后学",能有这样一个机会与早已成为我的"前辈"的史学才俊共事,可以随时就写作与研究在群里请教,本身就是很幸福的事,何况还有和我有许多共同学术兴趣的耿老师作为我的引路人。所以,当耿老师令我定下选题的时候,我就借机挑战了一下自己,选了一个南宋的话题,想要借此逼迫自己补上南宋史、政治史的短板。

谁知,任务接受后,才知道自己给自己挖了多么大的一个坑。

在我还是一名英语教育专业、辅修语文教育的师范生的时候,从小看着《少年文艺》《收获》长大的我,从没想过自己会转而读史。但就在我快毕业的那年,竟然是一本小说改变了我。那是王安忆先生写的《父系与母系的神话》。王先生以开阔的视野、奇丽的想象和精巧的推理,填补着史籍记载中那些片鳞碎甲之间的缝隙,愣是把千百年前的祖先的"神话"拼接成宏大历史背景下营役苍生的缩影。后来我才知道,那本书其实是王先生"以小说创造历史"之尝试作。但当时,这本书给我的震撼恰恰是对"历史""钩沉"过程的惊心动魄。这不就是活生生的侦探工作么？在有限的信息中寻找蛛丝马迹，眼睛掠过历史的吉光片羽，还原出别人所不知道的真相，体悟千年前人们的哀乐情仇，这不是很刺激么？于是，当参加完华师的保送入学考试，接到通知要选专业时，我走到邮局，在电报纸上郑重写下了"志愿报读历史专业"一行字。

然后，结局大家都应该能想到了。我受到的专业训练，是"有一分史料说一分话""历史学只是史料学"的原则，这与文学的要求截然不同。我不但明白了天马行空的想象要在史料面前颔首低眉，还得了历史人都懂的职业病，就是无法看自己熟悉领域的"历史小说"、无法看"历史剧"——这些作品中的任何一处史实的失真，都会让我浑身不自在。当然，遇到自己不熟悉的年代与事件，没碰到我的"职业敏感点"，则还是能甘之如饴。

于是，渐渐地，每当看到一些历史类的作品受到欢迎，有那么多的读者通过它们了解历史——尽管这些不一定是"真实"的历史——我都会想：学院派的历史学者能在普及历史知识方面做点什么？

正因为如此，在接受了耿老师的这个任务后，我就不断问自己：历史学的实证主义与普及读物的可读性之间应当如何取舍与平衡？几经踌躇之后，猛然想起，我一直追随的几位导师，他们都是治学严谨到近乎苛刻自求的学者，但他们的课不是一样吸引了大量外校、外系的同学来旁听，他们的专业讲座不也一样精彩而隽永吗？若深究他们讲课精彩的原因，恐怕与他们对大量历史细节的精确把握和对世情的深刻思考有关。虽然人们常说艺术源于生活，高于生活，但我们往往又会发现，现实有时真的魔幻得超越任何人的想象。历史中的事件也一样。中华文明数千年间延绵不断，人们在面对日常与非常时的选择与感受往往类似。因此，若我们真能细致挖掘那些当年的细节，把那些曾经摆在历史人物面前的境况、把那些曾经有过的繁华与寥落、追求与失落真实而丰满地还原并摆在读者面前，"人同此心，心同此理"，历史事实本身就有足够的感染力。

定下这样的一个写作原则后，真正的挑战到来了。南宋的史料相对于北宋而言，系统而有条理的不多，大量的材料藏在方志、碑刻、文集中，当年读博和做博后的时候，就因为时间不够，无法穷尽材料而只好取巧，做出来的作业都是北宋详而南宋略。现在，选择了与南宋"正面硬刚"，还希望能还原出丰富的细节，这难免就开始底气不足，只好临场恶补。而作为一名一周上十来节课的公共课老师，自己的学术与写作都成了业余事务，因此在接到任务后的这大半年，无论是在地铁上还是在饭桌前，开着电脑查资料都成了我的常规操作。幸而，南宋前四帝的材料在整个南宋时期里尚算丰富，而我将要描绘的象限，也有何忠礼、邓小南、黄宽重、虞云国等诸先生的著作在前方引领，因此整个过程尚不至太过狼狈。而且，在这种幸福的烦恼中，我果然不知不觉开始了解南宋前四帝，触摸到了他们的那个时代，感受到了他们和他们身边的众人在人前人后的意气风发、杀伐决断或是彷徨委屈、悔不当初。只是因为时间与篇幅问题，还有很多想要了解的却还没来得及细究，这又为我日后的探寻留下了美好的空间。

可惜的是，在这份不太完美的小作将要付梓，我将要拿到人生第一本印制精良的"自己的文章"的前夕，一直那么爱我，那么爱我的孩子，一直为这个家默默付出、到最后一天还在看视频抄菜谱，准备暑假期间为家人制作精美菜肴的妈妈溘然长逝。我交稿时甚至都想看到她拿到我的样书时的那个自豪的表情了,却没想到,我永远不会看到了。这不得不说是一个太大的遗憾!现在,谨以此书献给我在天国的妈妈。

最后,感谢辽宁人民出版社和耿元骊老师给我一个这样探索与表达的机会,让我的人生多了一抹艳丽的色彩!